BIBLIOTHÈQUE D'HISTOIRE CONTEMPORAINE

Albert Gaisman

L'œuvre de la France au Tonkin

La conquête — La mise en valeur

Préface de M. J.-L. de Lanessan

Paris, FÉLIX ALCAN, éditeur, 1906.

L'ŒUVRE DE LA FRANCE
AU TONKIN

L'ŒUVRE DE LA FRANCE AU TONKIN

LA CONQUÊTE — LA MISE EN VALEUR

PAR

ALBERT GAISMAN

PRÉFACE DE M. J.-L. DE LANESSAN
Ancien gouverneur général de l'Indo-Chine,
Ancien Ministre de la Marine.

AVEC 4 CARTES HORS TEXTE

PARIS
FÉLIX ALCAN, ÉDITEUR
LIBRAIRIES FÉLIX ALCAN ET GUILLAUMIN RÉUNIES
108, BOULEVARD SAINT-GERMAIN, 108

1906

PREFACE

Toutes les personnes qui s'intéressent aux questions coloniales liront avec intérêt et plaisir le livre dans lequel M. Albert Gaisman expose l'œuvre de la France au Tonkin. Après l'avoir lu, elles seront reconnaissantes à l'auteur de leur avoir mis sous les yeux une histoire impartiale des événements qui précédèrent, accompagnèrent et suivirent la prise de possession du Tonkin par la France, de leur avoir fait connaître les difficultés particulières que rencontrent les œuvres coloniales quand elles sont d'abord impopulaires, et de les avoir initiées, par un exemple si bien choisi, aux principes que devront suivre désormais les peuples colonisateurs, s'ils ne veulent pas s'exposer aux plus cruels déboires.

Le livre de M. A. Gaisman est celui d'un homme qui, d'abord, a vu, et qui, ensuite, a sérieusement réfléchi aux choses qu'il avait observées. Mêlé à l'une des plus grosses affaires industrielles et commerciales du Tonkin, c'est en toute connaissance de cause qu'il parle des conditions économiques de notre colonie extrême-orientale et qu'il expose les nécessités dont il faut tenir compte en vue de son développement.

Une première condition, sur laquelle il insiste fort justement, doit être remplie par les Européens désireux de mener à bien au Tonkin des entreprises commerciales et industrielles : Il faut qu'ils sachent s'entendre avec les Annamites, qu'ils parviennent à s'en faire estimer et respecter. Ils trouveront alors sans difficulté, parmi les indigènes, des ouvriers laborieux, habiles et consciencieux, des employés honnêtes et dévoués, et, au besoin, des associés fidèles. Or, aucune affaire sérieuse ne peut être menée à bien au Tonkin, si les Européens s'isolent de la population annamite ou cherchent à se passer de son concours.

Je me souviens, en écrivant ces lignes, d'un fait qui, à cet égard, est très significatif. Lorsque fut fondée à Hanoï, en 1893 si je ne me trompe, la première fabrique d'allumettes, je me permis d'attirer l'attention de l'organisateur de l'usine, sur la nécessité où il se trouverait placé de faire appel aux Annamites et aux Chinois pour la vente de ses produits. Vous formerez assez facilement, lui disais-je, des ouvriers et des ouvrières indigènes, parce que l'Annamite est intelligent, adroit et laborieux ; vous conserverez ces travailleurs tant qu'il vous conviendra, si vous les traitez avec justice et bonté, car l'Annamite est très sensible aux procédés que l'on emploie pour le conduire. Vous ne verrez surgir de véritables difficultés qu'au moment où vous voudrez écouler vos produits. Si, alors, vous vous adressez exclusivement aux commerçants européens, vous n'obtiendrez que des résultats insignifiants : vos allumettes resteront inutilisées dans vos magasins. Pour qu'elles puissent en sortir en grandes quantités, il faut qu'elles soient répandues parmi les indigènes. Ceux-ci font une consommation considérable d'allumettes japonaises. Il n'y a pas de femme un peu aisée qui n'en ait une boîte dans son chignon ou dans un pli de son pantalon ; il n'y a pas un homme ou un enfant qui n'en ait une dans sa ceinture, car hommes, femmes, enfants, tout le monde fume la cigarette d'un bout à l'autre du jour. Mais soyez certain que les indigènes n'iront pas acheter vos allumettes chez les marchands européens ; il faudra qu'elles leur soient apportées jusque dans les plus petits villages par des camelots chinois ou annamites. J'ai à peine besoin d'ajouter que mes conseils ne furent ni entendus ni même écoutés. L'usine périclita faute de vente. Elle est aujourd'hui la propriété de Chinois qui en ont construit d'autres et réalisent de gros bénéfices. C'est pour des motifs analogues que les décortiqueries de riz de la Cochinchine sont passées, les unes après les autres, des mains des Européens à celles des Chinois.

Non seulement les employés européens coûtent trop cher pour que les chefs d'industrie ou de commerce puissent en avoir un nombre suffisant, mais encore ils n'ont pas et ne peuvent pas avoir les qualités particulières qu'exigent les relations d'affaires avec les indigènes. Pour mener à bien la moindre opération commerciale avec un Annamite, il faut une patience et une souplesse dont la plupart de nos compatriotes sont dépourvus. Il faut aussi pouvoir pénétrer jusque dans les plus petits villages, entrer en contact avec les notables, circuler dans les marchés où les femmes apportent les produits de la culture et, par-dessus tout, connaître admirablement la langue du pays ainsi que tous ses dialectes. Ces conditions ne peuvent être remplies que par les Annamites ou les Chinois. Souvent même on aurait intérêt à employer des femmes, car la mère de famille annamite a des qualités tout à fait précieuses en affaires. C'est elle, généralement, qui dirige tous les intérêts de la maison.

En résumé, il est impossible aux Européens, comme l'a très bien noté M. Gaisman, de mener à bien aucune industrie ou aucun commerce, au Tonkin, sans la collaboration des Annamites ou des Chinois.

On lira encore avec profit les pages consacrées par l'auteur de cet ouvrage au choix que les colons européens ont à faire entre l'agriculture et l'industrie ou le commerce.

Les premiers Français qui allèrent chercher fortune au Tonkin furent naturellement des commerçants. Ils accompagnaient les troupes et les fonctionnaires français qui firent la conquête du pays et leur fournissaient tous les objets nécessaires à la vie européenne. Les colons européens ne pensaient alors qu'à faire du commerce, car ils réalisaient de très gros bénéfices. Ceux-ci diminuèrent dès que les Chinois se mirent de la partie. Comme ils vendaient moins cher que les Européens, ils firent d'excellentes affaires, car ils eurent toute la petite clientèle : celle des soldats et des modestes employés. Aujourd'hui encore, ils font une concurrence très sérieuse aux marchands européens, pour tous les objets d'usage courant. Le seul moyen qu'auraient nos compatriotes d'éviter en partie cette concurrence, serait de s'associer avec les Chinois. C'est une voie dans laquelle un certain nombre d'entre eux sont déjà entrés.

Dès que le commerce vit diminuer ses bénéfices, les colons portèrent leur attention vers les entreprises agricoles. Ils avaient entendu parler du Tonkin comme d'un pays extrêmement fertile, où l'on faisait deux récoltes de riz par an, où toutes les cultures industrielles et riches étaient possibles, et où l'on devait tirer de la terre des bénéfices d'autant plus considérables qu'il était possible de l'obtenir par concession gratuite. Ils demandèrent donc des concessions ; ce fut même à qui en demanderait le plus. Aujourd'hui, la plupart de ces concessions sont abandonnées ou en ruine. On s'est aperçu que les cultures dites riches, auxquelles ont s'était d'abord adonné, ne sont qu'imparfaitement adaptées au climat et au sol du Tonkin. La plupart de celles que l'on a tentées n'ont pas réussi. Nos compatriotes auraient mieux fait de se borner à la culture du riz, mais ils la trouvaient d'un rendement trop médiocre. L'administration, du reste, ne pouvait pas déposséder les indigènes de leurs rizières, au profit des Européens. Or, la plupart des terres qui conviennent le mieux à la culture du riz sont déjà occupées depuis fort longtemps par les Annamites.

Quelques Français tentèrent de créer des rizières dans les vallons des régions montagneuses ; ils n'obtinrent que des résultats médiocres, tant à cause de la défectuosité des conditions dans lesquelles ils opéraient, qu'en raison de l'insuffisance de la main-d'œuvre. Ils se défiaient des Annamites qui, du reste, se montraient peu disposés à quitter leurs villages. Ils cherchèrent de la main-d'œuvre parmi les habitants des montagnes qui sont d'une race différente de celle des Annamites. Les montagnards acceptèrent toutes les avances qui leur furent faites en argent, en animaux de labour, en logements, etc. ; puis, au bout de peu de temps, ils retournèrent chez eux, sans souci des engagements contractés. Plusieurs entreprises agricoles échouèrent ainsi misérablement. La seule qui, d'après M. A. Gaisman, soit aujourd'hui en voie de succès, a réussi parce qu'on y cultive du riz avec le concours des Annamites sous la forme du métayage. C'est, en effet, le seul moyen d'obtenir, par l'agriculture, au Tonkin, des résultats avantageux.

Toutefois, M. Gaisman a raison de conseiller à nos compatriotes, l'abandon des entreprises agricoles pour celles de l'industrie où ils sont certains de réussir, s'ils savent s'assurer le concours de collaborateurs indigènes, et former les ouvriers dont ils auront besoin.

M. A. Gaisman recommande particulièrement la création d'écoles professionnelles pour les indigènes des deux sexes. On ne peut qu'approuver son avis. Les élèves ne feront pas défaut à ces écoles, car les enfants annamites sont très portés vers l'étude. Il n'y a pas un hameau du Tonkin qui n'ait son école de caractères chinois, et il n'y a pas une école qui ne reçoive chaque jour tous les enfants du hameau. Que l'on crée donc, à côté des écoles de caractères, des écoles professionnelles où l'on exercera les enfants aux travaux des métiers européens; mais que l'on évite de monter ces établissements sur le pied de ceux de France ! Si l'on veut que les enfants y affluent, que les parents en comprennent l'utilité, que le patriotisme des populations ne s'en émeuve pas comme de nouveautés dangereuses, il faut qu'elles soient tout imprégnées de l'esprit annamite, que la plupart des maîtres soient Annamites, que les leçons y soient faites en annamite, que le prosélytisme religieux en soit écarté avec le plus grand soin, que rien, en un mot, n'y puisse froisser les sentiments des Annamites.

De ces écoles, où ils auront été exercés à se servir de nos outils, où ils se seront rendu compte de la nécessité du fini du travail, ainsi que de l'alliance indispensable de l'intelligence et de la main, les élèves passeront dans nos usines et y feront rapidement le stage des diverses professions, car leur esprit est aussi ouvert que leurs doigts sont agiles.

Avec les ouvriers et ouvrières que le pays leur fournira de la sorte, nos compatriotes pourront tenter la création de toutes les industries, si, toutefois, les outranciers du protectionnisme qui siègent sur les bancs de nos Chambres veulent bien le leur permettre.

Je n'ai pas perdu le souvenir des discussions très vives que j'eus avec certains parlementaires, en 1894, au cours d'un congé en France, parce que je m'étais avisé de favoriser la construction à Hanoï d'une filature de coton. Il semble qu'aujourd'hui la métropole comprenne mieux les intérêts de notre belle colonie qu'elle ne les avait compris dans les débuts de l'occupation française.

On ne voulait voir alors dans les indigènes que des clients à exploiter, sans se rendre compte que ces clients sont incapables de rien acheter à nos commerçants et à nos industriels s'ils n'ont pas d'argent. Or, ce ne sont pas les produits du sol qui peuvent enrichir le Tonkinois : ils ne peuvent guère produire plus de riz qu'il n'en faut pour leur nourriture, et n'en exportent que des quantités insignifiantes. Les rizières du Tonkin, avec deux récoltes par an, ne rendent guère plus que celles de la Cochinchine avec leur récolte unique ; et, d'autre part, la population est si dense dans le delta tonkinois qu'elle consomme à peu près tout le produit du sol.

Les Annamites du Tonkin ne peuvent avoir de l'argent que s'ils travaillent pour le compte des colons européens ou de l'administration. La construction des chemins de fer leur en a déjà donné, leur en donnera encore beaucoup. Ils en ont gagné et en gagnent tous les jours par la construction des maisons européennes et des établissements publics. Il appartient aux industries européennes de leur en procurer d'une manière continue en utilisant une main-d'œuvre dont elles peuvent être certaines de ne jamais manquer. Ayant de l'argent, les Annamites achèteront les produits français et ceux qui seront fabriqués sur place, à leur usage, par nos compatriotes, car ils aiment le bien-être et ne sont tenus à l'écart de rien de ce qui nous plaît à nous-mêmes, ni par des répugnances nationales, ni par la religion. Il n'y a pas de peuple qui soit plus civilisable que le peuple annamite, parce qu'il n'y en a pas qui ait plus de curiosité, avec moins de préjugés. C'est là, du reste, un trait général du caractère de la race jaune. On en peut avoir une idée exacte en se rappelant avec quelle rapidité le Japon s'est initié aux mœurs européennes et s'est élevé à la hauteur de grande puissance.

La valeur intellectuelle de l'Annamite et les liens étroits qui l'unissent à toute la race jaune soulignent encore l'importance des considérations émises plus haut au sujet de la manière dont il convient que nous traitions les habitants de l'Indo-Chine.

S'il est vrai que les colons européens pourront tirer des Annamites tous les services dont ils auront besoin, à la condition de les bien traiter, il n'est pas moins vrai que la plupart de nos administrateurs ont commis une faute grave en ne gouvernant pas les populations annamites comme il convenait de le faire.

En Indo-Chine, ainsi que dans toutes nos autres colonies, nous avons eu le tort de vouloir faire de l'administration directe, comme on en fait en France. Cela nous a conduits à introduire dans nos colonies un très grand nombre de fonctionnaires français, qui nous coûtent fort cher tout en ne faisant que peu de besogne, à cause de la rigueur du climat. Nous avons dû, pour faire face aux dépenses de ce personnel, créer des impôts dont le poids paraît d'autant plus lourd aux indigènes qu'ils sont à peu près seuls à les payer et que leurs ressources financières sont fort minimes. D'un autre côté, plus les fonctionnaires français sont nombreux, plus ils administrent directement le pays et plus ils ont de tendance à réclamer l'institution de règlements et d'organismes administratifs ou gouvernementaux semblables à ceux de la métropole.

En Cochinchine, où nous sommes déjà depuis près d'un demi-siècle, nos tribunaux, nos codes, etc., fonctionnent comme en France, au milieu de populations dont les mœurs, les coutumes, la religion, le cerveau peut-on dire, n'ont rien de commun avec les nôtres et qui s'étonnent, quand elles ne s'indignent pas, de payer si cher pour être traitées d'une manière si peu conforme à leurs idées et à leurs besoins. Nous sommes allés si loin en cette voie que nous avons même supprimé les écoles de caractères, en sorte qu'il n'y a plus guère de Cochinchinois capables de lire la langue qu'ils parlent, et que les titres de propriété écrits en caractères ne peuvent plus être déchiffrés par leurs détenteurs. Aussi les procès sont-ils quotidiens et les parties sont-elles, comme les juges, la proie des interprètes.

On aurait tort de croire que les populations de l'Indo-Chine sont indifférentes à ces procédés. Elles se plaignent du poids des impôts. Elles regrettent le temps où elles étaient gouvernées par leurs mandarins. Ceux-ci, à coup sûr, n'étaient point parfaits, mais ils étaient Annamites, pensaient en Annamites, agissaient en Annamites et coûtaient infiniment moins cher que l'administration française. Celle-ci ne peut se faire accepter qu'en introduisant d'abord dans le pays un progrès économique assez grand pour que tous les indigènes en ressentent les effets. Nous y sommes déjà parvenus, dans une certaine mesure, en construisant des routes et des voies ferrées, en améliorant la navigation, en maintenant la sécurité sur tous les points du territoire, en créant des usines qui feront gagner de l'argent à de nombreux ouvriers et ouvrières.

Cela suffira-t-il pour nous attirer les sympathies des indigènes? J'estime qu'il y aurait erreur à le croire. Les événements considérables qui se sont produits en Extrême-Orient depuis quelques années ont réveillé les sentiments patriotiques des populations dont nous avons assumé l'administration et le gouvernement. Elles ont les yeux tournés vers les peuples de race jaune qui ont conservé leur autonomie ; elles sont pleines d'une admiration sans bornes pour celui de ces peuples qui a su, par son labeur tenace, le développement de son intelligence, la création de très grandes forces maritimes et militaires, se hausser jusqu'au niveau des plus grandes puissances européennes.

Cet état d'esprit nous crée des devoirs que nous aurions tort de négliger. Non seulement l'administration et la justice françaises doivent, en Indo-Chine, réprimer avec la plus sévère rigueur tous les abus de pouvoir et les écarts de conduite auxquels les Européens se livrent trop souvent à l'égard des indigènes, mais encore le gouvernement de la métropole et celui de l'Indo-Chine doivent condamner les pratiques administratives et fiscales dont je viens de rappeler les vices.

Il est de toute évidence, en effet, qu'il nous

serait impossible de nous maintenir en Indo-Chine par la seule force des armes. Le régent Nguyen-Trong-Hiep, qui, en 1884, avait signé le traité de Hué avec la France au nom du roi d'Annam, disait un jour à l'un de mes collaborateurs intimes, que « le peuple m'était reconnaissant d'avoir compris la possibilité de gouverner quinze millions d'individus autrement qu'avec des fusils ». On ne s'était pas imaginé jusqu'alors que cela fut possible. On pensait que si le peuple se révoltait sans cesse, c'était à cause de l'insuffisance de nos troupes, et l'on en élevait constamment les effectifs. Or, je vis le delta se pacifier en trois mois, à partir du jour où j'en eus confié la police à des forces indigènes placées exclusivement sous les ordres des mandarins.

Pour que la tranquillité intérieure dont l'Indo-Chine jouit actuellement se maintienne, il est indispensable que nous donnions une prompte et entière satisfaction aux desiderata formulés par les populations. Il faut, en particulier, qu'elles ne sentent pas peser aussi lourdement sur leurs épaules le poids d'impôts dont elles voient la majeure partie servir au traitement de fonctionnaires européens dont le nombre est excessif et la capacité trop souvent douteuse, en raison des défectuosités de leur recrutement.

Il faut aussi que les Annamites prennent une part active à l'administration et au gouvernement, au moyen de mandarins recrutés non par la faveur et parmi d'anciens domestiques de Français, pour lesquels le peuple n'a aucun respect, mais d'une manière conforme aux traditions du pays. Il est indispensable, en un mot, que nous fassions participer les Annamites, dans la plus large mesure possible, à l'administration et au gouvernement de leur pays.

Il sera, sans nul doute, plus difficile d'y parvenir aujourd'hui qu'il ne l'aurait été si nous avions appliqué loyalement, dès le début de la conquête, les principes de protectorat inscrits dans nos traités avec la cour d'Annam, ainsi que je me suis efforcé de le faire de 1891 à 1895. Revenir à ces principes serait aujourd'hui à peu près impossible. Il faut donc en établir d'autres, en prenant pour point de départ cette idée, dont la justesse, à mon avis, ne saurait être contestée, que le peuple annamite veut prendre part au gouvernement de son pays, à la gestion de ses intérêts, à la direction de ses affaires, et qu'il le mérite à tous les égards. Consentir à ce qu'il désire, ce ne sera pas seulement faire œuvre de sentiment et d'équité, mais encore prendre une garantie pour le succès de nos entreprises coloniales et la sécurité de notre occupation.

Il faut, enfin, que les populations se sentent respectées, aimées même par les représentants de la France. Il faut, en un mot, que, malgré la présence des Français, les Annamites puissent se considérer comme étant encore chez eux, sur le sol qu'ils fécondent par leur travail, où reposent leurs ancêtres vénérés, et où ils veulent vivre libres, dans des conditions conformes à leur esprit et aux traditions de leurs aïeux.

L'un des hommes les plus considérables de l'ancien gouvernement annamite, et l'un de nos auxiliaires les plus utiles au moment de la pacification m'écrivait récemment : « Il n'y a pas de piraterie comme autrefois, mais le mécontentement règne dans toutes les classes de la population annamite. Le roi n'a plus d'autorité ; les mandarins, dépourvus de direction morale; sont mécontents de n'avoir pas de pouvoirs qui leur permettent de seconder utilement les résidents dans l'administration indigène, tandis que le peuple est appauvri par des impôts augmentés sans cesse et trop rapidement. Ce mécontentement sourd du peuple est excité davantage par la récente victoire des Japonais. Selon moi, la situation actuelle est bien plus difficile que celle de jadis. Autrefois, il n'y avait que quelques bandits qui troublaient le pays, le reste de la population était avec la France. Maintenant, le mécontentement est général. Je crains pour l'avenir. »

J'aurais les mêmes craintes, si je n'étais pas convaincu que le gouvernement de la République et ses représentants en Indo-Chine sauront réparer les deux vices signalés dans cette lettre par un Annamite qui fut toujours un ami fidèle et dévoué de la France: je suis certain que l'on finira par diminuer le poids trop lourd des impôts et qu'on fera cesser l'injuste en même temps que malhabile ostracisme dont les autorités indigènes ont été frappées.

Tandis que nous regagnerons les sympathies des Annamites en allégeant leurs charges et en leur faisant une place dans le gouvernement et l'administration de leur pays, nous ferions preuve de sagesse en concluant avec la Chine et le Japon des ententes commerciales et politiques. Nous blessons l'amour-propre des Chinois en maintenant à Tien-Tsin un corps de troupes qui ne nous y sert absolument à rien. Nous blessons l'orgueil du Japon par la suspicion dont nous entourons ses nationaux en Indo-Chine. Nous inspirons à la Chine et au Japon une égale défiance en prenant contre eux des mesures que rien, dans leur conduite, ne justifie et qui ne nous seraient à peu près d'aucune utilité le jour où un conflit éclaterait entre eux et nous.

Dans une colonie située à quatre mille lieues de la France, au cœur d'un continent peuplé par trois cents millions de Chinois, à quelques jours d'une île dont la marine sera bientôt presque aussi forte que la nôtre, et au milieu d'une population que sa race, sa religion, ses mœurs, ses intérêts poussent dans les bras de la Chine, nous ne pouvons ni gouverner par la force le peuple auquel nous avons promis les bienfaits de notre civilisation, ni faire respecter par la force seule notre présence en Extrême-Orient.

Nous devons au peuple annamite de l'associer à notre œuvre colonisatrice et nous nous devons à nous-mêmes, à notre régime démocratique ainsi qu'à notre amour de la paix, d'entretenir des relations amicales avec tous les peuples au contact desquels nous nous trouvons en Extrême-Orient.

Nous ne pouvons, en un mot, vivre en paix et faire œuvre utile en Indo-Chine que si nous y sommes estimés et aimés par nos administrés et par nos voisins.

D'une façon plus générale, d'ailleurs, nous devons nous mettre dans l'esprit que le temps des conquêtes et de l'exploitation brutale des colonies est passé, D'une part, il n'y a plus guère de pays à conquérir ; d'autre part, les peuples les plus primitifs de la terre ont acquis, à notre contact, un sentiment plus ou moins net de leurs droits naturels et sont portés à se révolter contre les exactions ou les violences.

L'enquête récente que j'ai eu l'occasion de faire comme président de la commission du Congo m'a fourni la preuve que, même parmi les anthropophages du centre de l'Afrique, il se trouve des individus ayant la pensée de résister à l'oppression et n'hésitant pas à user de représailles à l'égard de ceux qui les maltraitent. Alors même que le respect de notre propre dignité ne nous inciterait pas à traiter ces populations avec bienveillance, nous devrions y être conduits par le souci de la sécurité de nos nationaux et de l'avenir de nos entreprises coloniales.

Partout ailleurs, là où vivent, comme en Algérie et en Tunisie, à Madagascar, au Sénégal, à la Réunion, aux Antilles, dans l'Inde et en Indo-Chine des populations déjà parvenues à un degré plus ou moins élevé de civilisation nous, n'avons plus le choix entre les diverses méthodes de colonisation. La seule qui puisse être appliquée, la seule qui soit conforme aux intérêts véritables de nos colons et à l'avenir même de nos colonies, est celle qui nous gagnera le plus sûrement les sympathies des populations indigènes, celle que j'ai définie il y a bien des années déjà : l'association des intérêts, des intelligences et des races.

J.-L. DE LANESSAN.

Écouen, le 5 juin 1900.

AVANT-PROPOS

Le Tonkin a été conquis une première fois par la France en 1873, abandonné puis réoccupé définitivement en 1885. Il a été le champ de bataille de nos discordes, il a causé la chute de Jules Ferry et son impopularité pendant plusieurs années. De 1885 à 1891, cette impopularité s'est étendue à la colonie elle-même ; suivant l'expression de Jules Ferry, « on boudait le Tonkin ». Ceux-là même qui avaient le plus de foi dans son avenir s'étaient donné pour mot d'ordre d'en parler le moins possible. A part les ressources financières indispensables au corps d'occupation et au paiement des traitements des fonctionnaires, toutes les demandes de crédits nécessaires pour la mise en valeur de la nouvelle colonie étaient écartées.

Ce n'est que vers 1891 qu'on commença à comprendre en France le parti qu'on pouvait tirer d'un pays au sol riche, à la population docile et laborieuse, voisin de la Chine, un des plus grands marchés du monde.

Nous essayons, dans ce livre, de retracer les événements de cette période, puis d'indiquer les phases du développement du Tonkin, mais sans nulle prétention à faire œuvre d'historien ou d'économiste. C'est dire que ces pages ne s'adressent pas à ceux qui ont suivi de près depuis vingt ans notre action politique et commerciale en Extrême-Orient : leur expérience, la fréquentation des hommes qui y ont vécu, leurs voyages, les ont mis au courant de l'évolution de notre jeune colonie.

Notre prétention est plus modeste. Personne ne peut plus en France rester étranger au grand courant commercial et industriel qui s'est établi entre la métropole et ses colonies. Il n'est pas un négociant, un usinier, un ingénieur, un architecte, un médecin, un avocat, un contremaître ou un ouvrier qui ne puisse être appelé demain à s'intéresser directement ou indirectement au sort de nos colonies. Mais tout le monde n'a pas le loisir de parcourir les volumineux ouvrages qui traitent de ces questions. En ce qui concerne particulièrement l'Indo-Chine, nous voudrions présenter comme en raccourci l'œuvre accomplie par la France depuis 20 ans. Mais dans l'Indo-Chine, vaste empire de plus de 25 millions d'habitants, nous avons choisi pour sujet spécial de notre étude le Tonkin. Avec ses 5 millions d'indigènes, le Tonkin n'est qu'une faible partie de nos possessions dans les mers de Chine, mais c'est celle que les circonstances nous ont permis d'étudier le mieux, c'est aussi celle sur laquelle a porté depuis dix ans l'effort de colonisation le plus prononcé. C'est cet effort que nous voulons faire connaître et aussi les résultats qu'on peut en attendre. De l'étude impartiale des faits est résultée pour nous cette conviction, que depuis 1885, date de la conquête, la plupart de ceux qui ont eu un rôle à jouer dans le développement de cette colonie, se sont efforcés d'y faire d'utile besogne. Mais chacun a vu, pour ainsi dire, son devoir à travers son tempérament ; chacun a apporté dans l'accomplissement de ce devoir ses qualités avec ses défauts. De là des indulgences parfois excessives pour soi-même, des sévérités exagérées pour autrui. Le recul du temps permet de mettre aujourd'hui les choses au point.

Les résultats dominent les jalousies et les controverses ; or ils se résument en un progrès continu, en un développement graduel de la colonie : preuve manifeste de l'effort utile et tenace de la part de ceux de nos compatriotes qui ont travaillé sous ce climat brûlant, y ont connu les déboires des âpres débuts, et ont parfois succombé à la tâche.

Quel meilleur et plus réconfortant enseignement pour la génération actuelle ? Elle y verra que ceux qui avaient foi dans l'œuvre entreprise avaient raison, qu'il faut s'écarter des pessimistes, et travailler. Cette œuvre n'est pas achevée. L'outillage économique est à peine créé. On verra au cours de cette étude les causes pour lesquelles les résultats déjà obtenus ont été si longs à acquérir. Administrateurs et colons ignoraient tout de ce pays, au début de notre établissement. Aucune enquête officielle, vraiment scientifique, n'avait été entreprise ; les rares ouvrages qui s'efforçaient de fixer une doctrine en matière de colonisation n'étaient pas lus. Chaque fonctionnaire agissait au gré de sa fantaisie. Tantôt c'était l'administration directe avec sa méconnaissance des mœurs et de l'état social, qui était en faveur ; tantôt c'était le protectorat, restituant aux autorités mandarinales leurs pouvoirs. Ainsi s'expliquent les piétinements, les tâtonnements, les coûteuses expériences qui ont marqué les années qui suivirent la conquête.

Aujourd'hui le pays est mieux connu. Une expérience est faite, d'autant plus sûre qu'elle a été plus longue et plus chèrement acquise. Une doctrine de colonisation se dégage peu à peu des leçons du passé, permettant, si elle est appliquée avec esprit de suite, d'envisager avec confiance l'avenir. A la lumière des faits, il apparaît que l'œuvre française de colonisation en Extrême-Orient est parfaitement adaptée au génie de notre pays, que la France peut trouver en Indo-Chine un emploi rémunérateur des capitaux métropolitains, que ses savants, ses négociants, ses ingénieurs peuvent y trouver un champ d'activité digne d'eux. Il apparaît nettement aussi qu'en utilisant les qualités manuelles, la docilité, le goût de s'instruire du peuple conquis, la France peut tirer un grand parti des indigènes, en faire des auxiliaires précieux de son industrie et de son commerce, et par une instruction professionnelle judicieuse les attirer peu à peu à nous en liant de plus en plus leurs intérêts aux nôtres.

Nulle tâche n'est plus digne de notre démocratie, plus conforme à ses principes.

Juin 1906.

CHAPITRE PREMIER

APERÇU GÉOGRAPHIQUE

Le voyageur qui débarque à Haïphong et parcourt le Tonkin est frappé tout d'abord par la densité de la population dans toute la partie plate du pays, celle qui constitue le Delta, et au contraire par l'aspect désertique des autres régions du Tonkin, dès que quittant la plaine, il parcourt les montagnes et les forêts qui, au Nord, à l'Est et à l'Ouest, encadrent le Delta. L'indigène qui vit dans la vallée a une répugnance à la quitter. Il s'éloigne à regret et jamais sans esprit de retour de son village, du champ de riz sur lequel ses ancêtres ont vécu. Ce champ, il doit constamment le disputer à la sécheresse ou à l'inondation, et c'est pourquoi chaque lopin de terre cultivée est entouré d'une digue destinée à retenir les eaux ou à les écarter. A perte de vue s'étendent les rizières comme un gigantesque damier : sur les digues et dans les champs circulent et travaillent les Annamites, avec les buffles, leurs compagnons inséparables.

Au moment de la saison des pluies des hautes régions, les fleuves du Tonkin subissent des crues qui en élèvent le niveau de plusieurs mètres de hauteur. Toutes les rizières qui sont dans les parties basses du Delta, dans ces sortes de cuvettes formées par les dépressions du sol, sont alors menacées d'inondation ; alors aussi tout le pays est mobilisé pour la défense. En voici un exemple récent :

Les inondations du mois de septembre 1905 ont été dans certaines provinces du Tonkin désastreuses pour l'une des deux récoltes de riz annuelles.

La hauteur d'eau tombée a atteint 83 centimètres pendant ce mois. Des crues énormes ont occasionné la rupture de nombreuses digues.

Dans son numéro de janvier 1906 le Bulletin économique de l'Indô-Chine publie la statistique suivante des pertes approximatives subies par la récolte de riz dans certaines provinces, les plus éprouvées :

	Pertes
Province de Thaï-Binh.	11 °/o
— Hong-hoa.	40 °/o
— Sontay.	47 °/o
— Hung-Yen.	52 °/o
— Nam-Dinh.	53 °/o
— Bac-Ninh.	76 °/o

D'autres rizières, celles qui ne sont pas placées dans ces dépressions du sol, sont exposées à un autre danger : celui de la sécheresse. Si pendant la saison humide les pluies attendues sont rares, les plants de riz courent risque de périr ; il faut parer à ce danger par un système de canalisation et d'irrigation primitif, mais qui fait honneur à l'ingéniosité des indigènes. Il faut amener l'eau à tout prix, et aucun effort ne les rebute. On ne peut s'empêcher d'admirer la passion avec laquelle le cultivateur défend son bien contre l'inondation et la sécheresse, et s'efforce d'assurer sa récolte qui est son unique moyen d'existence.

Ainsi vivent dans les plaines du Delta cinq millions d'Annamites. La densité de la population y est de 380 habitants par kilomètre carré, égale par conséquent à celle des parties les plus peuplées de l'Europe. Les ancêtres des cultivateurs actuels connurent, aussi loin que l'histoire permet de se reporter, un autre danger non moins redoutable que la sécheresse et l'inondation : c'était les incursions des Chinois d'une part, descendant des hauts plateaux du Yün-nan et du Kouang-si, et d'autre part les invasions des Malais, venant des îles de Java et de Bornéo exercer leurs rapines sur les côtes et jusque dans l'intérieur du Tonkin. Avec une ténacité, une bravoure qui ne se démentirent jamais, pendant une longue série de siècles, les Annamites surent, au travers de mille vicissitudes, défendre leur sol contre les envahisseurs du Nord et du Sud. Ce n'est qu'à partir du XVe siècle que les incursions cessent, et que l'Empire d'Annam se faisant lui-même conquérant, s'étend depuis le Yün-nan jusqu'en Cochinchine et même jusqu'au Cambodge. Mais il garde la forte empreinte de la civilisation chinoise, et quelques-unes des populations qui vivent sur son sol ont conservé des caractères empruntés aux indigènes de la Malaisie.

Depuis le XVe siècle, l'Empire d'Annam, s'il ne connut plus les invasions du dehors, eut à subir à plusieurs reprises les luttes intestines, provenant de dynasties rivales, jusqu'au jour où la France y établit son protectorat.

Outre les nombreux villages qui peuplent le Delta, un certain nombre de villes s'y rencontrent : les plus importantes sont Hanoï, Nam-Dinh et Haïphong. Hanoï est une ville d'une centaine de mille habitants où se coudoient dans un pêle-mêle pittoresque les Européens, les Chinois et les indigènes. Assise sur les bords du fleuve Rouge, Hanoï est la capitale de l'Indo-Chine, le siège du gouvernement. Avec ses lacs, ses boulevards, ses constructions élégantes, elle ne le cède en rien aux plus belles cités de l'Extrême-Orient. On y vient de tous les points du Tonkin chercher les affaires et les plaisirs. Haïphong et Nam-Dinh sont des villes commerçantes et industrielles. Haïphong est le port de commerce du Tonkin, en rapport avec Saïgon par les Compagnies de navigation européennes, et avec Hong-Kong par les navires chinois à vapeur et à voile.

Le Tonkin n'a pas seulement une physionomie particulière due à l'immense plaine du Delta entourée de tous côtés de hautes montagnes, il a encore un climat spécial qui n'est celui d'aucune des autres régions d'Extrême-Orient. Deux saisons nettement tranchées s'y succèdent presque sans interruption.

D'avril à octobre c'est l'été avec une température moyenne de 28 à 30°, qui atteint souvent 38 et 40°. Pendant ces sept mois les nuits sont souvent aussi chaudes que les jours : de fréquents orages ne rafraîchissent pas l'air, mais produisent des pluies diluviennes qui durent pendant plusieurs jours consécutifs, grossissent les cours d'eau et occasionnent souvent des inondations. La conséquence de ces conditions climatériques au point de vue de la constitution physique des indigènes c'est l'anémie à l'état chronique. L'Annamite est malingre et n'a pas la force de son voisin le Chinois. Quant à l'Européen, pour supporter ce climat débilitant, il lui faut une certaine énergie morale et l'observation d'un régime sévère. Les excès de tous genres entraînent bien vite après eux la diarrhée et la dysenterie.

Heureusement la fin du mois d'octobre ramène une température moins accablante et jusqu'à fin mars l'Européen peut s'habiller et vivre comme en Occident : le thermomètre pendant ces cinq mois oscille entre 8 et 24°. C'est la belle saison, mais non sans l'inconvénient du « crachin », petite pluie fine qui tombe presque chaque matin pendant deux ou trois heures et imprègne d'humidité pénétrante les vêtements et tous les objets renfermés dans les habitations. Malgré les inconvénients et parfois même les dangers de ce climat tropical, tous ceux qui ont vécu dans la colonie, officiers, fonctionnaires, agriculteurs ou négociants, y reviennent avec plaisir après avoir passé quelques mois de congé dans la mère-patrie : ils retrouvent là-bas une existence plus large, plus indépendante, d'un attrait et d'un charme indéniables.

Sur les 119000 kilomètres carrés qui représentent la superficie totale du Tonkin, le Delta n'en occupe qu'une très faible partie, environ 13000. Le reste est occupé par les collines et les forêts qui de tous côtés l'environnent.

Le Delta a été formé par les alluvions du fleuve Rouge et des autres rivières du Tonkin. Il était autrefois d'une étendue beaucoup moindre qu'aujourd'hui : l'endroit où s'élève actuellement la ville d'Hanoï, à 100 kilomètres dans l'intérieur des terres, était au VIe siècle baigné par la mer. Le limon apporté par les fleuves descendant des hauts plateaux du Yün-nan et du Kouang-si a peu à peu gagné sur la mer. Ainsi constitué et arrosé à certaines périodes par les pluies locales ou les inondations du haut fleuve, le sol du Delta est riche en humus et d'une grande fertilité. La variété des cultures y est grande, mais c'est surtout le riz, la canne à sucre, le maïs, le tabac et le coton qui en font la richesse. Il y a souvent deux récoltes de riz dans la même année.

Nous avons vu que le Delta n'occupe qu'une faible partie de la superficie totale du Tonkin. Le reste est occupé par des collines, des vallées profondes, qui forment comme un cirque autour de l'immense plaine. Puis, à mesure qu'on s'éloigne d'Hanoï vers le Nord, l'Est ou l'Ouest, les montagnes s'élèvent, les vallées se creusent [1]. Vers l'Est, à partir de Phu-lang-thuong et de Thaï-Nguyen, on entre dans une région montagneuse, boisée. La population devient plus rare. Les mamelons se succèdent à intervalles rapprochés, faisant ressembler le pays à un océan aux vagues gigantesques. Ces mamelons ont un aspect rougeâtre dans les parties dénudées, ils contiennent des gisements de fer : l'exploitation en est à peine commencée et sera une source de richesse pour cette région. A mesure qu'on avance vers l'Est le pays devient plus accidenté ; pourtant on trouve encore du riz cultivé à flanc de coteau et aussi un produit intéressant pour l'exportation, la badiane, dont la distillation produit une huile très appréciée. Les Annamites n'habitent que très peu cette région ; on n'y rencontre que des Thôs, peuplade sauvage, et des Chinois, les uns et les autres reconnaissables à leur stature plus haute que celle

1. Voir la carte du Tonkin, à la fin du volume.

des Annamites et aussi à leur vigueur plus grande. La ville de Langson s'étend tout près de la frontière de Chine : elle est célèbre par les événements militaires qui s'y déroulèrent en 1885, mais son importance commerciale est minime. Quelques kilomètres plus loin, on se heurte aux hauteurs à pic qui constituent la porte et la frontière de Chine, à 150 kilomètres d'Hanoï.

Si, partant de cette ville on se dirige vers le Nord au lieu de gagner l'Est, on parcourt pendant 80 kilomètres environ une vallée fertile, où abondent le riz et la canne à sucre. Le fleuve Rouge a une largeur d'un millier de mètres environ ; il est grossi de la rivière Claire et de la rivière Noire. Mais au delà de Hong-hoa le paysage change, la vallée se resserre, la population devient plus clairsemée, les bancs de sable qui formaient le lit du fleuve sont remplacés par des roches, qui par les basses eaux d'octobre à mars rendent la navigation difficile aux bateaux calant plus d'un mètre. Les collines en bordure du fleuve s'élèvent peu à peu, couvertes de forêts où serpentent de rares sentiers. Là non plus on ne rencontre guère d'Annamites, la montagne et la forêt les effraient. La population est surtout composée de Muongs, établis de toute antiquité dans ces régions et qui semblent y être venus du Laos. Ils sont plus grands, plus vigoureux que les Annamites. Ils cultivent le riz de montagne et vivent en outre des produits de la chasse.

Toute la région qui s'étend depuis la rivière Noire jusqu'à Laokaï, c'est-à-dire à la frontière de Chine sur le fleuve Rouge, renferme d'intéressants gisements de cuivre et d'étain. Les uns ont été déjà exploités par les indigènes, puis abandonnés par eux ; d'autres sont de découverte récente.

Lorsque les voies de communication se seront multipliées, la mise en valeur de ces régions pourra être poursuivie avec profit.

A Laokaï, le fleuve Rouge n'a plus que 150 mètres de largeur ; il est surplombé par des hauteurs de 1 000 à 1 200 mètres ; c'est la frontière chinoise.

Le régime du fleuve Rouge est très variable suivant les saisons. Les eaux sont basses de fin décembre à fin mars. A partir d'avril les pluies des hauts plateaux le grossissent jusqu'en octobre, avec des alternatives de décroissance. Pendant ces 7 mois la navigation est active, et les chaloupes à vapeur peuvent remonter jusqu'à Laokaï. Le reste de l'année la navigation est faite surtout par des jonques chinoises de 3 à 12 tonneaux, calant très peu, remontant avec le vent ou à la rame, et utilisant le courant pour redescendre. Un canot automobile, muni d'un moteur de 14 chevaux, a fait en 1905 sans interruption le service d'Hanoï à Laokaï, soit un parcours de 300 kilomètres.

Au delà de Laokaï, le fleuve est encore navigable pour les jonques, mais au prix de sérieuses difficultés. Le courant en est violent, et les roches y constituent des écueils dangereux. Malgré ces difficultés, c'est encore le mode de transport usité pour monter de Laokaï au Yün-nan : on arrive ainsi à Man-hao qui est le terminus de la navigation fluviale. Là marchandises et voyageurs doivent prendre la voie de terre, à dos de mulet. La route dite des « Dix mille escaliers » conduit en deux jours de Manhao à Mongtse. C'est une véritable ascension ; on passe de la cote 100 à la cote 2 000 pour redescendre ensuite à 1 300 mètres sur le plateau où est construite la ville de Mong-tse, un des points de transit importants de la Chine méridionale. C'est là que passent l'opium, l'étain qui de différents points de la province chinoise descendent sur Haïphong ou gagnent Hong-Kong ; c'est là qu'arrivent les chargements de balles de coton filé venant de Hong-Kong par l'intérieur de la Chine, ou des Indes et du Tonkin par le fleuve Rouge. Là aussi arrivent le pétrole d'Amérique, la quincaillerie, les tissus de laine et de coton. Mong-tse est donc un centre important d'affaires, où résident des consuls européens, et qui est en rapports suivis et importants avec le Tonkin. C'est à 5 kilomètres de Mong-tse que passera la ligne ferrée actuellement en construction, qui de Laokaï gagnera Yünnan-sen, la capitale de la province du Yün-nan, et de là peut-être un jour le cœur même de la Chine, la riche province du Se-tchouen.

Origines de la question du Tonkin.

Sur les hauts plateaux du Yün-nan arrivait en 1870 un négociant français, Jean Dupuis. Il avait à cette époque 42 ans. Les hasards de la vie commerciale l'avaient d'abord conduit de France en Egypte ; mais depuis 15 ans il habitait le centre de la Chine. Il parlait couramment le chinois, et grâce à cet avantage avait pu observer de très près les usages et les ressources de l'Empire. Il fut un des premiers à comprendre l'avenir qui lui était réservé à l'heure où les nations européennes cherchaient des débouchés lointains.

Les affaires importantes qu'il y avait traitées l'avaient mis en rapport avec les mandarins les plus intelligents et les plus riches des provinces méridionales de la Chine. Ces mandarins, grands commerçants, banquiers de premier ordre, avaient, avec le temps, apprécié les qualités commerciales et la probité du jeune Français.

Or, Dupuis, dès l'année 1865, était hanté par une idée fixe. Le Se-tchuen et le Yün-nan, les deux provinces méridionales de la Chine, ne possédaient vers la mer qu'une issue : Hong-Kong, et pour y atteindre, il fallait une navigation extrêmement longue et coûteuse. Dupuis, qui avait pu apprécier les richesses du Se-tchouen, était convaincu que si on parvenait à trouver vers le

Sud, vers la mer, une voie plus courte, et par conséquent plus économique, cette voie serait bien vite préférée ; que les frais de transport des marchandises d'importation ou d'exportation étant diminués, le trafic serait augmenté. Or, cette voie avait existé autrefois : c'était la voie du Sud, qui consistait à descendre des hauts plateaux du Yun-nan (à 1 300 mètres d'altitude) sur le fleuve Rouge, emprunter ce cours d'eau qui traverse le Tonkin et aboutir par là à la mer.

Le fer, l'étain, le cuivre et une quantité de produits du sol inemployés, en un mot tous les produits du sol et du sous-sol qui abondent dans les provinces méridionales de Chine trouveraient un débouché vers la mer par cette route nouvelle. Et d'autre part, les populations de ces provinces recevraient en échange, à plus bref délai et à meilleur marché, les filés de coton, le sel, le tabac, la quincaillerie, les machines dont elles avaient l'emploi.

Profondément pénétré de cette idée et aussi de la pensée que la France pourrait être la première à tirer parti de cette nouvelle route grâce à sa colonie de Cochinchine acquise en 1862, Dupuis se rendit du Sétchouen au Yun-nan, y étudia de près et mûrement la question. L'exposé qu'il en fit au vice-roi et aux principaux mandarins du Yun-nan était de nature à séduire ces personnages, négociants eux-mêmes et désireux de dégrever les frais énormes dont étaient chargées les marchandises entrant dans leur province par la voie de la Chine centrale. Dupuis leur exposait aussi que, grâce aux progrès réalisés en Europe depuis 20 ans dans l'industrie et notamment dans le traitement des minerais, il pourrait, en leur apportant par le Tonkin les nouvelles machines d'extraction et de préparation, leur permettre, à eux grands propriétaires de mines de plomb, d'étain et de cuivre, d'augmenter leur production et par suite leurs revenus. Enfin, dernière considération qu'il faisait valoir auprès d'eux, il s'engageait, au cas où leur confiance lui serait acquise, à leur amener avant un an, un convoi d'armes perfectionnées et de munitions. Cette dernière considération empruntait toute son importance à ce que depuis dix ans une révolte des musulmans du Yun-nan désolait le pays, et que réprimée sur un point, elle reparaissait sur l'autre. Il fallait en finir, mais pour que la partie pût être gagnée, la possession d'armes perfectionnées était un enjeu puissant pour les hauts fonctionnaires et les chefs militaires du Yun-nan.

Tous ces motifs et la bonne renommée dont Dupuis bénéficiait grâce aux recommandations des mandarins du Se-tchouen, ses amis, firent que ses idées furent accueillies favorablement. Mais leur exécution pratique rencontrait un certain scepticisme. Au Yun-nan même, la sécurité était loin d'être assurée ; et, les rares voyageurs qui avaient parcouru ces régions racontaient qu'elles étaient infestées de bandes de Pavillons noirs et de Pavillons jaunes. Différents seulement par la couleur de leurs drapeaux, mais semblables par leur férocité, ces bandes tenaient tout le pays entre le fleuve Rouge et la rivière Claire. Repoussées d'un côté par la Chine, de l'autre par les troupes du roi d'Annam elles occupaient et terrorisaient le pays, rendant toute navigation impossible, empêchant par conséquent toute communication entre le Yun-nan et le Tonkin. Pour s'assurer avant tout de la part de vérité qu'il y avait dans ces récits, Dupuis demande une petite escorte, et avec 80 hommes il part pour Mongtse où il arrive sans encombre, puis à Man-hao où il s'embarque sur le fleuve Rouge. A Laokaï il se trouve en face des Pavillons noirs du Kouang-si qui ont quitté leur pays, sont descendus dans la vallée du fleuve Rouge.

Leur chef est un homme intelligent. Aux ouvertures que lui fait Dupuis, il comprend que le grand intérêt qu'ont les mandarins du Yun-nan à assurer la libre circulation sur le fleuve lui est un garant du prix qu'on mettra à sa soumission, des avantages que lui et ses partisans en retireront, et il s'engage à ne mettre aucun obstacle à l'ouverture de cette nouvelle voie.

Encouragé par ce premier succès, Dupuis se rend sur la rivière Claire, où il tient le même langage au chef des Pavillons jaunes. Ce dernier comprend, lui aussi, qu'il a tout à gagner à rentrer en grâce auprès des autorités chinoises, plutôt que de continuer un genre d'opérations qui peut, aussitôt que la révolte musulmane sera éteinte, provoquer une descente de toutes les forces chinoises disciplinées et aguerries, et mettre en péril sa vie et celle de ses partisans.

Rassuré de ce côté, et apprenant de source absolument certaine, que de Laokaï à la mer la navigation est possible, notre compatriote remonte à Yun-nan-sen, capitale de la province.

Le succès de son voyage a donné confiance aux autorités chinoises, et le moment est venu où l'idée doit prendre corps, où des engagements respectifs doivent se conclure entre les mandarins et lui.

Il est donc convenu entre eux qu'il aura le commandement d'une mission et qu'il sera le représentant officiel des autorités yunannaises à l'effet d'ouvrir la nouvelle voie commerciale du Yun-nan à la mer, au moyen de bateaux à vapeur sur le fleuve Rouge ; qu'il rapportera au Yun-nan des armes, des munitions de guerre, le matériel et le personnel nécessaires à l'exploitation des mines. En retour il reçoit une somme d'argent et 600 tonnes d'étain représentant une valeur d'environ 900 000 francs.

Tous les frais et risques de l'expédition sont à sa charge.

« Désormais, dit M. Dupuis[1], j'étais libre

1. *Les origines de la question du Tonkin*, par Jean Dupuis. Challamel, 1896.

d'organiser de suite mon expédition. Mais mon but immédiat était, avant tout, de faire de mon entreprise une œuvre essentiellement française. Le moment était donc venu de soumettre mes projets au Gouvernement. »

Il vient donc en France, mais dès son arrivée à Paris dans les premiers jours de 1872, il se rend compte qu'il ne peut compter sur aucun appui officiel. L'Est de la France est encore aux mains des armées allemandes ; les empereurs d'Allemagne, d'Autriche et de Russie se réunissent à Berlin, et dans leurs uniformes prussiens défilent devant la foule enthousiaste. Les préoccupations du monde politique aussi bien que de l'opinion publique en France sont telles qu'aucun concours n'est à espérer pour une entreprise lointaine dans un pays inconnu.

Il n'en poursuit pas moins son plan, achète le matériel, les armes et les munitions qui ont fait l'objet de son contrat avec les Chinois et repart pour Hong-Kong où dans le courant de septembre 1872 il embarque le tout sur 2 canonnières, une chaloupe à vapeur armée et une grande jonque chinoise. Il fait route vers le Tonkin, et le 9 novembre 1872 il jette l'ancre à l'endroit où s'élève actuellement la ville de Haïphong.

Il entre de suite en rapport avec les autorités annamites qui prennent leur mot d'ordre à la cour de Hué, leur fait connaître le but de son entreprise, les avantages que le Tonkin pourra retirer de la nouvelle voie commerciale.

Mais il n'a plus affaire à des Chinois négociants et avisés ; il a en face de lui des mandarins annamites qui ont mis le Tonkin en coupe réglée depuis 70 ans, l'ont isolé volontairement du reste du monde asiatique et entendent continuer cette politique qu'ils considèrent comme la plus favorable à leurs intérêts. C'est avec appréhension qu'ils voient à leur porte cette expédition mi-commerçante mi-guerrière qui, par son passage et par les conséquences qu'elle ne manquera pas d'avoir, pourra révolutionner l'état de choses actuel dont ils sont les bénéficiaires ; non sans raison, ils prévoient et redoutent la mainmise de la France sur leur pays. Ils font donc grise mine à l'explorateur, et sans s'opposer à son passage à travers le Tonkin, ils cherchent à gagner du temps, demandent à en référer à la cour de Hué.

Mais le temps de Dupuis est précieux ; après quelques semaines de temporisation, ne voyant pas venir une autorisation qu'il présume ne devoir jamais arriver, il décide de brusquer les événements, lève l'ancre et se met en route par les canaux du Delta : après quelques jours de tâtonnement, il atteint le fleuve Rouge qui le conduit le 22 décembre 1872 à Hanoï. Les eaux sont basses ; les canonnières ne peuvent dépasser Hanoï. Il s'agit de se procurer des jonques pour remonter jusqu'à Man-hao. Mais le mot d'ordre a été donné de faire le vide autour de lui, et ce n'est qu'après plusieurs semaines de pourparlers qu'il peut arriver à reprendre le 18 janvier 1873 sa marche en avant avec la plus grande partie de sa cargaison. La navigation au milieu des écueils dangereux qui obligent à des transbordements continuels est compliquée des difficultés soulevées chaque jour par les mandarins établis sur les rives et qui cherchent tous les prétextes pour retarder l'expédition. Ce n'est que le 4 mars 1873, deux mois après avoir quitté Hanoï, que Dupuis atteint Man-hao, terme de la navigation sur le fleuve Rouge.

Dix jours après, il entre à Yunnan-sen ; la curiosité, l'enthousiasme soulevés par son initiative sont telles que les autorités lui offrent 10 000 hommes de troupes pour établir des postes tout le long du fleuve et en assurer à jamais la navigation.

Mais il estime qu'un pareil déploiement de forces serait inutile, dangereux même, et qu'une escorte de 150 hommes bien choisis lui suffira. Aussi, dès qu'il a fait remise aux mandarins du matériel, des armes et des munitions qu'il rapporte, il reprend la route du Tonkin le 29 mars 1873 avec un chargement d'étain et de cuivre qu'il amène sans encombre à Hanoï, et qu'il fait suivre sur Hong-Kong.

Arrivé à Hanoï pour s'entendre cette fois définitivement avec les autorités annamites, il apprend que plusieurs de ses agents ont été pendant son absence molestés et même torturés ; lui-même reçoit dès son arrivée des menaces de mort. Et à deux reprises, en présence de tentatives d'attaque, il est obligé de faire prendre les armes à sa troupe. A ce moment critique, il juge qu'une intervention française peut se produire utilement. Il la demande au contre-amiral Dupré, gouverneur de Cochinchine, auquel il fait valoir que l'heure est venue où sans grandes difficultés, au prix de minimes sacrifices, la France pourra établir son protectorat sur le Tonkin et garantir, par la libre circulation sur le fleuve Rouge, la pénétration dans la Chine méridionale. Il insiste pour que l'on ne laisse pas échapper une occasion si favorable.

Le contre-amiral lui répond d'attendre, de ne rien brusquer, d'éviter tout conflit et de laisser au gouverneur de la Cochinchine le soin d'intervenir quand il jugera l'heure venue. Dupuis s'incline devant ce désir, mais la situation qui lui est faite s'aggrave chaque jour, et il est obligé de recourir aux armes pour pouvoir diriger sur le Yunnan un chargement de sel.

Les mandarins annamites intriguent pendant ce temps à Saïgon auprès du gouverneur de Cochinchine, présentent les agissements de Dupuis sous les couleurs les plus noires, demandent au contre-amiral d'intervenir pour l'obliger à quitter le Tonkin. Ces plaintes devaient malheureusement trouver un écho à Saïgon. L'amiral craignit-il les complications que la présence de Dupuis pouvait faire naître? Voulait-il, en se débarrassant de lui, s'attribuer le mérite personnel de l'établissement du protectorat français et de l'ouverture du fleuve Rouge au commerce? La lumière n'est pas faite sur ce point : quoi qu'il en soit ce n'est qu'en octobre 1873, cinq mois après que Dupuis a demandé son intervention, que le Gouverneur se décide à agir. Il a sous la main un officier d'un rare mérite, le lieutenant de vaisseau Garnier, qui vient d'opérer sur le Mékong une remarquable exploration. C'est lui qu'il charge d'aller avec deux avisos et deux canonnières au Tonkin. Mais l'objet de sa mission est bien différent de celui qu'avait escompté Dupuis ; il est chargé 1° de faire une enquête sur la valeur des griefs des autorités annamites contre Dupuis ; 2° de décider ce dernier par tous les moyens, au besoin par la force, à quitter le Tonkin ; 3° enfin, en compensation de ce service rendu aux mandarins annamites, Francis Garnier devra obtenir d'eux la libre circulation sur le fleuve Rouge pour les embarcations françaises et chinoises moyennant des droits de douane modérés. Toutes ces mesures devant être le prélude de l'établissement du protectorat français qu'il s'agira d'obtenir du gouvernement annamite en retour du grand service qu'on lui aura rendu en le débarrassant de « l'aventurier Dupuis ».

Expédition de Francis Garnier.

Muni de ces instructions le lieutenant de vaisseau Garnier arrive à Hanoï le 3 novembre 1873 avec 2 avisos et 2 canonnières. Il s'aperçoit bien vite que sa tâche ne sera pas aisée : Dupuis n'est pas disposé à se retirer, et d'autre part des explications qu'ils ont ensemble il ressort pour Garnier la certitude que les griefs des mandarins contre Dupuis sont en grande partie imaginaires ; enfin les mandarins qui ont connaissance de la partie de la mission relative à l'ouverture du fleuve Rouge au commerce voient leurs espérances menacées ; Dupuis ou Garnier, c'est de toutes façons, leur situation compromise, une puissance européenne établissant sa domination sur le pays, bouleversant leurs conditions d'existence, leur enlevant leurs prérogatives, menaçant leurs usages établis depuis l'antiquité la plus reculée. Aussi, dès les premiers jours de novembre, retournent-ils contre l'officier les armes dont ils se servaient contre le négociant : ils font le vide autour de lui, cherchent à exciter les populations, le menacent : « Vous êtes au Tonkin, lui écrit le maréchal annamite Nguyen, pour expulser Dupuis. Emmenez-le et partez avec lui. » Pour le maréchal, Garnier est venu exécuter une mesure de police, il doit se hâter et repartir. Mais le tempérament combatif du jeune officier ne saurait s'accommoder de cette attitude. Il répond au maréchal : « Vos agents répandent contre moi des bruits faux, des accusations haineuses. Vous défendez aux commerçants, aux chrétiens de venir me trouver. Cela ne saurait être, Monsieur le Maréchal. Je ne suis point un serviteur du Gouvernement annamite venu à Hanoï pour se faire l'exécuteur de ses hautes œuvres. J'y suis venu représenter les intérêts de la civilisation et de la France, discuter librement les mesures à prendre pour calmer l'effervescence des esprits, régulariser la situation commerciale, prévenir le retour de complications analogues à celles qu'a produites l'arrivée de M. Dupuis. Ma mission ne consiste pas à punir ce dernier, mais à examiner sa conduite. Comme sujet français, il ne relève que du gouverneur de Saïgon, et les tentatives d'assassinat, d'incendie dont ses soldats et lui ont failli être victimes sont aussi misérables que coupables. Il a violé les traités, dites-vous, en résidant à Hanoï. Que ne le laissiez-vous passer pour se rendre à sa destination, ou que ne lui déclariez-vous au début de son entreprise que vous vous opposiez ouvertement à son passage? Je suis résolu à ne pas tolérer plus longtemps les menaces dont je suis entouré, les terreurs que vous répandez dans les populations à mon sujet. »

Cette lettre restant sans réponse, Garnier se décide à s'emparer de la citadelle d'Hanoï, vaste forteresse à la Vauban qui contient une garnison de 7 000 hommes et des approvisionnements considérables. Il n'a que 180 hommes à sa disposition. Ce sont des soldats d'infanterie de marine sous les ordres du lieutenant de Trentinian, quelques matelots commandés par l'enseigne de vaisseau Esmez, et les soldats chinois que Dupuis a mis à sa disposition. Mais cette petite troupe est bien armée et bien commandée : Le 20 novembre 1873 à la pointe du jour, l'assaut est donné à la citadelle, qui est prise. Le maréchal Nguyen est blessé ainsi que 300 de ses hommes ; 80 ont été tués. Du côté des assaillants, il n'y a pas un seul tué ni blessé !

Enhardi par ce succès, le lieutenant de vaisseau Garnier met successivement le siège devant les villes de Phuly, de Haiduong, Sontay, Nam-Dinh, et en un mois, le Delta tout entier est conquis. Il devait être une des premières victimes de son audace. Le 21 décembre 1873, pendant que dans la citadelle d'Hanoï il parlemente avec des mandarins, on l'avertit qu'une bande de Pavillons noirs est aux portes d'Hanoï. Avec une dizaine d'hommes seulement, il sort de la citadelle et se heurte à un parti nombreux qui l'entraîne à un kilomètre des murs et le fait tomber dans une embuscade. Jeté à terre, entouré de tous côtés, séparé de ses hommes, il est percé de plusieurs coups de lance, et succombe. Quelques instants après, on retrouve son corps décapité.

La prise de la citadelle d'Hanoï, l'occupation

du Delta étaient-elles des opérations militaires faites en conformité des ordres ou au moins des désirs du Gouvernement métropolitain? Non, en aucune façon. A Paris, l'état des esprits en ce qui concernait la politique coloniale était le même que l'année précédente, à l'époque où nous avons vu Dupuis essayant vainement d'intéresser le Gouvernement à son entreprise. On en a la preuve dans cette lettre du 20 novembre 1873 de l'amiral Montaignac, ministre de la marine, au contre-amiral Dupré. « Peut-être, écrit le Ministre, avez-vous fait partir M. Garnier pour le Tonkin avec les forces dont vous vouliez le faire accompagner. *Je regretterais vivement* que vous ayez pris cette décision, et je ne puis le croire, du reste... Si cependant cette expédition était partie, n'oubliez pas que sous aucun prétexte, vous n'êtes autorisé à occuper un point du pays. Ce serait nous engager dans l'engrenage que le Gouvernement veut à tout prix éviter. Nos Assemblées se sont toujours effrayées des dépenses qu'entraînent nos établissements d'outre-mer. On se plaint qu'elles ne sont pas compensées par le profit qu'en tire notre commerce et l'appui qu'y trouve notre marine militaire. »

Ainsi pensait le Gouvernement, et ses préoccupations au sujet d'une conquête éventuelle du Tonkin étaient telles que par lettres et par télégrammes il exprimait son éloignement de cette politique. On en a la preuve dans la lettre du contre-amiral Dupré à son subordonné Garnier, en date du 4 décembre 1873. Garnier est à ce moment en train de faire tomber une à une toutes les places fortes du Delta : « Les *ordres* du ministre, lui écrit son chef, m'arrivent et par la voie ordinaire et par le télégraphe. Ils sont aussi impérieux que possible. *Le Ministre approuve mes projets* (départ de Dupuis, ouverture au commerce du fleuve Rouge) *si je puis les réaliser pacifiquement, par voie diplomatique. Il m'interdit absolument d'en poursuivre l'accomplissement s'il ne peut être obtenu que par la voie des armes.* »

L'attitude du Gouvernement en 1873 s'inspirait de l'opinion publique. Les armées allemandes venaient de quitter le sol de France ; mais la trouée des Vosges restait ouverte, menaçante. On ne pouvait songer à distraire un homme ni un centime de la défense territoriale. Quant aux avantages économiques de l'expansion lointaine, ils n'apparaissaient encore qu'à un très petit nombre de personnes, les barrières douanières derrière lesquelles chaque puissance en Europe devait se murer commençaient à peine à s'élever ; le protectionnisme naissait seulement, et la France ayant l'Europe entière à sa portée pour les produits de son industrie, l'activité de ses commerçants, n'envisageait pas encore l'utilité de nouveaux marchés.

Ce n'est que neuf ans plus tard, en 1882, que les conditions économiques en Europe étant modifiées, leur nécessité apparaîtra. La France alors aura reconstitué son armée et ses finances, et son voisin de l'Est ne cherchera pas à la gêner dans ses projets d'entreprises coloniales. Nous verrons Jules Ferry non pas créer, comme on l'a dit à tort, la question du Tonkin, qui, nous venons de le voir, est née en 1872, mais la reprendre comme un legs du passé.

Le traité de 1874 avec l'Annam.

Dès que fut connue à Saïgon la mort tragique du lieutenant de vaisseau Garnier, une nouvelle mission fut envoyée de Saïgon au Tonkin, mais celle-là avec l'intention formelle d'en finir, c'est-à-dire de faire quitter le Tonkin à Dupuis, d'évacuer le Delta, d'obtenir en revanche des autorités annamites quelques avantages permettant de « sauver la face ».

C'est dans ce but que M. Philastre, lieutenant de vaisseau, chef de la justice indigène à Saïgon, arrive à Hanoï le 3 janvier 1874. Un mois après, il signe l'évacuation de Hanoï et de tout le Delta, fait retirer nos soldats des villes occupées. Au fur et à mesure que ce retrait s'opérait, les chrétiens et les Tonkinois qui avaient servi notre cause étaient massacrés et leurs villages brûlés.

Il ne devra plus demeurer à Hanoï qu'un résident français, et les négociants français qui voudront s'établir dans cette ville ne pourront le faire qu'autour de la demeure du résident et dans un périmètre qui sera déterminé.

Quant à Dupuis avec les Français et les Chinois qui l'accompagnent, il est la victime désignée, et son sort est réglé en quelques lignes : il devra quitter immédiatement Hanoï et se rendre à Haïphong, *pour y attendre que le fleuve soit ouvert au commerce*, quelque dommage qu'il puisse en éprouver. S'il préfère remonter au Yunnan, il ne pourra le faire avec plus de 65 personnes et plus de 10 bateaux ; il ne pourra emporter qu'une quantité fixée d'armes et de munitions ; du Yunnan il ne pourra plus revenir au Tonkin *que lorsque le fleuve Rouge sera ouvert au commerce*. — Enfin, si refusant de descendre à Haïphong ou de remonter au Yunnan, il se fixait en un point quelconque du Tonkin sans autorisation, les Français s'engagent à aller l'en chasser. Telle est la convention (6 février 1874) préliminaire d'un futur traité, au bas de laquelle M. Philastre apposa sa signature.

Dupuis n'avait plus qu'à se soumettre. De deux maux, il choisit celui qu'il croyait devoir être le moindre : il descendit à Haïphong avec son personnel et ses bateaux. Mais là, une douloureuse surprise l'attendait. Par crainte d'un retour dans l'intérieur, ses bateaux sont séquestrés et retenus sur le bord de la mer, par ordre de l'autorité. Ce séquestre se prolongea jusqu'au 15 septembre 1875, soit pendant 18 mois, malgré ses protestations, ses voyages à Saïgon, ses supplications au Gouverneur de la Cochinchine.

Enfin le 15 septembre 1875, jour de la ratification du traité définitif signé avec l'Annam, il put croire que la liberté lui était enfin rendue d'agir ; mais sous prétexte qu'il devait à ses équipages un arriéré de solde, ses bateaux furent saisis par l'Administration, son personnel licencié d'office, et lui-même, suprême injure, déclaré en faillite par le tribunal de commerce de Saïgon, où il n'avait pourtant ni propriété, ni domicile, ni créanciers !

A bout de ressources et de force physique, épuisé par quatre années de luttes, il s'embarque pour la France dans les premiers jours de juin 1876 ; une heure après son départ, arrivait du ministère de la marine à Saïgon, la dépêche suivante : « Par tous les moyens légaux, rien que par les moyens légaux, empêchez Dupuis de partir. »

Dans son ouvrage *Le Tonkin et la mère-patrie,* Jules Ferry dira de lui : « On ne fera pas de M. Dupuis un homme ordinaire, et nous saisissons quant à nous, avec joie, cette occasion de le remercier au nom des partisans de la politique coloniale, de son inébranlable persévérance dans ces entreprises audacieuses et fécondes par lesquelles il a porté au loin et honoré le nom français. Libre à certains de ne voir dans ce pionnier infatigable qu'un commerçant vulgaire à la recherche de profits personnels, et de l'entourer d'on ne sait quel dédain supérieur... Les déboires de toutes sortes, les ruines successives et iniquement imposées, les affronts même ne lui ont point été épargnés. Malgré tout il a lutté sans perdre courage, sans que la foi dans son œuvre l'abandonnât un seul instant. »

Les préliminaires du 6 février 1874 signés par M. Philastre étaient transformés le 15 mars 1874 à Saïgon en un traité de paix entre la France et l'Annam. L'amiral Dupré représentait la France. En voici les articles essentiels à connaître pour apprécier la suite des événements.

« Art. premier. — Il y aura paix, amitié, et alliance perpétuelles entre la France et le royaume d'Annam.

« Art. 2. — Le Président de la République française reconnaissant la souveraineté du roi de l'Annam et son entière indépendance vis-à-vis de toute puissance étrangère, quelle qu'elle soit, lui promet aide et assistance et s'engage à lui donner sur sa demande et gratuitement l'appui nécessaire pour maintenir dans ses États l'ordre et la tranquillité, pour le défendre contre toute attaque et pour détruire la piraterie qui désole une partie des côtes du royaume.

« Art. 3. — En reconnaissance de cette protection, Sa Majesté le roi de l'Annam s'engage à conformer sa politique extérieure à celle de la France, et à ne rien changer à ses relations diplomatiques actuelles. »

Suit l'énumération des dons faits par la France à l'Annam : cinq bâtiments à vapeur, cent canons, mille fusils. La France promet en outre de mettre à la disposition du roi des instructeurs militaires et marins, des ingénieurs, des experts en matière de finances, des professeurs ; la rémunération équitable de ces services devant être ultérieurement fixée d'un commun accord.

« Art. 11. — Le gouvernement annamite s'engage à ouvrir au commerce les villes de Haïphong et d'Hanoï, et le passage par le fleuve Rouge depuis la mer jusqu'au Yün-nan. Une convention additionnelle au traité, ayant même force que lui, fixera les conditions auxquelles ce commerce pourra être exercé.

« Art. 12. — Les sujets français ou annamites de la France, et les étrangers en général, pourront, en respectant les lois du pays, s'établir, posséder et se livrer librement à toutes opérations commerciales et industrielles dans les villes ci-dessus désignées. Le gouvernement de Sa Majesté mettra à leur disposition les terrains nécessaires à leur établissement. Ils pourront de même naviguer et commercer entre la mer et la province du Yün-nan par la voie du fleuve Rouge, moyennant l'acquittement des droits fixés, et à la condition de s'interdire tout trafic sur les rives du fleuve entre la mer et Hanoï, et entre Hanoï et la frontière de Chine.

« Art. 13. — La France nommera dans chacun

des ports ouverts au commerce un consul ou agent assisté d'une force suffisante dont le chiffre ne devra pas dépasser le nombre de cent hommes pour assurer sa sécurité et faire respecter son autorité, pour faire la police des étrangers, jusqu'à ce que toute crainte à ce sujet soit dissipée par l'établissement des bons rapports que ne peut manquer de faire naître la loyale exécution du traité.

« Art. 15. — Lorsque des sujets français Européens ou autres étrangers désireront s'établir dans un des lieux ci-dessus spécifiés, ils devront se faire inscrire chez le résident français qui en avisera l'autorité locale.

« Les Français ou étrangers qui voudront voyager dans l'intérieur du pays ne pourront le faire que s'ils sont munis d'un passeport délivré par un agent français et avec le consentement et le visa des autorités annamites. Tout commerce leur sera interdit sous peine de confiscation de marchandises.

« Art. 16. — Toutes contestations entre Français, entre Français et étrangers seront jugées par le résident français.

« Lorsque des sujets français et étrangers auront quelque contestation avec des Annamites ou quelque plainte ou réclamation à formuler, ils devront d'abord exposer l'affaire au résident qui s'efforcera de l'arranger à l'amiable. Si l'arrangement est impossible, le résident requerra l'assistance d'un juge annamite commissionné à cet effet, et tous deux, après avoir examiné l'affaire conjointement, statueront d'après les règles de l'équité.

« Art. 20. — Pour assurer et faciliter l'exécution des clauses et stipulations du présent traité, le Président de la République française nommera un résident ayant le rang de ministre auprès de Sa Majesté le roi d'Annam. Le résident sera chargé de maintenir les relations amicales entre les hautes parties contractantes et de veiller à la consciencieuse exécution des articles du traité. »

Telles sont les principales dispositions du traité du 15 mars 1874, suivi le 31 août de la même année d'un traité de commerce qui précisait la liberté du commerce dans les villes d'Haïphong et d'Hanoï, après acquittement d'une taxe de cinq pour cent de la valeur des marchandises à leur entrée et à leur sortie, et d'une taxe de dix pour cent sur le sel. Le commerce des armes et des munitions était seul prohibé.

D'après la lettre même de ces traités la cour d'Annam faisait reconnaître par la France son indépendance à l'égard de toute puissance étrangère, *quelle qu'elle fût*. Et, en cas de besoin, c'est à la France qu'elle s'engageait à demander assistance pour protéger ses frontières et assurer l'ordre à l'intérieur. Ce n'était pas là l'œuvre de conquête que certains avaient rêvée : ce n'était pas la main mise définitive sur la vallée du fleuve Rouge au profit de la France. Mais, bien que le mot ne fût pas prononcé, c'était un *protectorat* à peine déguisé. C'était la porte ouverte à notre action civilisatrice s'exerçant par nos ingénieurs, nos professeurs, se rendant intéressante et utile aux mandarins défiants, les conquérant peu à peu à notre cause par les services rendus à leur pays. Ceux de nos fonctionnaires et de nos officiers de Cochinchine, qui avaient étudié la langue et les mœurs annamites, se rendaient dès cette époque parfaitement compte des ménagements qu'il y avait à garder avec ce peuple docile, mais fier, incrusté pour ainsi dire depuis des milliers d'années dans des cadres religieux et sociaux rigides. Ils étaient partisans du respect qu'il fallait témoigner à cette organisation qui plongeait ses racines dans le passé le plus lointain. Notre action, selon eux, devait s'exercer non point par une transformation brutale de cet état de choses, mais par une association de notre civilisation à la civilisation indigène, respectant la famille, l'organisation communale telles qu'elles étaient, mais s'appliquant à faire connaître les méthodes de l'Occident pour mettre en valeur les richesses du pays, gagnant ainsi à notre cause par l'exemple, par les leçons de choses, par la puissance des intérêts matériels, une population curieuse et nullement réfractaire aux nouveautés.

Si cette doctrine de colonisation en germe dans le traité de 1874 et confirmée comme nous le verrons par les traités suivants, avait pu être appliquée, il y a des chances pour que les complications et les épreuves qui nous attendaient en Extrême-Orient eussent pu être évitées. Il fallait pour cela deux choses : la première que cette doctrine fût connue, comprise et approuvée par les pouvoirs métropolitains ; la seconde que ces mêmes pouvoirs fussent décidés à faire exécuter avec fermeté les clauses du traité.

Ni l'une ni l'autre de ces conditions ne se réalisa. Presque personne, parmi les hommes qui à cette époque dirigeaient les ministères intéressés, ne connaissait la question coloniale, ne s'était pénétré des méthodes qui devaient plus tard se résumer dans le mot de protectorat. On ne connaissait rien de ce monde annamite, et on n'était guère curieux de le connaître : les préoccupations étaient ailleurs. Il fallait éviter des difficultés et des dépenses : la politique en Extrême-Orient se résumait en ces deux termes. C'est ce qui explique que les clauses du traité de 1874 furent moins considérées en France comme une étape vers le protectorat du Tonkin, que comme un moyen de se tirer d'un pas difficile et de « sauver la face ».

Les cours asiatiques savent merveilleusement surprendre les flottements, les hésitations des Européens et en profiter. Le gouvernement annamite comprit, dès les premiers mois qui suivirent la conclusion du traité de 1874, que la France avait d'autres soucis que de s'appliquer à mettre en pratique les clauses de la convention et de s'efforcer de tirer parti des avantages qu'elle lui conférait au Tonkin. Mais, ému pourtant de la rapidité avec laquelle Francis Garnier avait pu conquérir le Delta, le gouvernement de Hué sentit la nécessité de chercher un appui au dehors en cas de retour possible des incidents passés. Et il se tourna vers la Chine. Le Céleste-Empire n'exerçait plus en ce qui concernait l'Annam proprement dit qu'une suzeraineté presque purement nominale. Tous les trois ans, la cour d'Annam envoyait à Pékin une ambassade chargée d'apporter à l'empereur de Chine un tribut composé de dents d'éléphants, de parfums, de riches étoffes. En retour, le gouvernement de Pékin envoyait à Hué, à chaque changement de souverain, une ambassade chargée de donner l'investiture au nouveau roi.

En ce qui concerne le Tonkin, la suzeraineté de la Chine s'exerçait parfois d'une manière plus active, sous la forme de mesures de police : elle mettait à la disposition des mandarins annamites des réguliers chinois pour les débarrasser des bandes de pillards qui infestaient parfois les provinces limitrophes du Yün-nan et du Kouang-si.

Les négociateurs français du traité de 1874 n'ignoraient pas cette situation. Aussi avaient-ils insisté pour y faire insérer l'article 2 qui reconnaît la souveraineté du roi d'Annam et son *entière indépendance* vis-à-vis de toute puissance étrangère quelle qu'elle soit, et qui met à la disposition du gouvernement annamite les troupes françaises au cas où l'ordre et la tranquillité seraient troublés dans ses États. Par cette clause, les négociateurs entendaient substituer, dans l'avenir, le protectorat de la France à la suzeraineté de la Chine, en rompant le lien de vassalité et en donnant à la France le droit d'intervention militaire que la Chine s'était réservé jusqu'alors.

Cette modification aux traditions n'était pas du goût de la cour de Hué qui, nous le rappelons, sentait le besoin d'un appui au dehors et y était encouragée par nos hésitations à aborder franchement la mise en pratique du protectorat au Tonkin. Aussi dès l'année 1876, deux ans à peine après le traité, décidait-elle d'envoyer à Pékin une ambassade chargée d'y apporter le tribut triennal. C'était là une infraction flagrante au traité de 1874. Le devoir et l'intérêt de la France étaient de l'empêcher, de rappeler le gouvernement annamite au respect des engagements qu'il avait pris. Nos agents en Extrême-Orient ne manquèrent pas de signaler ces faits au gouvernement métropolitain et demandèrent des instructions. S'ils les avaient reçues, peut-être les choses eussent-elles changé de face ; mais en 1876 comme en 1874 les préoccupations à Paris étaient tout autres. On y était à peine remis de l'émotion causée par les menaces de l'Allemagne à notre égard. On savait dans les milieux gouvernementaux que nous avions été à deux doigts d'une nouvelle invasion, que seules avaient empêchée les interventions énergiques de l'Angleterre et de la Russie. L'avenir restait sombre. Et le mot d'ordre donné à tous nos fonctionnaires était d'éviter les complications. C'est ce qui explique pourquoi les instructions sollicitées par eux ne vinrent pas. L'ambassadeur annamite partit de Hué, fut reçu à Pékin en grand apparat et y remit son tribut.

Enhardie par ce succès, la cour d'Hué n'eut plus qu'un objectif : saper peu à peu le traité de 1874, énerver et détruire l'influence de la France en Annam et au Tonkin. Nous avons à Hanoï quelques soldats qui forment l'escorte et la garde de notre consul : la cour de Hué demande que nous les rappelions. Et sur notre refus, afin de nous prouver qu'elle n'a pas besoin de nos troupes, elle fait appel à celles de la Chine pour réprimer une insurrection dans le Nord du Tonkin.

Les troupes chinoises étant impuissantes à en venir à bout, la navigation du fleuve Rouge devient périlleuse, et nous perdons ainsi le seul avantage commercial que nous avait assuré la convention de 1874.

Cette situation finit par éveiller l'attention des pouvoirs publics français : une correspondance s'échange à Paris entre l'amiral Jauréguiberry, ministre de la Marine et M. Waddington, ministre des Affaires étrangères (1er octobre 1879). « Après une existence d'à peine cinq années, écrit l'amiral, le traité du 15 mars 1874 est en quelque sorte caduc. On ne saurait différer plus longtemps de prendre un parti, et le moment est, ce me semble, venu d'aborder de front la situation pour la trancher par une mesure définitive. »

L'année 1880 voit s'aggraver la situation, car la cour de Hué reçoit nos notes, mais se rend compte que nous hésitons à agir. La piraterie désole les côtes, nos consuls sont obligés d'avouer leur impuissance. Enfin une nouvelle ambassade part pour Pékin afin d'y resserrer les liens qui existent entre les gouvernements annamite et chinois. Le marquis Tseng, ministre de Chine à Paris, invité à reconnaître l'irrégularité de cette politique, répond, à la date du 24 septembre 1881, qu'il l'approuve, qu'aucune autre n'est possible, « le prince d'Annam ne pouvant, n'ayant pu par aucun acte conférer à qui que ce soit, surtout à une puissance étrangère, aucune partie des droits souverains qu'il tient directement de l'empereur de Chine en vertu de son investiture. »

Gambetta, successeur de M. Barthélemy-Saint-Hilaire, répond, le 1er janvier 1882, s'adressant au marquis Tseng : « Le gouvernement impérial chinois, dites-vous, ne peut pas reconnaître le traité de 1874 conclu entre la France et l'Annam. Or ce traité qui règle précisément nos rapports avec l'Annam a été officiellement communiqué au gouvernement chinois le 25 mai 1875, par le comte de Rochechouart chargé d'affaires de France à Pékin. Et dans la réponse en date du 15 juin suivant, que le prince Kong a envoyée au comte de Rochechouart, il n'a été élevé aucune objection contre la conclusion du traité ni contre aucune de ses clauses. Vous comprendrez sans peine que dans ces conditions il nous soit malaisé d'admettre que le gouvernement chinois vienne contester aujourd'hui un traité existant et déjà entré dans la période d'application depuis près de huit années. Nous ne saurions nous arrêter, en tous cas, à une réclamation aussi tardive, et le gouvernement de la République hésite d'autant moins à revendiquer l'entière liberté de ses actes en ce qui concerne l'exécution de ses conventions avec l'Annam, qu'il ne nourrit aucun dessein qui puisse porter ombrage à la Chine ou qui soit préjudiciable à ses intérêts. » — C'était parler net.

Ce langage n'était du reste que la conséquence des résolutions que le gouvernement venait de prendre.

L'envoi au Tonkin d'un officier de marine chargé d'une démonstration avait été résolu pour faire reconnaître nos droits au Tonkin. Ses instructions ressortent clairement d'une lettre adressée de Saïgon le 18 janvier 1882 par M. Le Myre de Vilers, gouverneur de Cochinchine, à M. Rouvier, ministre du Commerce et des Colonies. « C'est, écrit le gouverneur, pacifiquement, administrativement, politiquement que nous devons opérer au Tonkin. Une action militaire pourrait avoir des conséquences graves, et entraînerait le gouvernement de la République dans des complications hors de proportion avec les résultats à atteindre. J'ai la conviction qu'avec de la fermeté, de la persévérance, de l'esprit de suite, nous ferons ce que nous voudrons. — *J'ai recommandé au commandant Rivière* de n'avoir recours aux armes qu'en cas d'absolue nécessité. Cet officier supérieur est intelligent. Il connaît le programme à suivre et il m'a promis de se conformer exactement aux instructions politiques que je lui ai données. Je crois pouvoir compter sur sa prudence et sa modération. » Ce sont à peu près les instructions qui avaient été données au lieutenant Garnier en 1873. Elles devaient avoir le même sort. En effet, le 25 avril 1882, le commandant Rivière, arrivé sous les murs de la citadelle d'Hanoï et la voyant se remplir quotidiennement de troupes et de munitions, envoyait un ultimatum à cinq heures du matin au gouverneur annamite de la citadelle en lui donnant trois heures pour répondre. A huit heures, étant sans réponse, il lance sa troupe à l'assaut de la citadelle qui est prise presque sans résistance et détruite. « La destruction de la citadelle d'Hanoï, écrit le gouverneur de Cochinchine au ministre de la Marine le 5 mai 1882, apporte un facteur nouveau dans nos négociations avec l'Annam. Peut-être eût-on pu éviter d'en venir à cette extrémité. Mais il faut tenir compte, dans l'appréciation des faits, des entraînements auxquels sont exposés les militaires dont le principal objectif doit être l'honneur du drapeau et la sécurité des troupes qu'ils commandent. »

Au commandant Rivière, comme au lieutenant Garnier, la prise de la citadelle d'Hanoï devait être funeste. Réduit à un contingent de forces trop faible, il succombait le 19 mai 1883 dans une sortie hors de la ville.

Cet événement produisit une émotion intense dans notre pays. Il devait avoir de toutes autres conséquences que la mort du lieutenant Garnier.

Jules Ferry venait de prendre la présidence du conseil des ministres. Les idées avaient fait du chemin depuis neuf ans. Pour le comprendre, il faut faire un retour en arrière, et envisager quelles modifications avaient subies de 1874 à 1883 notre politique extérieure et notre politique économique. On ne pourrait s'expliquer sans cela l'expansion coloniale qui marque cette époque, et dont la conquête du Tonkin a été une des formes.

CHAPITRE II

LA NOUVELLE POLITIQUE ÉCONOMIQUE DE LA FRANCE

Douze ans s'étaient écoulés depuis la guerre. Toutes les nations européennes secouées par les événements tragiques de 1870 travaillaient à la réfection de leur armement, à l'augmentation de leurs contingents militaires. C'est le début de nos budgets formidables de la guerre. En ce qui concerne la France, la situation se compliquait de ce double fait : 1° qu'ayant été vaincus, nous passions aux yeux de l'Europe pour préparer notre revanche ; 2° que notre nouveau régime républicain, n'ayant pas encore subi l'épreuve du temps, inspirait aux monarchies qui nous environnaient une défiance profonde.

La France était en observation. Aucune main amie ne se tendait vers nous, aucune velléité d'alliance ou de traité ne se manifestait encore. Isolée en Europe et surveillée, la France devait se tenir prête à toutes les éventualités. C'est en se plaçant sur ce terrain que l'extrême gauche se déclarait hostile à toute politique d'expansion de la France hors de ses frontières mutilées.

« L'œil fixé sur la frontière des Vosges ; pas un centime, pas un homme à risquer au loin », tel était le système. Ce système nous faisait abandonner l'Égypte, où nous abdiquions nos droits en fait.

Mais au même moment une doctrine économique appuyée sur de puissants intérêts gagnait du terrain en France et dans tous les pays d'Europe, l'Angleterre exceptée. C'était la doctrine protectionniste qui réussit à triompher en 1880 et dont l'application et les conséquences se prolongent encore aujourd'hui. Développer l'agriculture et l'industrie nationales dans tous les sens et sous toutes les formes, afin d'obtenir une production aussi intense que possible ; par d'énormes droits de douane fermer ou rendre difficile l'entrée des produits similaires étrangers, et se réserver ainsi la plus grande partie de son propre marché. Tel est le résumé succinct de la doctrine. La conséquence devra être une rémunération élevée des capitaux, une prospérité croissante et continue. Une grande habileté de tactique, la conjuration de puissants intérêts devaient faire triompher ce système dans notre pays et chez les nations voisines.

Mais en France, ceux-là même qui avaient été les plus ardents à l'imposer à notre pays, s'aperçurent bientôt que dans cette course à la production intense décuplée par les nouvelles inventions mécaniques, le marché intérieur lui-même allait bientôt être saturé ; que dans un avenir qui n'était pas très éloigné, le pays ne pourrait plus suffire à consommer ou tout au moins à payer, à un prix suffisamment rémunérateur, toute la production nationale ainsi artificiellement « forcée ».

Il fallait, de toute nécessité, trouver des *débouchés*. Où les trouver, sinon dans ces régions lointaines où la métropole pouvait se créer une clientèle nouvelle ? « La politique coloniale est fille de la politique protectionniste. » Jules Ferry s'en est expliqué dans la préface du livre : *Le Tonkin et la mère-patrie*, qui parut en 1890. « Le système protecteur, écrit-il, est une machine à vapeur sans soupape de sûreté s'il n'a pas pour correctif et pour auxiliaire une saine et sérieuse politique coloniale. La pléthore des capitaux engagés dans l'industrie ne tend pas seulement à diminuer les profits du capital, elle arrête la hausse des salaires qui est pourtant la loi naturelle et bienfaisante des sociétés modernes.

« La paix sociale est, dans l'âge industriel de l'humanité, une question de débouchés. La consommation européenne est saturée. Il faut faire surgir des autres parties du globe de nouvelles couches de consommateurs, sous peine de mettre la société moderne en faillite, et de préparer pour l'aurore du XXe siècle, une liquidation sociale par voie de cataclysme dont on ne saurait calculer les conséquences. »

Cette politique économique qui tourna le dos à la doctrine du libre-échange ne tourna-t-elle pas en même temps le dos à la vérité, à la répartition sage, méthodique des énergies et des richesses mondiales ? N'a-t-elle pas causé, ne cause-t-elle pas tous les 5 ou 6 ans des crises redoutables de surproduction qui iront en s'aggravant, sans doute ?

Dès 1880 les hommes clairvoyants, même dans le parti protectionniste, sentaient le danger de leur système, la nécessité de débouchés nouveaux et par conséquent le *devoir* pour le Gouvernement français de profiter de toutes les circonstances qui s'offriraient afin de prendre sa part dans la répartition des terres nouvelles, et s'assurer « de nouvelles couches de consommateurs ». Il est donc certain que, fondé ou non, le principe protectionniste une fois adopté, rigoureusement appliqué (et il l'était dès 1880), l'ère de la politique coloniale ne pouvait manquer de s'ouvrir. Nous savons qu'elle fut en partie l'œuvre de Jules Ferry, qu'il présida à l'expédition de Tunisie, à celle du Tonkin, et prépara les voies à celle de Madagascar.

Il justifiait son œuvre dans les termes suivants : « Au nom d'un chauvinisme exalté, mais à courtes vues, devions-nous acculer la politique française dans une impasse, et les yeux fixés sur la ligne bleue des Vosges, laisser tout se faire, tout s'engager, tout se résoudre sans nous, contre nous ? La politique des mains nettes, c'était, de toute évidence, l'Italie à Tunis nous prenant à revers, l'Allemagne en Cochinchine, l'Angleterre au Tonkin, toutes deux à Madagascar ; en un mot, la banqueroute de nos droits et de nos espérances, un nouveau traité de 1763 sans l'excuse de Rosbach et de la Pompadour. Comment ceux qui ont épargné à la République et à la France cette humiliation suprême auraient-ils démérité de la République et de la patrie? »

C'est là qu'est la justification de la politique coloniale.

Mais l'état de l'Europe n'en était pas moins celui que nous avons décrit plus haut : on armait et on se tenait en garde contre nous. C'est l'explication de l'opposition que fit l'extrême gauche à la politique coloniale. C'est aussi l'explication des crédits insuffisants, des demi-mesures, des petits paquets qu'on a si violemment reprochés à Ferry. Il espérait toujours que le crédit et le renfort demandés suffiraient. En cela, il était mal renseigné. Le crédit et le renfort ne suffisaient pas ; il fallait en solliciter d'autres d'une Chambre inquiète qui se demandait où on la menait avec ces sacrifices d'hommes et d'argent, dont on ne voyait pas la fin.

L'émotion soulevée dans le pays par la mort du commandant Rivière avait eu pour conséquence le vote à l'unanimité par la Chambre d'un crédit de 5 millions pour l'envoi de troupes au Tonkin. C'était en mai 1883. Nous verrons par la suite des événements qu'un petit nombre d'officiers et de fonctionnaires qui avaient vécu en Cochinchine, s'étaient fait une idée précise du régime qui devait être appliqué par la France au Tonkin, du protectorat qu'elle pouvait établir dans la vallée du fleuve Rouge. Mais le Gouvernement, au moment où il engageait la France dans les événements qui vont se dérouler n'avait pas une conception nette de la politique qu'il allait suivre au Tonkin. Un seul mot était prononcé : celui de conquête, c'est-à-dire d'absorption du pays, d'établissement d'une administration directe et souveraine du vainqueur chez le vaincu.

Les oppositions de droite et d'extrême gauche du Parlement tirèrent parti de cet état d'esprit du Gouvernement. Le 10 juillet 1883, M. Granet, parlant au nom de l'extrême gauche, déclarait : « Si le Gouvernement se dispose à entreprendre l'occupation et la conquête du Tonkin et de l'Annam, nous serons obligés de nous séparer de lui. Nous ne pourrons le suivre dans une voie que nous considérons comme dangereuse pour les intérêts essentiels de ce pays. »

Ce fut la première escarmouche. Elle fut connue de suite à Pékin, où l'on suivait d'un œil attentif les événements, et où un parti influent était décidé à peser de toutes ses forces sur le Tsong-li-Yamen pour l'empêcher d'acquiescer à l'occupation du Tonkin par la France. Les Chinois comprirent, renseignés comme ils l'étaient par leurs ambassadeurs auprès des gouvernements européens, qu'ils avaient tout à espérer des divisions qui venaient de naître et allaient s'accentuer dans notre Parlement. Ils comprirent que le temps allait travailler pour eux, que la meilleure politique était de temporiser, de laisser les troupes chinoises se glisser au Tonkin pour y soutenir les troupes annamites et les Pavillons noirs, sans toutefois en venir à une rupture officielle avec la France. La diplomatie asiatique excelle à ce jeu de lenteurs, d'atermoiements ; et le chef de notre Gouvernement, peu au courant de la question et mal informé, devait y perdre sa situation et sa popularité.

La Chine était encouragée par l'attitude de la Chambre et par l'absence de doctrine du Gouvernement. En effet, les interpellations se succédèrent pendant la fin de l'année 1883. MM. Delafosse, Francis Charmes, Cassagnac, Granet, Clémenceau demandaient à la Chambre de repousser les crédits nouveaux que sollicitait le Gouvernement, le sommant de fixer d'une façon définitive son plan d'action et la mesure des sacrifices qu'il comptait demander. Le Gouvernement, placé dans la situation délicate que nous avons exposée plus haut, répondait simplement qu'il importait d'assurer définitivement notre influence en Extrême-Orient. Il demandait qu'on fît crédit et confiance au ministère qui avait à diriger à la fois des opérations militaires et des négociations diplomatiques. « L'affaire du Tonkin, disait Jules Ferry, président du Conseil, dans la séance du 30 octobre 1883, n'est pas personnelle à tel ou tel ministère. Depuis le commencement jusqu'à la fin, c'est une affaire française. Toutes les parcelles du domaine colonial de la France, ses moindres épaves doivent être sacrées pour nous. Est-ce que la République doit avoir une politique éphémère, de courte vue, uniquement préoccupée de vivre au jour le jour? Il ne s'agit pas de l'avenir de demain, mais de l'avenir de cinquante ans ou de cent ans, de ce qui sera l'héritage de nos enfants, le pain de nos ouvriers. Il ne s'agit pas de conquérir la Chine. Mais il faut être à portée de cette riche région pour en entreprendre la conquête pacifique. »

Nous retrouvons là l'écho des préoccupations d'ordre économique que nous avons exposées.

CHAPITRE III

LA CONQUÊTE

A la suite du vote de la Chambre, de mai 1883, qui mettait à la disposition du Gouvernement un crédit de 5 millions, augmenté en décembre de la même année d'un nouveau crédit de 29 millions, le général Bouet qui commandait les troupes de Cochinchine fut chargé des opérations militaires au Tonkin. Il était lui-même placé sous la direction d'un commissaire général, le Dr Harmand, qu'un long séjour en Extrême-Orient avait familiarisé avec le monde asiatique.

Les instructions du Dr Harmand étaient d'empêcher que l'action militaire destinée à venger la mort du commandant Rivière ne s'étendît au delà du Delta du fleuve Rouge, de ramener à nous le Gouvernement annamite en l'assurant que nous ne projetions pas autre chose que l'organisation en Annam et au Tonkin d'un protectorat effectif et loyal. Il devait traiter le plus tôt possible sur cette base avec la cour de Hué.

Mais dès qu'il arrive au Tonkin le Dr Harmand

juge, d'après les résistances que rencontre le général Bouet dans ses opérations aux portes mêmes d'Hanoï, que l'action militaire sera plus difficile qu'on ne le croit. « Il importe, écrit-il, de préparer l'opinion publique en France, à l'idée que l'occupation du Tonkin est chose sérieuse aujourd'hui. Il faut savoir regarder la vérité en face. » Successivement le général Brichot et l'amiral Courbet, après une campagne meurtrière, s'emparent des places fortes importantes du Delta, et repoussent les Pavillons noirs et les réguliers chinois dans les montagnes.

En même temps une pression énergique est exercée auprès de la cour de Hué. M. Harmand rejoint sur les côtes d'Annam la flotte française. Le 20 août 1883 les forts qui défendent l'entrée de la rivière de Hué sont enlevés par nos compagnies de débarquement, et trois jours après le Dr Harmand signifie un ultimatum à la cour de Hué. Dans cet acte il rappelle les graves infractions commises par elle depuis dix ans au traité de 1874, l'appui donné aux Pavillons noirs, le recours aux forces militaires chinoises, les entraves apportées à la libre navigation sur le fleuve Rouge. Puis il énumère les conditions auxquelles il offre de négocier un traité de paix. « Nous ne voulons pas vous conquérir, écrit-il ; mais il faut accepter *notre protectorat* ; c'est pour votre peuple une garantie de tranquillité et de richesse. Nous ne voulons pas du tout nous occuper des détails intérieurs de l'administration provinciale, mais nous avons l'obligation de la surveiller et de la contrôler. Toute votre administration continuera à fonctionner comme à l'ordinaire, dans toute la hiérarchie, depuis le premier jusqu'au dernier mandarin. Nous ne voulons rien changer. Nous mettrons seulement auprès de chaque gouverneur un haut fonctionnaire appelé résident qui sera protégé par une troupe militaire française et indigène. Les douanes seront entièrement entre nos mains. »

La cour de Hué acquiesca à cet ultimatum, et le 25 août 1883 était signé entre le Dr Harmand et le gouvernement annamite le premier traité où le mot protectorat figure en toutes lettres.

Il fut confirmé un an après, le 6 juin 1884, par un instrument diplomatique définitif, œuvre de notre représentant M. Patenôtre.

Ce traité de 1884 est la charte du protectorat de la France sur l'Annam et le Tonkin. Il importe donc d'en connaître les clauses essentielles.

Le Gouvernement de la République, y est-il dit tout d'abord, et celui de Sa Majesté le roi d'Annam, voulant empêcher à jamais le renouvellement des difficultés qui se sont produites récemment, ont résolu de conclure la convention suivante :

« Article premier. — L'Annam reconnaît et accepte le protectorat de la France. La France représentera l'Annam dans toutes ses relations extérieures.

« Art. 5. — Un résident général représentant du Gouvernement français présidera aux relations extérieures de l'Annam et assurera l'exercice régulier du protectorat.

« Art. 6. — Au Tonkin des résidents seront placés par le Gouvernement de la République dans les chefs-lieux où leur présence sera jugée utile.

« Art. 7. — Les résidents éviteront de s'occuper des détails de l'administration intérieure des provinces.

« Les fonctionnaires indigènes de tout ordre continueront à gouverner et à administrer sous leur contrôle.

« Art. 10. — Les étrangers seront placés sous la juridiction française. L'autorité française statuera sur les contestations, de quelque nature qu'elles soient, qui s'élèveront entre Annamites et étrangers, de même qu'entre étrangers.

« Art. 11. — Au Tonkin les résidents centraliseront, avec le concours des autorités indigènes, le service de l'impôt dont ils surveilleront la perception et l'emploi.

« Art. 12. — Les douanes réorganisées seront entièrement confiées à des administrateurs français.

« Art. 13. — Les citoyens ou protégés français pourront, dans toute l'étendue du Tonkin, circuler librement, faire le commerce, acquérir des biens meubles et immeubles et en disposer.

« Art. 15. — La France s'engage à garantir désormais l'intégrité des États de S. M. le roi d'Annam, à défendre ce souverain contre les agressions du dehors et contre les rébellions du dedans. À cet effet, l'autorité française pourra faire occuper militairement les points qu'elle jugera nécessaires pour assurer l'exercice du protectorat. »

Telles sont les dispositions essentielles du traité de 1884. Il marque une étape importante dans notre œuvre de colonisation ; il établit et définit le protectorat. Les clauses en furent appliquées en Annam. Mais au Tonkin il n'en fut pas de même. La lenteur de la pacification, les luttes entre les pouvoirs civil et militaire depuis 1884 jusqu'en 1891, la tendance de nos fonctionnaires à diminuer l'autorité et le prestige des mandarins, à les supplanter, rendirent caduques plusieurs des clauses de ce traité.

Conflit avec la Chine.

L'occupation du Delta du Tonkin par nos troupes avait dérouté la cour de Pékin. Les renseignements qu'elle avait eus ne lui avaient pas permis de supposer que les choses iraient si vite ni que les Chambres françaises donneraient les crédits nécessaires. Aussi les conseillers du parti de la guerre perdirent de leur influence, et le vice-roi Li-Hong-Tchang qui avait des intérêts de tous ordres à hâter la fin des hostilités, se déclara prêt à travailler à une entente. Il accueillit favorablement les propositions du capitaine de frégate Fournier qui commandait un des bâtiments de l'escadre de Chine, et qui avait reçu pouvoir d'entamer des pourparlers de paix. Des conféférences avaient lieu en avril 1884, et le 11 mai de la même année étaient signés les préliminaires qui portent le nom de *Traité de Tien-tsin*.

Aux termes de ce traité, la Chine cédait le Tonkin à la France, s'engageait à retirer immédiatement sur ses frontières les garnisons chinoises du Tonkin, à respecter les traités intervenus ou à venir entre la France et la Cour d'Annam. C'était non seulement un succès diplomatique, mais c'était aussi, espérait-on, la fin de ces combats du Tonkin si meurtriers pour nos soldats décimés autant par les fièvres et la dysenterie que par les balles de l'ennemi.

Il ne restait plus qu'à exécuter ces préliminaires qui devaient être ultérieurement remplacés par un traité définitif. L'un des points indiqués était le retrait des garnisons chinoises du Tonkin. C'est ici que se place le premier des deux incidents militaires qui devaient avoir un écho douloureux en France et des conséquences politiques imprévues.

L'affaire de Bac-Lé.

Afin de remplacer la garnison chinoise établie

à Langson, point de la frontière tonkinoise, le général Millot commandant le corps d'occupation envoyait le 19 juin 1884, un mois après la signature des préliminaires, quelques compagnies de tirailleurs sous les ordres du colonel Dugenne, dans la direction de Lang-son. Décimée par la chaleur et les fièvres, la petite troupe réduite à 300 combattants, en arrivant à l'un des défilés qui conduisent à Langson, au lieu appelé Bac-Lé, se heurta à une force de dix mille réguliers chinois bien armés et solidement fortifiés. Sommé de se retirer, le commandant chinois répondit par lettre au colonel Dugenne qu'il connaissait le traité de Tien-tsin, mais qu'il n'avait pas d'ordres. Il priait le colonel de faire télégraphier par le général Millot à Pékin, se déclarant prêt à se retirer dès qu'il en aurait reçu l'ordre de son Gouvernement. *Cette lettre ne fut traduite que quelques semaines plus tard.* Le colonel n'avait pas d'interprète. De plus, il ignorait l'effectif des troupes qu'il avait devant lui. Et sans demander d'instructions ni de renforts, n'écoutant que sa folle témérité, il poussa en avant et fut accueilli par un feu meurtrier. Après quelques heures, il dut se retirer ayant une centaine d'hommes hors de combat.

Tout était remis en question. En voici la raison. Le traité de Tien-tsin avait été mal accueilli à Pékin. Le parti de la guerre exploitant la crainte d'un soulèvement populaire avait paralysé le Tsong-li-Yamen qui, pour gagner du temps, n'avait pas envoyé aux troupes l'ordre d'évacuation.

Jules Ferry, au reçu de la nouvelle de l'affaire de Bac-Lé, télégraphiait à Li-Hong-Tchang : « En vue d'assurer la paix et le bien de nos deux pays, nous avons fait un traité sérieux. L'encre est à peine séchée, et il est violé. Votre Gouvernement assume une redoutable responsabilité. »

La situation s'aggravait. Il fallait en finir. C'était l'avis de l'amiral Courbet qui réduit à l'inaction à la tête de son escadre brûlait du désir de cingler sur Port-Arthur, de frapper la Chine au cœur, de menacer Pékin, pendant que se poursuivrait au Tonkin la marche jusqu'à la frontière. Son plan hardi ne fut pas adopté. Il en conçut une vive amertume dont sa correspondance, livrée après sa mort à la curiosité publique, porte les traces.

Pourquoi le Gouvernement français recula-t-il devant l'exécution de ce plan ?

Il craignit des complications européennes. L'Angleterre, dont le commerce dans les mers de Chine souffrait de la situation, ne cachait pas son mécontentement ; une opération navale dans le golfe du Pe-tchi-li pouvait tendre jusqu'à les rompre les rapports de la France avec elle : or nous n'avions pas dans les mers de Chine une flotte capable de tenir tête à celle de l'Angleterre.

Nous n'étions nullement préparés à cette éventualité. Nous n'avions pas suivi, pas plus que nous ne devions du reste, suivre dans d'autres circonstances, l'exemple de la Grande-Bretagne. Elle a toujours su préparer de longue main les conquêtes qu'elle a faites ; toute son histoire coloniale est là pour le prouver ; et quand elle a jugé le moment opportun ou que les circonstances l'ont amenée à agir, il s'est trouvé qu'elle avait toujours sur les lieux mêmes, que ce fût dans la Méditerranée, dans le golfe du Siam ou dans la mer de Chine, des forces navales assez imposantes pour que personne ne fût tenté de se mettre en travers de ses projets.

Nous n'en étions pas là en 1884 : et la flotte de l'amiral Courbet n'était pas de taille à en imposer à l'Angleterre. Aussi la solution proposée par lui ne prévalut-elle pas dans les conseils de notre Gouvernement. On décida d'essayer encore de l'intimidation, et pour cela de s'attaquer à l'arsenal de Fou-tchéou. L'amiral Courbet exécuta l'ordre, coula plusieurs vaisseaux chinois, brûla l'arsenal et les approvisionnements qu'il contenait (25 août 1884). Mais comme il l'avait prédit, ce fait de guerre à si grande distance de Pékin n'y eut pas l'effet que le ministère en attendait. Et la Chine, sous des prétextes futiles, se refusait en somme à exécuter le traité de Tien-tsin.

Comment avaient été accueillies en France la nouvelle de l'incident de Bac-Lé, et celle de l'inefficacité de la destruction de Fou-tchéou?

Nous allons le savoir en lisant les débats soulevés à la Chambre.

L'opposition avait beau jeu. « La Chine nous a trompés, disait M. Georges Perin au mois d'août 1884, mais le gouvernement français s'y est par trop prêté. Un sage proverbe dit qu'il ne faut pas tenter le diable. Eh bien, il ne faut pas davantage tenter le Chinois. Et c'est ce que vous avez fait. Vous avez procédé avec une confiance et un laisser-aller sans excuse.

« Vous devez vous retirer, vous êtes le seul obstacle à la conclusion de la paix. »

L'opposition rendait donc le ministère responsable de la faute commise au Tonkin par le général commandant qui avait envoyé à la frontière une troupe trop peu nombreuse, et de la faute commise par le colonel Dugenne qui avait agi avec légèreté. Le président du conseil sentait grandir l'orage. La majorité, en présence des récents événements commençait à se désagréger, l'opinion publique était nerveuse.

Aux dernières paroles de M. Perin qui le sommait, pour ainsi dire, de quitter la place, Jules Ferry répondit : « Si je pouvais croire que ma personne fût un obstacle à la solution de cette délicate affaire, je n'aurais attendu de la part de personne une mise en demeure pour déposer mon portefeuille. Est-ce que vraiment quelqu'un peut croire ici que le pouvoir vaut par les joies qu'il donne? Est-ce que ceux qui le convoitent si ardemment ignorent par hasard qu'au temps où nous sommes le pouvoir est fait de labeurs écrasants et de lourdes responsabilités ? Est-ce qu'ils ignorent qu'au lieu de recueillir ce qu'en d'autres temps on appelait « les joies du pouvoir », on ne trouve en définitive qu'une lutte de tous les instants, et ce qui, pour un cœur bien placé, est la dernière de toutes les amertumes, la tempête des haines déchaînées, les amitiés perdues tout au long du chemin, les calomnies inouïes que rien ne lasse ! Et vous croyez que le pouvoir ainsi disputé a de la vertu et de la valeur par lui-même ? » C'était toute la rancœur des attaques, des injures dont il était alors abreuvé qui s'exhalait dans cette plainte.

Rentrant dans la question elle-même, il invoquait la nécessité pour tout ministère, quel qu'il fût, de suivre la politique qu'il faisait, et il demandait à la Chambre de nouveaux crédits et un vote lui donnant l'autorité nécessaire pour combattre et pour traiter au mieux des intérêts et de l'honneur du pays.

Ces dernières paroles, M. Clémenceau les relevait dans une véhémente apostrophe : « La question est précisément de savoir si l'honneur est engagé. Quant à moi, je soutiens que nous ne sommes engagés que par la faute de M. le président du conseil. Vous avez eu le Tonkin dans vos mains, et aujourd'hui vous m'opposez comme argument que la Chine vous refuse le Tonkin.

« C'est par votre politique que vous en êtes arrivé là. C'est pour payer cette faute que la Chambre va voter 60 millions, et qu'elle en votera d'autres. C'est pour payer cette faute que la majorité qui siège sur ces bancs a été peu à peu entraînée sur cette pente glissante, et amenée à donner son consentement à des actes que le pays réprouve aujourd'hui. » Et M. Clémenceau concluait que la seule solution pour sortir de l'impasse dangereuse où le pays était engagé était la retraite du ministère et son remplacement par un gouvernement qui ne serait pas prisonnier de son passé.

Cependant les Chambres votaient un crédit de 43 millions, insuffisant si on voulait faire la conquête. Or on n'avait pas alors d'autre plan ; et mandat était donné au gouvernement d'assurer l'exécution pleine et entière du traité de Tientsin.

A cet effet, de nouveaux renforts étaient expédiés au Tonkin, le général Brière de l'Isle prenait le commandement des troupes en remplacement du général Millot, avec sous ses ordres le général de Négrier.

L'AFFAIRE DE LANGSON.

Dès le mois de décembre 1884, une nouvelle campagne commençait au Tonkin. Il s'agissait d'en finir et de rejeter les Chinois de l'autre côté de la frontière. Ce fut une dure et atroce campagne marquée par des combats de chaque jour dans une région de petites collines d'où il fallait successivement déloger pied à pied l'ennemi. L'exaspération des deux côtés était telle qu'on ne faisait pas de prisonniers. Le Dr Challan de Belval, médecin principal de l'expédition, raconte dans son livre *Au Tonkin* le spectacle qui s'offrit à ses yeux après l'un des engagements (celui de Kep) qui marqua la marche en avant vers Langson. « Ce soir, me rendant auprès du général, j'ai dû traverser la cour centrale du réduit dont nos soldats ont eu quatre fois à faire l'assaut avant de s'en emparer. Ah ! la guerre est atroce ! Il y avait là un entassement pyramidal de plus de six cents têtes qui, dans l'horreur d'un suprême rictus, semblent nous menacer encore. Nos Tonkinois victorieux ont repris leur instinct de bestiale férocité. Ils ont dépouillé les morts, puis ils ont coupé les têtes et les ont entassées. Cela n'est pas un cauchemar. C'est la lugubre réalité. La bête humaine est sinistre. Pas de prisonniers, c'est entendu. Et les Chinois n'en font pas plus que nous. Mais avant de tuer, ils torturent impitoyablement tout blessé qui a le malheur de tomber entre leurs mains. Notre représaille est moins cruelle : nous nous contentons de les fusiller. Et nos auxiliaires tonkinois leur coupent la tête ».

S'il est vrai, comme le pensaient les Romains, que le spectacle d'un homme ivre soit de nature à guérir les hommes de l'ivresse, il serait utile d'écrire et de mettre dans les mains de tous les élèves de nos écoles un livre où seraient retracées toutes les atrocités commises dans leurs colonies par les nations les plus civilisées[1]. »

Après une série de combats, le général de Négrier arrivait le 13 février 1885 devant Langson, s'en emparait, et rejetait en désordre les troupes chinoises de l'autre côté de la frontière.

Le Tonkin était conquis, mais non soumis, et tout n'était pas fini avec la Chine.

Pourtant, en face de cette faillite de sa diplomatie et de ses espérances, le zèle guerrier de la Chine se refroidit. Elle se décida à prêter l'oreille aux avis des Européens établis à Pékin et notamment aux conseils autorisés de sir Robert Hart, inspecteur général des douanes chinoises. Ce dernier se fit auprès du Tsong-li-Yamen l'avocat énergique de la paix. Il avait accrédité auprès du gouvernement français un de ses agents les plus actifs, sir Campbell, qui reprit en secret avec Jules Ferry à Paris les négociations rompues par l'incident de Bac-Lé, s'engageant d'honneur l'un et l'autre à ne rien divulguer jusqu'à la fin.

Les négociations se poursuivirent pendant le mois de mars, donnant lieu entre Paris et Pékin à un échange ininterrompu de dépêches. Le 26 mars 1885 enfin, Jules Ferry acquit la certitude que la paix était faite : seules quelques formalités protocolaires restaient à accomplir. On

1. De Lanessan. *Principes de colonisation* (Paris, F. Alcan).

touchait au but : et le président du conseil pouvait espérer maintenant mettre sa signature au bas d'un traité définitif de paix. Il n'en devait rien être. La paix était bien certaine. Mais avant qu'elle fût signée, Jules Ferry allait sombrer dans une de ces tourmentes parlementaires qui déroutent toutes les prévisions.

Nous avons laissé le général de Négrier à Langson, refoulant les Chinois de l'autre côté de la frontière. Enhardi par ce succès, et pour « se donner de l'air », il franchit lui-même la frontière avec un millier d'hommes seulement. Mais, au delà de la porte de Chine, il se heurta le 24 mars 1885 à de forts contingents chinois fortifiés sur des hauteurs d'accès difficile. Vainement nos troupes en tentèrent l'assaut. Après une lutte sanglante, elles durent battre en retraite, repasser la frontière et se replier sur Langson. Le tiers de l'effectif avait été perdu dans cette douloureuse et inutile tuerie.

Connu le surlendemain à Paris, cet échec provoqua une interpellation à la Chambre le 29 mars 1885. Le président du conseil chercha à l'expliquer : « Dans ces régions difficiles, dit-il, inconnues, sur ce terrain qu'on découvre en le conquérant, en face de formations d'ennemis qui échappent à nos moyens d'investigation ordinaires, où tout est à improviser : les moyens de transport, les approvisionnements, la tactique elle-même, est-ce qu'il y a un chef militaire si heureux, si habile qu'il soit, qui puisse se flatter d'avoir fait un pacte avec la victoire? »

Ces explications trouvaient peu d'écho. La Chambre qui ignorait combien les négociations de paix étaient avancées voyait se continuer une campagne de plus en plus impopulaire. L'ordre du jour pur et simple auquel s'était prudemment rallié le ministère ne fut voté qu'à 50 voix de majorité. On sentait que le ministère était à la merci du moindre nouvel incident fâcheux qui viendrait à se produire.

Le soir même du 29 mars, une grave nouvelle se répandait dans Paris et gagnait la France entière où elle produisait une profonde stupeur.

Le général de Négrier avait été grièvement blessé dans un nouvel engagement. Nos troupes débordées de toutes parts avaient abandonné Langson, et se repliaient sur le Delta qui était lui-même menacé.

Lorsque le lendemain 30 mars, les membres du gouvernement arrivèrent à la Chambre, une foule de plusieurs milliers de personnes se ruait contre les grilles du Palais-Bourbon, en criant : A mort Ferry ! Le président du conseil monta à la tribune, et lut la dépêche suivante :

« Hanoï, 28 mars 1885. Je vous annonce avec douleur que le général de Négrier, grièvement blessé, a été contraint d'évacuer Langson. Les Chinois débouchant par grandes masses sur trois colonnes ont attaqué avec impétuosité nos positions en avant de Ki-lua. Le colonel Herbinger devant cette grande supériorité numérique, et *ayant épuisé ses munitions*, m'informe qu'il est obligé de rétrograder. Je concentre tous mes moyens d'action sur les débouchés de Chu et de Kep. L'ennemi grossit toujours sur le fleuve Rouge. Quoi qu'il arrive, *j'espère* pouvoir défendre tout le Delta. Je demande au gouvernement de m'envoyer le plus tôt possible de nouveaux renforts.

« Brière de l'Isle. »

A peine Jules Ferry avait-il terminé la lecture de cette dépêche, que M. Clémenceau escaladait la tribune, et le bras tendu vers les ministres : « Je ne viens pas répondre à M. le président du conseil. Tout débat est fini entre nous. Nous ne voulons plus vous entendre. Nous ne voulons plus discuter avec vous les grands intérêts de la patrie. Ce ne sont pas des ministres que j'ai devant moi, ce sont des accusés, des accusés de haute trahison sur lesquels la main de la loi ne tardera pas à s'abattre ! »

M. Ribot lui succédait à la tribune :

« Quand même oubliant toutes vos fautes, nous vous accorderions de nouveaux crédits, que pourriez-vous en faire à cette heure ? Vous ne pouvez que vous retirer. Vous le devez à la Chambre, vous le devez à la République à qui vous venez d'infliger la première humiliation. »

Aucun membre de la majorité ne se leva pour

prendre la défense du ministère qui fut mis en échec par 306 voix contre 149 et quitta la Chambre au milieu des vociférations et des insultes.

Dans un livre intitulé *l'Affaire du Tonkin*, par un diplomate, M. Billot, qui fut mêlé aux négociations avec la Chine, apprécie ainsi la chute dramatique du ministère : « Le ministère tombait le jour même où il terminait la campagne par une paix honorable. Et cela parce que le général de Négrier avait été blessé, parce que son successeur, mal avisé peut-être, avait cru devoir évacuer Langson et reporter sa brigade à quelques lieues en arrière, parce qu'une Chambre émue et mal informée... Le régime parlementaire a de ces surprises. C'est un faible inconvénient au prix des garanties qu'il assure à la liberté du peuple. Ne récriminons pas. » — On ne saurait mieux dire. Mais s'il est superflu de récriminer, il est indispensable de rechercher quelle est la vérité historique, d'en dégager les responsabilités, pour en tirer, si possible, un enseignement.

Dès le surlendemain de l'incident parlementaire que nous venons de raconter, on commençait à avoir quelques lueurs de la vérité. Voici en effet la dépêche que le général Brière de l'Isle envoyait le surlendemain :

Hanoï, 1er avril 1885.

« La blessure de Négrier va aussi bien que possible. L'évacuation de Langson semble avoir été *un peu précipitée. La brigade avait 20 jours de vivres et de munitions.* La situation est meilleure que ne le faisaient supposer les renseignements exagérés qui m'étaient parvenus. »

Ainsi donc le 28 mars, le général en chef qui savait avec quelle anxiété fébrile on suivait en France les événements du Tonkin transmet par télégramme les avis si graves qui lui viennent de Langson sans attendre des renseignements complémentaires, sans s'assurer de leur réalité. Et deux jours après, avec une égale désinvolture, il en dément la gravité.

Que s'était-il passé en réalité ? Le général de Négrier avait été en effet légèrement blessé au cours d'une reconnaissance. Mais il n'y avait pas eu d'engagement important. Le colonel Herbinger avait perdu la tête, et au lieu de rester à Langson avec ses 3 000 hommes, avec des vivres et des munitions pour 20 jours, il avait fait jeter à l'eau ses canons, détruire ses approvisionnements, et malgré les supplications de ses officiers organisé une déroute qui ne s'explique que par un accès de démence. Les mouvements des grandes masses chinoises n'existaient que dans son imagination. Telle est la vérité. Elle résulte clairement des dépositions des témoins de cette triste journée et du rapport qui fut fait quelques semaines après par le colonel Borgnis-Desbordes, chargé d'une enquête. En voici la conclusion : « Les mouvements tournants des masses chinoises signalées par le colonel Herbinger sont *de pure invention*; ces masses signalées par les télégrammes n'étaient pas sur les lieux. La destruction des appareils optiques et télégraphiques, du trésor, l'abandon des vivres et des munitions sont *sans excuse*. Le colonel Herbinger a *trompé la confiance* du général en chef en indiquant que ces vivres et munitions n'existaient plus, en ne tentant rien de ce que lui prescrivaient l'honneur et les règlements pour conserver Langson. »

Ce fut donc bien un acte de folie que cette retraite du colonel Herbinger qui, passant devant le 111ᵉ régiment, s'écriait : « Chacun ici pour sa peau. Pas un coup de fusil inutile. Seulement de la baïonnette. Que chacun se garde une cartouche pour se faire sauter le caisson avant d'être pris [1]. » Or, à l'heure où il prononçait ces paroles, les Chinois, loin de songer à poursuivre nos colonnes, regagnaient la frontière. Et quant à la cour de Pékin, elle avait si bien apprécié l'incident qu'elle ne songeait nullement à en tirer parti, et qu'elle signait le 1ᵉʳ avril les préliminaires de paix !

Et maintenant, on peut mesurer l'écart entre la réalité des faits et la légende de la néfaste dépêche du général Brière de l'Isle. La vérité, c'est un affolement militaire à 4 000 lieues de Paris, c'est, comme contre-coup, un affolement parlementaire à Paris.

1. *Au Tonkin*, par Challan de Belleval.

C'est ainsi que s'effondra Jules Ferry, emporté par la tourmente qu'un peu de réflexion et de sang-froid eût pu conjurer. Il tomba du pouvoir sans avoir pu signer la paix qu'il avait négociée.

Traité avec la Chine.

Nous l'avons dit plus haut, la Chine acceptait, le 1er avril 1885, les préliminaires de paix. Pour la Chine, M. Campbell avait pleins pouvoirs de les signer; pour la France, le président Grévy n'ayant pas encore, à la date du 4 avril 1885, constitué de ministère, qui pouvait s'engager pour elle?

Sir Robert Hart était pressant : « Le Tsong-li-Yamen, télégraphiait-il de Pékin, est très impatient d'un prompt règlement. Un délai d'une semaine peut faire échouer l'arrangement que nous avons effectué après trois mois de travail patient et persistant. »

Ce fut M. Billot, directeur politique au ministère des Affaires étrangères qui signa avec M. Campbell. Les préliminaires étaient brefs : ils indiquaient que la Chine consentait à ratifier la convention de Tien-tsin, par conséquent reconnaissait nos droits sur le Tonkin, s'engageait à respecter nos conventions avec la cour d'Annam.

Des dates précises étaient fixées pour la cessation des hostilités. Ce traité fut loyalement exécuté de part et d'autre.

Il marque la fin d'une lutte longue et coûteuse ; il fut une satisfaction pour Jules Ferry qui voyait ses efforts aboutir enfin. Mais l'opinion publique avait fait son siège le 30 mars 1885, et depuis cette date l'impopularité de Jules Ferry fut telle qu'on peut presque dire que, pendant cinq années au moins, il vécut en marge du parti républicain.

Cette impopularité, si elle fut douloureuse à son cœur, n'abattit pas son énergie, ne lui fit pas abandonner la défense de ses principes. Ni son échec à la présidence de la République, ni la balle de revolver qui le frappa dans les couloirs de la Chambre, ni les insultes qui accueillaient parfois « le Tonkinois » lorsqu'il paraissait en public, rien n'altérait son courage. Pourtant, il connut les suprêmes déboires, le jour notamment où ses compatriotes de Saint-Dié eux-mêmes, au scrutin législatif de 1889, lui préférèrent le commandant Picot. Ce fut du reste un des rares boulangistes élus.

Voici les graves et belles paroles que Jules Ferry adressa à ce sujet aux électeurs des Vosges : « Il est permis de rougir de cette élection ; non d'en désespérer. Je n'ai perdu ni le courage ni l'espérance. Une épreuve dont je n'ai pas à cacher la cruelle amertume s'ajoute à toutes celles qui ont déjà marqué ma vie publique. Mais le boulangisme que j'ai dénoncé l'un des premiers est écrasé. La République sort triomphante d'une crise redoutable. Qu'importe qu'elle me laisse sur le champ de bataille ! »

En effet, le boulangisme auquel il avait contribué à porter de rudes coups agonisait : la lumière se faisait sur la tragi-comédie qui venait de se jouer. Les hommes qui avaient vu clair dans le jeu des partis réactionnaires coalisés retrouvaient la faveur populaire ; et Ferry lui-même en 1891 était envoyé au Sénat par les électeurs sénatoriaux des Vosges.

C'était la fin de l'ostracisme. L'œuvre de réparation fut achevée deux ans après en 1893 par le Sénat lui-même qui l'appela au fauteuil de la présidence. Mais il devait l'occuper pendant un mois à peine. Tant de déboires, de souffrances morales, avaient miné cette constitution pourtant si robuste de Vosgien. Et le 16 mars 1893, il s'éteignait dans les bras de sa femme et de son frère.

La statue de Jules Ferry s'élève à Saint-Dié, à Tunis, à Haïphong. Sur cette dernière on pourrait tracer ces mots qu'il écrivait en 1890, alors qu'il en appelait à la postérité de l'injustice des contemporains : « Je crois, j'attends et j'espère. Et je revendique fièrement le titre de Tonkinois dont les méchants et les sots croient me faire outrage. »

CHAPITRE IV

LA PACIFICATION

L'année 1885 marque la fin de la conquête du Tonkin. Mais le calme fut long à revenir dans ce pays que deux années de luttes avait secoué profondément et appauvri.

Si la Chine avait accepté loyalement les faits accomplis, il n'en était pas de même de la cour d'Annam qui, soit ouvertement soit en secret, entretenait une agitation qu'elle espérait voir tourner à son avantage.

Il n'en devait rien être : mais pour cette raison, l'œuvre de la pacification fut lente.

Elle le fut aussi pour un autre motif.

C'est qu'en France l'opinion publique boudait le Tonkin.

L'argent et le sang qu'il avait coûtés, le rendaient impopulaire. « On aurait voulu n'en plus entendre parler. » Les dépenses de guerre de 1883 à 1886 s'élevaient à 344 millions de francs. Il s'en fallut de bien peu qu'on ne l'abandonnât, qu'on renonçât même à *tenter* la colonisation de ce vaste domaine. La chose vaut la peine qu'on l'expose.

Au mois de décembre 1885 s'engagea à la Chambre un débat solennel sur cette question : Faut-il rester au Tonkin? Faut-il au contraire l'évacuer? — Ce n'était plus la politique de tel ou tel ministère, de tel ou tel homme d'Etat qui était en cause. C'était la question coloniale elle-même qui revenait sur le tapis : elle était une fois de plus nettement posée. Pour l'affirmative, c'est-à-dire pour le maintien de l'occupation se prononçaient les groupes républicains qui avaient pendant deux ans soutenu la politique de Jules Ferry. Pour la négative, c'est-à-dire pour l'évacuation se prononçaient la droite et l'extrême-gauche.

Deux seules exceptions à ce classement des opinions : à droite l'évêque d'Angers, Mgr Freppel, à l'extrême gauche M. de Lanessan. Tous deux se séparèrent nettement de leurs groupes et se déclarèrent partisans résolus du maintien de l'occupation. Le débat dura trois jours. A vingt ans de distance, il est curieux de rappeler les arguments qui furent apportés de part et d'autre.

Mgr Freppel s'élève contre l'évacuation. Ce serait un coup funeste porté au prestige de la France. Le pays ne pardonnerait pas cette reculade à ceux qui l'auraient votée.

M. Delafosse, au nom de la droite, expose qu'il faut 50000 hommes pour occuper le Tonkin et s'y maintenir. C'est une dépense de 60 à 80 millions pour des recettes de 20 millions. Quant au commerce éventuel avec la France, il sera à peu près nul. Les étrangers seuls y feront des affaires.

M. Ballue, au contraire, ne croit pas que la France puisse se désintéresser du mouvement qui pousse toutes les puissances à chercher des débouchés au dehors. « Il faut éviter, dit-il, à la France cette faute et cette douleur de l'évacuation. »

M. Camille Pelletan, rapporteur, répond : « Oui, nous le sentons comme vous, il y a quelque chose de douloureux à abandonner ce coin de l'Extrême-Orient où nos soldats ont subi de terribles épreuves. Mais c'est précisément parce que ces épreuves les ont couverts de gloire qu'il n'y a plus de déshonneur à nous retirer. Rester est un péril pour nos finances. »

M. Brisson, président du Conseil : « La France ne peut déchirer le traité qu'en avril dernier elle a signé avec la Chine, pas plus qu'elle ne peut faillir à l'engagement moral qu'elle a pris envers la population annamite de la débarrasser du brigandage et de la piraterie, pour l'abandonner à d'atroces représailles. Établir le protectorat, organiser une administration telle qu'elle prépare le pays à se suffire à lui-même, voilà ce qui paraît possible d'après la plupart des témoignages. »

M. Georges Périn répond : « Le débat est grave. Chacun a à prendre ici une responsabilité. Dès le début, j'ai protesté contre l'occupation : je reste fidèle à mon opinion. Évacuer le Tonkin, c'est l'intérêt réel, certain, de la France. La population du Tonkin est pauvre, elle succombera sous les impôts dont vous voulez l'accabler. Cette colonie ne sera qu'un boulet au pied de la mère-patrie. «

M. de Lanessan : « Je suis opposé à l'évacuation. Mais je voudrais que le Gouvernement exposât nettement son plan. Car notre nouvelle colonie vaudra ce que vaudra la méthode qui sera employée pour l'organiser et l'administrer. C'est là le vrai point de vue de la question. Si vous respectez les institutions municipales existantes au Tonkin, les mœurs, les lois, avec 6 000 hommes de troupes françaises et 12 000 indigènes, vous pouvez assurer la sécurité de ce pays. Mais pour cela, la condition essentielle est d'associer l'Annamite à l'œuvre de civilisation que la République doit poursuivre en Extrême-Orient. »

M. Raoul Duval est d'un avis tout opposé. Les chiffres qu'on apporte constituent un mirage dangereux. Cette entreprise n'est que la réédition de l'expédition du Mexique.

M. Casimir Périer proteste contre cette assimilation. L'expédition du Tonkin a été conçue et poursuivie au grand jour ; celle du Mexique dans un but financier honteux. Il estime que le Tonkin, dans quelques années, pourra arriver à se suffire lui-même.

M. Clémenceau : « Aujourd'hui, plus que

jamais, je redoute le fatal engrenage dans lequel la France a mis la main. Ni le Gouvernement ni personne ne peut nous dire la mesure des sacrifices en hommes et en argent qu'il reste encore à faire pour pacifier définitivement l'Annam et le Tonkin. Depuis deux ans, on nous a trop souvent dit que la période militaire était terminée. Je n'y crois plus. Est-ce que l'honneur est engagé ? Non, me répond ma conscience qui est aussi fière qu'une autre. Le parti républicain doit en finir avec ce haillon colonial. Pour cela, il faut chercher une combinaison honorable sous la forme d'une convention avec la Chine. »

M. de Freycinet, ministre des Affaires étrangères : « Quelle convention ? Je n'en vois pas de possible. Ce n'est pas une solution. L'inconnu selon moi n'est pas dans l'occupation, mais dans l'évacuation, accomplie sous les yeux de l'Europe. La France sera jugée incapable d'une politique extérieure persévérante. Tout indique que le Tonkin pourra arriver à se suffire à lui-même et à se développer pour l'honneur et le bien de la France. »

La Chambre appelée à voter le crédit de 75 millions demandé par le Gouvernement pour l'exécution du traité de Tien-tsin l'adopta par 273 voix contre 267, soit à 6 voix de majorité.

Cette majorité fut vivement contestée dans la séance du lendemain. Une enquête fut ordonnée sur le vote ; mais il était acquis.

La cause de l'occupation était gagnée. La France gardait le Tonkin. Mais, comme nous l'avons dit plus haut, elle le boudait. Il rappelait de tristes souvenirs militaires et parlementaires. De plus, on s'aperçut de suite que si la guerre proprement dite était finie, la pacification était loin d'être faite. En Annam, au Tonkin même, des bandes tenaient la campagne, terrorisant les populations, disparaissant d'un point pour reparaître sur un autre, traquées par des colonnes, mais jamais anéanties. Personne, du reste, ni en France ni au Tonkin, ne se préoccupait du traité conclu avec l'Annam. On le violait chaque jour, ce qui provoquait le mécontentement de la cour et la rébellion du peuple. L'anarchie régnait partout. Faute de confiance, faute aussi d'une méthode, on allait passer plusieurs années, à partir de 1885, à pratiquer une politique incohérente, s'inspirant tantôt du principe de l'annexion avec la légion de fonctionnaires qu'elle comporte, tantôt du principe du protectorat. Ballottée ainsi d'un système à un autre, cette malheureuse colonie devait connaître de bien mauvais jours avant de voir renaître chez elle l'ordre et la prospérité : et pour qu'elle continuât à vivre, il fallait vraiment qu'elle eût la vie dure.

Pourtant ceux qui la visitaient revenaient convaincus que la France n'avait pas fait fausse route, que ce peuple et ce pays annamites valaient mieux que leur réputation, et qu'il y avait une double œuvre patriotique à accomplir : d'abord de les faire mieux connaître, puis de rechercher la méthode la plus adaptée à ces régions pour en tirer le meilleur parti possible.

Le Gouvernement, dès 1886, pénétré de ces idées et des responsabilités que l'occupation imposait à la métropole envoyait M. de Lanessan en mission en Indo-Chine. Il avait déjà parcouru ces pays. Il en revint avec une ample moisson d'observations qui ont fait l'objet du livre « l'Indo-Chine », paru en 1888. Dominant ces observations, se dresse la conviction profonde que dans ces pays qui ne peuvent à cause de leur climat torride et anémiant être que des terres de colonisation et non de peuplement, il fallait laisser à l'indigène ses traditions, ses coutumes, le *ménager* en un mot. Sinon c'est la guerre civile à l'état toujours latent, c'est le colon ayant toujours le fusil à portée de la main, c'est l'impossibilité en un mot de ramener l'ordre et la confiance, conditions premières du travail fécond. Ces maximes sont d'autant plus impérieuses en Extrême-Orient que nous nous heurtons à une civilisation ancienne, datant de plusieurs milliers d'années et ayant créé dans la population des institutions, une hiérarchie, qui sont l'essence même de la nation. Ce serait folie que de vouloir saper cet édifice brusquement : la civilisation européenne a encore trop de défauts et de tares pour se croire en possession de la vérité absolue. Et respect est dû aux lois, aux mœurs d'un peuple que la force de nos armes a réduit à l'obéissance, mais qui n'acceptera vraiment notre domination que s'il trouve en nous non pas des maîtres mêmes équitables, mais des associés.

Les gouverneurs de l'Indo-Chine. — Leur œuvre. — Ces principes étaient aussi ceux de Paul Bert, notre premier résident supérieur en Annam et au Tonkin. Dans la proclamation qu'il adressait aux populations tonkinoises le 8 avril 1886, le jour même de son arrivée à Hanoï, il disait: « Les Français n'ont pas l'intention d'usurper les fonctions publiques. Elles seront conférées aux plus dignes d'entre vous en récompense de leur science et de leurs services. Rien ne sera changé dans vos rites ni dans vos usages. Vos traditions seront respectées. Vous continuerez à être soumis à vos mêmes lois et règlements. Votre système communal ne sera pas modifié. Vous choisirez vous-mêmes vos notables. Je compte sur le concours dévoué des populations pour qu'à jamais ce pays du Tonkin prospère et grandisse sous le protectorat définitivement établi de la France. »

Ces sentiments étaient naturels, venant de l'ancien collaborateur de Jules Ferry dans l'organisation de l'enseignement en France. Il avait apporté dans cette collaboration tout l'entrain, toute la puissance de travail dont il était capable. Il voulait fermement faire en Extrême-Orient un centre de civilisation, au sens le plus large du mot. Mais dès son arrivée au Tonkin, il comprit les multiples difficultés de sa tâche. Elles sont clairement exposées par M. Chailley, un de ses lieutenants les plus actifs, dans son livre : *Paul Bert au Tonkin.* « Le Tonkin, écrit M. Chailley, était à peu près pacifié, si l'on doit appeler pacifié un pays immobile devant les troupes victorieuses, mais que nulle sympathie, bien plus nulle communauté d'intérêts ne rattachent encore au vainqueur, et qui, ne connaissant de lui que sa force, attend dans la prostration ce qu'il sera ordonné au vaincu. »

Il fallait donc dissiper l'inquiétude, obtenir de la cour d'Annam et des lettrés un concours réel, panser les plaies de trois années de luttes sanglantes, établir un programme de travaux publics, d'enseignement, et créer pour ainsi dire le commerce. Trois choses étaient nécessaires pour obtenir ces résultats : de l'argent, des hommes, du temps. Elles lui manquèrent à la fois. La métropole consentait bien à payer à contre-cœur 40 millions pour les troupes d'occupation. Mais on n'accordait que 5 millions pour les services civils. Or, les impôts et les douanes ne produisant que 10 millions, c'est avec ce total de 15 millions qu'il aurait fallu recruter et payer un personnel de choix et appliquer le grand programme indiqué plus haut.

Cette tâche était impossible si de nouvelles sources de revenus n'étaient pas découvertes. On en chercha. On mit en adjudication la ferme de l'opium : elle devait, d'après les prévisions, rapporter au budget plusieurs millions. La défiance, la conviction de l'insécurité étaient telles que personne ne se présenta. Il fallut chercher autre chose. Sous prétexte qu'il convenait de réglementer les maisons de jeu qui pullulaient, on créa une ferme des jeux, qui fut adjugée pour 2 millions et demi à un Chinois. « Du matin au soir et surtout pendant la nuit, la foule abonde dans ces tripots ; gens de toutes classes et de tous costumes, suants et haletants autour des nattes de jeu, engageant entre les mains d'usuriers rapaces leurs bijoux et même leurs vêtements [1]. »

Sur les abus, l'immoralité, les crimes nés de cette institution patronnée par nous, l'Administration fermait les yeux. Mais les vols, le brigandage augmentaient, et cette situation, née en 1886, durait encore en 1888. Il faut dire, à la décharge du gouverneur général, qu'il ne connut que le commencement de ces abus ; mais ses successeurs les virent s'épanouir.

Les hommes aussi manquèrent à Paul Bert. Non pas que la bonne volonté fût contestable, ni l'ardeur de bien faire chez tous ceux qu'il avait amenés avec lui. Mais bien peu parmi eux connaissaient le pays, ses traditions, ses mœurs, ses ressources : toutes notions nécessaires à l'Administration et que seule l'expérience peut enseigner.

1. De Lanessan, *l'Indo-Chine* (Paris, F. Alcan).

Or, l'expérience est le fruit du temps, et le temps manqua.

Arrivé en avril 1886 à Hanoï, Paul Bert y succombait le 11 novembre de la même année. En six mois, le surmenage et surtout le climat avaient eu raison de cette nature si vigoureusement trempée. Dans ce court espace de temps, il n'avait pu que marquer les étapes de l'œuvre à accomplir. Mais il avait su inspirer confiance aux indigènes en leur montrant qu'il les comprenait et qu'il voulait les associer à l'œuvre de la France.

La mort de Paul Bert fut une grande perte pour la colonie. Après lui et pendant près de cinq années, l'histoire du Tonkin est triste à parcourir. Cinq gouverneurs s'y succèdent, MM. Bihourd, Vial, Constans, Richaud. Piquet. Chacun y vient avec son personnel, ses idées de gouvernement, et dure trop peu pour agir efficacement sur une administration civile désemparée, sur une administration militaire désireuse d'expéditions et de succès, sur une population indigène n'ayant pas foi dans notre établissement définitif, et se résignant à favoriser une piraterie grandissante.

M. Richaud, gouverneur, dans une lettre citée par M. Andrieux à la séance de la Chambre du du 28 février 1889 écrivait : « Le territoire chinois sur notre frontière semble n'être plus qu'un vaste camp destiné à organiser des bandes et à nous inonder de pirates... Nos colonnes de troupes s'agitent dans le vide. Les populations fuient systématiquement ou font ouvertement cause commune avec les pirates. »

En 1890, sous le gouvernement de M. Piquet, la situation restait la même, malgré ses efforts, sa bonne volonté. Les Chambres étaient sourdes aux demandes de crédits, et le gouverneur en venait certains jours, à se demander s'il pourrait payer ses fonctionnaires. Condamné à l'impuissance, ne disposant pas d'influences politiques qui lui eussent permis de remonter ce courant, M. Piquet demandait à rentrer en France.

Le 19 mars 1891, répondant à M. de Montfort qui signalait l'insuccès de nos opérations militaires, les incendies allumés jusqu'aux portes d'Hanoï, M. Etienne, sous-secrétaire d'État aux colonies, reconnaissait à la tribune même de la Chambre, la gravité du mal. « L'action militaire est souvent impuissante, déclarait-il. Le découragement règne au Tonkin. Le vote du budget de 1891 (qui avait diminué les crédits du Tonkin) a causé là-bas une profonde déception. Si vous voulez avoir des possessions fructueuses, il faut les outiller. Nous n'avons encore rien fait. »

Telle était la situation au mois d'avril 1891. Il fallait absolument une méthode de colonisation nouvelle, s'inspirant du traité de 1884, c'est-à-dire l'établissement d'un protectorat, un homme nouveau pour l'appliquer et sauver notre jeune colonie de l'abîme où elle allait sombrer. M. de Freycinet, président du conseil des ministres, offrit le poste de Gouverneur général à M. de Lanessan. Les études qu'il avait faites sur place au cours de sa mission en Indo-Chine, les relations qu'il avait nouées à la cour d'Annam, l'avaient convaincu qu'avec de la fermeté d'une part, et d'autre part en appliquant loyalement le Protectorat, la situation pouvait être transformée, et la colonie pouvait voir luire des jours meilleurs.

A la demande du Gouvernement, M. de Lanessan accepta la mission qui lui était proposée. Un décret du 21 avril 1891 lui donnait des pouvoirs considérables, droit de présentation et de suspension de tous les fonctionnaires de la colonie, disposition des forces de terre et de mer, autorisation de passer tous contrats, d'exécuter tous travaux n'excédant pas les ressources du Protectorat.

C'était là des pouvoirs tels qu'aucun gouverneur colonial n'en avait jamais eu : la situation troublée du Tonkin rendait indispensable cette autorité aux mains d'un chef responsable. Au moment où il prenait congé de M. Carnot, président de la République, celui-ci lui disait : « Le Gouvernement vous a donné tous les pouvoirs qu'il lui était possible de vous donner officiellement. Vous prendrez les autres. » — Mais en lui donnant tous ces pouvoirs, le Gouvernement lui faisait bien nettement comprendre avant son départ, *qu'il n'eût pas à demander d'argent à la métropole*.

Il devait pacifier le pays en inspirant confiance

aux populations, en exécutant notamment des travaux publics : Quant aux ressources nécessaires pour mener à bien cette tâche, c'était l'affaire du Gouverneur de les trouver... La difficulté d'une pareille entreprise n'était pas pour rebuter M. de Lanessan.

On le vit bien, dès son arrivée en Extrême-Orient. Son premier soin fut de rendre aux mandarins, chefs incontestés du peuple, la considération qu'une administration mal renseignée leur avait enlevée. Il en a donné lui-même les motifs dans les lignes suivantes : « Les mandarins sortent du peuple par une sélection incessante des individus les plus intelligents, les plus laborieux, les plus habiles dans l'art d'administrer et de gouverner. Par les examens, sans distinction d'origine, les plus capables peuvent s'élever graduellement jusqu'aux plus hautes dignités gouvernementales. Le peuple tout entier étant la source à laquelle s'alimente le mandarinat, il est tout naturel que le peuple ait pour ses mandarins le plus grand respect. Chacun voit en effet dans le mandarinat le but vers lequel tous ont le droit de tendre les efforts de leur vie. Proposer au peuple annamite de faire son bonheur en supprimant les mandarins, c'est heurter toutes ses idées, les principes introduits dans son esprit par l'éducation. C'est aussi menacer de ruine toutes ses espérances, ses plus légitimes ambitions, son excitant le plus noble au travail intellectuel et à la vertu... Les lettrés et les mandarins annamites ne se font depuis longtemps aucune illusion sur la solidité de notre occupation. Le peuple a pu croire que nous évacuerions un jour le Tonkin. Je suis certain que les mandarins n'ont jamais eu cette illusion. Ils sont donc tout disposés à s'accorder avec nous, si nous ne les mettons pas nous-mêmes, par de mauvais traitements, dans la nécessité absolue de nous combattre. »

Non seulement par ses paroles, par son attitude, mais encore par ses actes, le Gouverneur rendit à la cour d'Annam et aux mandarins leur prestige en les autorisant à donner eux-mêmes leurs instructions dans les provinces, pour rappeler les indigènes insoumis à leur devoir. En même temps lui-même adressait à tous les fonctionnaires français des instructions précises sur la façon dont il convenait dorénavant d'appliquer le protectorat.

Ceux qui ont vécu à cette époque au Tonkin ont gardé et rappellent volontiers le souvenir de l'effet immédiat que produisirent ces mesures. Les mandarins reprirent la direction des forces de police qui leur avaient été enlevées : eux seuls étaient à même d'intervenir utilement, car eux seuls connaissaient assez la vie sociale et communale pour prendre les mesures nécessaires dans un pays qui venait d'être violemment troublé. Ils s'employèrent avec ardeur à la pacification, et en deux mois la majeure partie du Delta était redevenue tranquille. Quant aux troupes françaises elles étaient envoyées dans les provinces frontières qui étaient constituées en territoires militaires administrés par des officiers supérieurs. A la terreur succédait la confiance, les habitants qui avaient abandonné leurs villages y revenaient. Preuve plus manifeste que toute autre, pendant l'hiver 1891-1892 on put construire dans le Delta 350 kilomètres de routes, au moyen de corvées, sans qu'aucun soulèvement se produisît, malgré les prophéties sinistres qui n'avaient pas manqué d'annoncer les pires malheurs.

« Quand je fis commencer en 1891 la construction des routes, écrit M. de Lanessan dans ses : *Principes de colonisation* (p. 177), je fus l'objet, de la part de la presse locale, des attaques les plus violentes. On ne m'accusait de rien moins que de travailler au profit des pirates. Une chanson satirique illustrée, publiée à Paris au moment de ma rentrée en congé, représentait les pirates chinois poussant leurs entreprises jusqu'à Hanoï par les routes que j'avais ouvertes à leur intention. Ce sont là des choses si folles que je ne les aurais point rappelées si je ne croyais utile de prémunir nos gouverneurs de colonies contre les attaques de même nature dont ils pourraient être l'objet. Il faut qu'ils sachent bien qu'en dehors de la colonisation par les armes, nos compatriotes ne veulent, en général, rien entendre. Les Chambres n'ont que rarement hésité à accorder des crédits pour des expéditions militaires. Il ne leur est jamais venu à la pensée ni à celle du Gouvernement que les crédits pour la construction des routes et des chemins de fer seraient encore plus utiles et contribueraient mieux à la pacification. »

Dans les régions montagneuses qui entourent le Delta, des territoires militaires furent organisés. Par leur fermeté, leur activité, et aussi leur intelligence du caractère indigène, les colonels Galliéni et Pennequin contribuèrent à éteindre le mouvement insurrectionnel. Et dès la fin de 1892, à part quelques incidents de piraterie localisés, la pacification du Tonkin était une œuvre définitivement accomplie.

Le Protectorat n'avait pas attendu ce terme pour commencer les travaux publics urgents : nous avons vu plus haut que les routes nécessaires dans le Delta avaient été construites. Mais d'autres travaux non moins indispensables sollicitaient les soins du gouvernement. Il fallait construire d'urgence un chemin de fer stratégique jusqu'à la frontière chinoise de Langson, pour éviter les surprises possibles, et approvisionner les troupes échelonnées sur cette frontière. Il fallait construire des casernes, des hôpitaux pour arrêter l'effroyable mortalité qui, sous ce climat de feu, décimait nos soldats bien plus que les balles des pirates. Il fallait donner aux habitants de ces villes naissantes d'Haïphong et d'Hanoï, qui sont aujourd'hui de grandes et belles cités, une eau qui ne fût pas contaminée, rendre le port d'Haïphong plus accessible. Il fallait enfin et par-dessus tout, après avoir donné confiance aux indigènes, encourager les colons, les industriels, les commerçants, leur prouver que bien réellement l'ère d'agitation et d'insécurité était passée, et les pousser à ces entreprises pour lesquelles ils devaient être pleinement assurés du lendemain avant d'y risquer leur temps et leurs capitaux.

Pour réaliser ce programme où toutes ces questions se présentaient à la fois d'urgence, au premier plan, il fallait de l'argent. Où en trouver? En France? Il n'y fallait pas compter. Nous l'avons exposé plus haut : la défaveur du Tonkin continuait. Au cours même de l'année 1892, une demande de 2 millions de crédit pour des constructions militaires fut repoussée par le Gouvernement, qui savait à l'avance l'accueil que lui feraient les Chambres.

Que faire alors? Le dilemme était formel. Ou bien rester sourd aux doléances du commerce, se croiser les bras, laisser les colons découragés s'enfoncer davantage encore dans la ruine, continuer à laisser le pays sans voies de communications, les soldats sans casernes ni hôpitaux. Ou bien, par voie d'emprunt, créer tout cet outillage en faisant deux parts dans les dépenses : les unes payées immédiatement, au fur et à mesure, par les excédents de recettes d'un budget bien équilibré, les autres gagées sur les revenus à venir de la colonie s'enrichissant par le fait même de son développement économique.

C'est à ce second parti, à celui de l'action énergique et féconde, que M. de Lanessan s'arrêta. 500 kilomètres de routes purent être ajoutés aux 350 déjà construits, avec 1 000 kilomètres environ de voies secondaires. On commença la voie ferrée de Phu-lang-Thuong à Langson c'est-à-dire à la frontière chinoise ; des casernes saines, le vaste hôpital d'Hanoï, un certain nombre de résidences furent construites. Les villes d'Hanoï et d'Haïphong furent alimentées d'eau potable, éclairées à la lumière électrique ; la ville d'Hanoï vit enfin démolir son encombrante citadelle. Les quais et les appontements indispensables au rôle commercial que devait jouer Haïphong furent activement poussés, pendant que la navigation du fleuve Rouge était améliorée jusqu'à Laokaï : la société des Correspondances fluviales n'avait obtenu le renouvellement de son contrat qu'à la condition de faire tous les travaux de balisage et d'entretien du fleuve Rouge, jusqu'à concurrence de 3 millions de francs remboursables par annuités de 200 000 francs. Enfin, le grand programme des chemins de fer qui devait être réalisé par M. Doumer était élaboré, les travaux en étaient concédés en 1894 à la société de Fives-Lille, les capitaux étaient trouvés sans qu'aucune garantie fût demandée à la métropole. C'était l'application du principe même du protectorat, une méthode de colonisation substituée à l'incohérence ; la meilleure leçon de choses qui pût être donnée à un peuple qui ne se paie pas de mots, mais qui est sensible aux avantages matériels qu'on lui procure, non moins qu'au respect de ses usages et de son organisation sociale.

Telle est, forcément resserrée par le cadre de notre étude, l'œuvre qui fut accomplie d'avril 1891 à décembre 1894 par M. de Lanessan. Il avait, pour la mener à bien, trouvé le concours d'hommes dévoués, tels que MM. Joyeux, Rodier, Bonhoure, Baille, Morel, auxquels il avait communiqué son ardeur à la tâche entreprise.

On a reproché à cette administration d'avoir engagé les revenus à venir du budget. Mais l'exposé que nous avons fait plus haut des conditions dans lesquelles se trouvait le Tonkin en 1891 semble dispenser de toute autre réponse à ces critiques. M. Boulanger, ministre des Colonies en 1894, lors d'un congé que prit M. de Lanessan, lui disait : « Je suis très administratif, mais pas assez sot pour croire que l'on administre l'Indo-Chine comme un département français. » Et M. Le Myre de Vilers écrivait en 1895 à l'ancien gouverneur de l'Indo-Chine : « Je viens de lire vos dépositions devant la commission d'enquête. Et cette lecture a encore augmenté l'estime que je professais pour votre personne. Au lieu de vous attarder à plaider les circonstances atténuantes, vous avez revendiqué hautement la responsabilité de votre gouvernement. Malgré d'innombrables difficultés, vous avez accompli votre tâche au grand profit de la métropole et de la colonie. Qu'importent les critiques de détail quand les résultats essentiels sont acquis? »

Et en effet, pour tout esprit qui s'efforce de juger impartialement, la vérité est que le gouvernement de M. de Lanessan sut habilement associer l'élément annamite à notre œuvre de pacification, et évita ainsi les dangers de l'insurrection grandissante.

La vérité est aussi qu'en dotant le pays d'une partie de son outillage économique, il prépara la voie à son développement et *créa le crédit* dont notre colonie jouit aujourd'hui dans le monde. A l'heure où il prenait le pouvoir, personne n'aurait en France prêté 10 millions à l'Indo-Chine. A l'heure où il le quittait, il avait été exécuté pour 50 millions de travaux publics, et les principaux établissements financiers venaient de s'engager à prêter à l'Indo-Chine, sans garantie de l'État français, toutes les sommes nécessaires à la construction de 1 500 kilomètres de chemins de fer.

Enfin, il avait pris à tâche et il avait réussi à donner foi aux colons et aux négociants dans notre œuvre au Tonkin, non pas seulement par des paroles ou des promesses, mais en les aidant dans leurs entreprises au lieu de les contrecarrer par une réglementation tracassière. L'appui immédiat du protectorat était assuré à tout homme d'initiative.

Aussi le départ du gouverneur causa-t-il aussi bien chez les indigènes que chez les colons de vifs regrets. Et quant à la mesure qui mit fin à ses fonctions, elle fut jugée à sa juste valeur par celui-là même qui l'avait prise, par le président du conseil des ministres de 1894, qui reconnaissait plus tard que cet acte brutal de révocation avait été de sa part un « enfantillage ».

Le malheur est que cet enfantillage enlevait à notre jeune colonie le premier administrateur qui lui eût vraiment fait franchir une étape importante. Il interrompait en plein développement une vie administrative et économique intense, un accroissement des ressources financières qui se résume en 2 chiffres. Les recettes provenant des impôts avaient passé de 3 760 000 piastres en 1890, à 6 600 000 piastres en 1894, et les recettes provenant des douanes, de 822 000 piastres en 1890, à 2 040 000 piastres en 1894. Enfin, cette mesure intempestive allait retarder de deux années l'exécution des chemins de fer, c'est-à-dire la mise en valeur définitive de la colonie.

Quant à celui qui en était la victime, que l'on enlevait brusquement du poste où il avait bien travaillé pour la France et pour la jeune colonie, il ne devait en concevoir aucun ressentiment. Il chercha dans le travail l'oubli du mal qu'on lui avait fait. M. de Lanessan a consacré plusieurs ouvrages à la colonisation ; deux notamment : la *Colonisation française en Indo-Chine* et *Principes de colonisation*[1]. Ces ouvrages sont remarquables par l'originalité des aperçus, le clair exposé d'une méthode rationnelle, scientifique, pour ainsi dire, du gouvernement. Ils ne sont pas moins remarquables par la sérénité qui y règne : toute trace d'amertume est absente de ces lignes tracées au lendemain de son retour en France.

Par une de ces contradictions dont notre politique intérieure est coutumière, le même gouvernement qui avait enlevé à M. de Lanessan son poste, recommandait publiquement à son successeur, M. Rousseau, de suivre la même politique que lui. Ce qui faisait dire à M. Jaurès dans la séance de la Chambre des députés du 2 mars 1895 :

« Il y avait un gouverneur général de l'Indo-Chine. Il a été brusquement révoqué. Et nous avons eu à cette tribune ce spectacle paradoxal de la politique de ce gouverneur général appuyée, glorifiée par le ministère même qui a signé sa révocation. Et nous avons eu cet autre spectacle non moins paradoxal du ministre actuel des Colonies recommandant au successeur de M. de Lanessan de continuer la politique du gouverneur révoqué. » Cette politique était en effet la seule qui pût être recommandée. Les résultats tant en ce qui concerne la pacification que le développement économique étaient tangibles.

Mais voici où l'incohérence atteint le comble :

1. Alcan, 1895, 1897,

un décret du 14 mars 1896 retire au gouverneur général le droit de faire tous travaux ou concessions excédant les ressources *annuelles* du protectorat, et crée auprès ou plutôt au-dessus de lui un agent de contrôle dépendant du ministre des Finances et correspondant directement avec lui, sans passer ni par l'intermédiaire du gouverneur ni même par celui du ministre des Colonies. C'était lier les mains au nouveau chef de la colonie, lui interdire toute initiative à l'heure où la colonie avait le plus besoin de voir se continuer l'effort énergique de son prédécesseur. C'était restituer aux bureaux de la métropole leur influence dans des questions qu'ils ne sont pas à même de juger, et où les ministres, du reste, ne se soucient guère de prendre des responsabilités ; c'était, en un mot, énerver les meilleures volontés.

Aussi ce qui devait arriver se produisit. Malgré sa haute valeur intellectuelle, M. Rousseau dut marquer le pas. Un emprunt de 80 millions fut employé en partie à régler des dépenses qui auraient pu être payées par annuités, sans rien demander à la métropole; en partie à solder les frais d'une expédition au Siam. Et pour les travaux publics, dont la continuation et l'extension étaient essentielles, il ne resta que quelques millions.

En voulant liquider une situation qui se serait résolue d'elle-même par le développement économique de la colonie, on faisait faire à la France un sacrifice pécuniaire à peu près inutile. Du reste, le temps aurait manqué à M. Rousseau pour mener à bien un programme, en eût-il les moyens. Arrivé en avril 1895 au Tonkin, il y succombait le 10 décembre 1896, laissant d'unanimes regrets chez tous ceux qui avaient pu apprécier son activité et son désintéressement.

C'est à M. Doumer que le cabinet Méline confia en 1897 la charge de gouverneur général de l'Indo-Chine.

Un des plus grands services que M. Doumer ait rendus, c'est d'avoir *duré* pendant cinq ans. Il est difficile de s'imaginer, si on ne l'a pas vu de ses propres yeux, le mal que cause à une jeune colonie la fréquence des intérims des gouverneurs. Pendant ces intérims, on peut dire que la machine administrative fonctionne à vide. Personne ne se soucie de prendre une initiative, encore moins d'assumer une responsabilité. Les décisions les plus urgentes sont suspendues, et les intérêts les plus graves compromis.

Le gouvernement relativement long de M. Doumer a donc rendu, par sa durée même, un service important. Mais on a fait à ce gouvernement un premier reproche : c'est d'avoir été purement fiscal, d'avoir grevé le contribuable indigène d'impôts sous lesquels il succombe. Il y a dans cette affirmation une exagération, soit parce que pendant ces cinq années les récoltes furent bonnes, soit parce que la perception des impôts ne donnait pas lieu à des abus qui s'établirent plus tard.

Le contribuable, pendant cette administration, ne succombait pas sous le poids des impôts : aucun signe n'a permis de le prétendre. De 1898 à 1902, les rentrées des taxes directes se sont faites avec facilité sur toute l'étendue du territoire. Et quant aux impôts indirects, leur rendement s'est accru d'année en année pendant la période en question. Les rizières qui représentent la majeure partie de la propriété foncière au Tonkin furent taxées de 65 centimes à 1 fr. 25 centimes l'hectare. Quant à l'impôt personnel, il fut fixé à 7 francs environ pour les inscrits sur les registres de la commune, et à 1 fr. 15 centimes pour les non-inscrits.

En ce qui concerne le service militaire, chaque commune dut fournir pour 6 ans un certain nombre d'hommes.

Les Chinois qui habitent le Tonkin furent soumis à un régime spécial de taxation et de surveillance, qui devra disparaître.

Mais c'est aux impôts indirects que M. Doumer a demandé les principales ressources de ses budgets, surtout à l'opium, à l'alcool et au sel. Le sel est recueilli dans les salines du littoral du Tonkin et de l'Annam ; la vente en est faite soit par les agents de l'administration soit par un fermier, M. Raoul Debeaux, qui créa des entrepôts sur toute la surface du territoire. L'opium est pour l'Asiatique ce qu'est le tabac pour beaucoup d'Occidentaux : aussi se passerait-il plutôt de manger que de fumer. Malgré une contrebande difficile à surveiller, nous verrons plus loin l'énorme revenu que le gouvernement tire de la vente de l'opium.

L'alcool répond, lui aussi, à un des goûts favoris de l'Annamite. Produit dans des usines à l'européenne par la distillation du riz, il contribue par sa vente de plus en plus étendue à assurer la fixité du budget des recettes, malgré une fabrication clandestine considérable. Le prix de vente de ces produits est fixé par l'administration à certaines époques déterminées de l'année, et publié au journal officiel de l'Indo-Chine.

Nous n'avons pas sous les yeux les chiffres des revenus des impôts pour le Tonkin. Mais pour l'Indo-Chine entière, la moyenne du produit des taxes foncières et personnelles est de 8 millions de francs par an.

Celle de l'opium, de 15 millions.

De l'alcool, de 8 millions.

Du sel, de 5 millions.

C'est donc en moyenne un revenu de 36 millions de francs qui est assuré au budget par le régime fiscal organisé sous l'administration de M. Doumer.

C'est surtout grâce à l'assiette de ces taxes que furent constituées les réserves financières de l'Indo-Chine, réserves qui s'élevaient à 21 millions lorsque M. Doumer arriva au terme de sa mission. Ces 21 millions étaient à la fois une garantie pour l'emprunt des chemins de fer dont nous parlerons plus loin, et une réserve pour les futurs travaux publics.

C'est enfin grâce à cette organisation que malgré un budget annuel de dépenses de 70 à 75 millions, l'Indo-Chine se suffit à elle-même pour ses travaux, son administration, toutes ses œuvres scientifiques, d'instruction, d'hygiène, et n'a plus demandé à la métropole que 12 millions pour l'entretien des troupes venant de France. C'est ainsi qu'a été définitivement affermi le crédit du Tonkin.

Lorsque M. Doumer revint en France en 1901 pour défendre devant les Chambres son projet d'emprunt pour les Chemins de fer, il avait, pour ainsi dire, cause gagnée. Le budget de la colonie était là, pour inspirer confiance aux capitaux français. C'est ainsi que put être constituée par quatre de nos grands établissements financiers une société au capital de 101 millions de francs, ainsi composé :

12500000 francs d'actions ;

12500000 francs de subvention de l'Indo-Chine ;

76000000 d'obligations 3 pour 100 avec la double garantie de l'Indo-Chine et de la France.

Nous verrons plus loin comment ce capital a été affecté à la construction d'un vaste réseau de voies ferrées qui aura une influence décisive sur le développement économique de la colonie.

Actuellement, en ce qui concerne le Tonkin, deux lignes importantes sont achevées :

La première, Haïphong-Hanoï-Laokaï d'une longueur de 383 kilomètres, a coûté 44 millions ;

La seconde, Hanoï-Nam-Dinh-Vinh d'une longueur de 326 kilomètres, a coûté 30 800 000 francs.

On voit combien est injuste le reproche fait au gouvernement de M. Doumer d'avoir été purement fiscal. Il l'a été dans la mesure où cela était indispensable pour asseoir le crédit de la colonie ; et le programme de travaux publics que l'Indo-Chine réclamait depuis 15 années a été réalisé. — Enfin l'Indo-Chine doit à M. Doumer un certain nombre d'institutions telles que l'École Française d'Extrême-Orient, destinée à approfondir l'histoire de la civilisation asiatique, sa première école professionnelle, des instituts médicaux et notamment celui du Dr Yersin qui a préservé plus d'une fois le Tonkin d'épidémies dangereuses.

Dans la situation qu'il occupa pendant cinq ans, il eût été extraordinaire que son activité ne rencontrât pas des résistances, ne se heurtât pas à des droits acquis. Il est certain qu'il a traité parfois ces derniers avec une désinvolture fâcheuse. On peut regretter aussi que cette même désinvolture se soit appliquée au commerce dont son administration soupçonneuse et méticuleuse à l'excès n'a pas toujours compris les besoins : ceux qui ont vu sur place les inutiles tracasseries des agents de la douane, le temps précieux qu'elles faisaient perdre aux négociants, peuvent en témoigner. Enfin il a été fait bien peu de chose au point de vue de l'irrigation, de l'aménagement du sol, de l'extension des surfaces cultivables, question de premier ordre pour un pays essentiellement agricole. Mais ces griefs, tout fondés qu'ils sont, ne sauraient masquer, sans erreur et injustice, l'œuvre accomplie, l'étape franchie par la colonie pendant ces cinq années. La constitution de l'unité indo-chinoise, l'organisation solide de son budget, l'exécution du grand réseau des chemins de fer, la création d'œuvres d'instruction, d'hygiène, ont donné à notre colonie une réelle plus-value et consolidé son crédit dans le monde.

C'est à M. Beau, ancien ministre de France à Pékin que fut confiée en 1901 la mission de continuer l'œuvre de M. Doumer. Dès le début, il eut à parer à une situation assombrie par une mauvaise récolte survenant après cinq belles années, et par une baisse inquiétante de la piastre : or les impôts étant payés en piastres, et les traitements des fonctionnaires en francs, il en est résulté une perte sensible pour le budget. Enfin l'interrègne de six mois entre les deux gouvernements avait provoqué dans l'administration et dans les affaires qui lui étaient soumises un relâchement des plus fâcheux.

M. Beau s'est donné la tâche d'assurer l'exécution du programme des chemins de fer, et d'y souder les nouveaux tracés dont nous parlerons plus loin. Il veut aussi s'efforcer non de résoudre mais de mettre au point la question vitale des travaux d'irrigation à laquelle son prédécesseur n'a pu se consacrer. Il y a été tout récemment incité par la Chambre de commerce de Lyon lors de la réception qu'elle lui fit le 18 octobre 1905 ; au cours de cette réception un de ses membres, M. Ulysse Pila, s'est exprimé ainsi : « Il semble que l'administration de la colonie ait été pendant ces dernières années trop exclusivement absorbée par la construction des chemins de fer qui aurait dû être conduite parallèlement avec les réformes agricoles reléguées à tort au second plan. Il incombe à M. Beau de regagner sans délai le temps perdu, en mettant en tête du programme des travaux une organisation agricole raisonnée ; pour cela il faut, sans tomber dans les excès du fonctionnarisme, créer des bureaux d'agriculture, des écoles d'agriculture, assurer les irrigations, construire des digues, faire des routes, relier les canaux entre eux. Alors comme dans les détroits, comme à Java, comme dans les Indes et les Philippines que je ne cesse de prendre pour modèles et pour exemples, on verra la population du Tonkin mieux se répartir avec la formation de nouvelles agglomérations, des cultures s'étendre et se multiplier, des industries nouvelles s'implanter. Si la réalisation de ce programme entraîne de nouvelles dépenses de premier établissement on peut les demander au pays... Il ne se passe pas de jour où des pays secondaires d'Europe et de l'Amérique (Serbie, Brésil, Argentine, Bulgarie, Roumanie, Bahia et Parana) ne viennent emprunter chez nous pour les besoins de leur agriculture et de leurs voies de communication, par l'entremise de nos grands établissements, et nous nous désintéresserions de la mise en valeur de notre propre domaine colonial!... Quand bien même la garantie d'une partie de cet emprunt nouveau devrait être à la charge de la métropole, nous sommes convaincus que celle-ci n'y perdrait rien. Elle retrouverait en peu d'années, par la plus-value de son domaine colonial, la valeur de son sacrifice. »

A la suite de ce rapport de M. Ulysse Pila, la Chambre de commerce de Lyon a émis le vœu suivant: Que parallèlement à la construction du réseau des chemins de fer en Indo-Chine, l'amélioration de l'agriculture, qui apportera à ces voies ferrées les principaux aliments de leur trafic, soit poursuivie d'après un programme d'ensemble; que ce programme comporte notamment; *a*: l'établissement des digues qui garantissent les cultures contre les inondations, la construction de canaux et de routes qui facilitent la circulation des produits, et autres travaux publics d'intérêt général incombant naturellement à l'État;

b: l'organisation d'un enseignement agricole par la création d'écoles, de champs d'expériences et de sociétés d'agriculture qui auraient pour mission de fournir aux indigènes et aux colons européens tous les renseignements nécessaires sur la composition du sol et sur les cultures qu'il conviendrait d'étendre ou d'implanter de préférence, à côté de la culture traditionnelle du riz, afin de créer un mouvement d'exportation qui deviendrait une source de richesse pour la colonie ; *c*: des encouragements de diverses natures tels que des primes ou des exemptions partielles ou totales d'impôts au profit des indigènes ou des colons qui, sur les conseils des écoles ou sociétés d'agriculture, auraient accompli des défrichements ou implanté de nouvelles cultures. Au moins à l'origine, une partie ou la totalité des impôts fonciers pourrait même être remplacée par des redevances payées en nature, comme encouragement aux cultures nouvelles dont le débouché ne serait pas suffisamment certain pour les producteurs.

Ce vœu de la Chambre de commerce de Lyon est tout un programme pour le gouverneur actuel et pour ses successeurs. Car c'est une œuvre de longue haleine qui demandera du temps, de l'argent, beaucoup de persévérance, d'esprit de suite, Ceux qui l'accompliront n'en recueilleront peut-être pas une gloire bruyante, mais ils rendront à la colonie et à la France un signalé service. Nous verrons dans la suite de ce travail les projets qui sont actuellement à l'étude.

CHAPITRE V

CARACTÈRE DU PEUPLE ANNAMITE, ORGANISATION FAMILIALE ET SOCIALE

Le journal le *Times* a publié en *1892* des lettres d'un Anglais, observateur très avisé, qui visitait l'Indo-Chine. Elles se terminaient ainsi : « C'est un empire d'une fertilité exubérante avec des ressources immenses non encore développées, avec une population essentiellement malléable et industrieuse. Si les Français parviennent à lui donner des capitaux, un bon système fiscal et la sécurité, cet empire sera un jour considéré non plus comme une source d'embarras, mais comme un joyau. »

La prophétie écrite en 1892 dans le Times est en train de se réaliser. Et au lieu d'être une source d'embarras, le Tonkin peut devenir vraiment pour la France un joyau, à condition d'en bien connaître les ressources, et d'avoir sur la valeur même des indigènes des notions exactes.

L'Annamite.

Nos rapports avec le peuple annamite sont facilités par sa grande douceur, sa puissance d'assimilation, son désir d'apprendre et d'imiter : « L'Annamite, dit M. de Lanessan[1], ne ressemble nullement à l'Arabe qui passe insouciant et dédaigneux devant les plus belles productions de nos arts et de nos industries. Il s'arrête, au contraire, curieux et attentif, devant toutes les manifestations de notre intelligence et de notre travail. Et il apporte toujours dans cet examen non seulement le désir de comprendre ce qui lui est inconnu, mais encore la volonté d'imiter ce qu'il voit. »

Il y a tout à attendre de pareils associés. Mais tout docile qu'il est, l'Annamite est rusé et fier.

« Les indigènes, dit M. Salaun[2], sont particulièrement sensibles à l'estime que l'on paraît faire de leurs traditions, de leur langue et de leur art. C'est par là vraiment qu'on les tient. Ils peuvent subir la supériorité de la force. La supériorité de l'intelligence et de la culture est la seule qu'ils consentent à reconnaître. »

Envers un tel peuple, le fonctionnaire français placé à la tête de chaque province et qui est ap-

1. *La colonisation française en Indo-Chine*, p. 23.
2. *L'Indo-Chine*, p. 117.

pelé « résident », sorte de préfet colonial, a des devoirs multiples à remplir, et il lui faut, outre la connaissance de cette mentalité spéciale à l'indigène, une ardeur continue à faire prospérer sa province, à juger équitablement, à faire accepter son autorité. Il y a peu de fonctions où les qualités de conducteur d'hommes, au sens élevé du mot, soient plus nécessaires que dans celle-là.

Non seulement il y a une question de justice et d'humanité à bien traiter ce peuple, mais il y a encore une question d'intérêt bien compris. Aussi est-ce avec tristesse qu'on voit un certain nombre de nos compatriotes mériter le titre d' « anamitophobes », mot barbare pour exprimer un sentiment plus barbare encore. Pour ceux-là, « l'Annamite est un être inférieur, méprisable, foncièrement faux, vicieux et voleur. C'est à coups de canne et de rotin qu'il faut faire pénétrer en lui la civilisation. Il ne se soumet qu'à la force. Toute autre politique n'est que sensiblerie et duperie ». — Ceux qui raisonnent ainsi englobent naturellement la langue annamite dans le dédain qu'ils ont de tout ce qui concerne l'indigène, et se refusent à en apprendre les éléments. Quand ils donnent un ordre, s'il est mal exécuté, ils ne se soucient pas de savoir s'ils ont été compris, s'il y a peut-être malentendu. Ils *cognent*, suivant l'expression consacrée. Et parfois si durement, avec un tel acharnement, que des scandales ont eu leur retentissement jusque dans le prétoire des tribunaux. Il faut reconnaître, à l'éloge de notre magistrature, qu'elle n'a jamais manqué à son devoir, qu'elle a toujours sévi en rappelant à ceux qui les méconnaissaient nos obligations envers le peuple vaincu.

La Quinzaine coloniale, dirigée par M. Chailley, a dans son numéro du 25 novembre 1903 exposé en ces termes la gravité du problème : « De ce que les boys (domestiques) qu'emploient les Européens ne font pas toujours la distinction du « tien et du mien », de ce que parfois des difficultés se sont produites entre employeurs français et salariés indigènes, de ce que cette population de 6 millions d'habitants renferme quelques vauriens (en proportion bien moindre que dans la métropole), s'ensuit-il qu'on doive embrasser la race tout entière dans une défiance et dans une haine générales? Si le souci de notre mission civilisatrice, si un sentiment d'élémentaire humanité ne devait pas suffire à nous garder de ces fautes, notre *intérêt* devrait y suffire. Un pareil état d'esprit peut en effet avoir des conséquences redoutables. *Nous avons besoin,* au Tonkin, de nous concilier la sympathie des indigènes. Nous ne savons pas quelles surprises l'avenir nous réserve ! Si de nos propres mains, nous élargissons le fossé entre les indigènes et nous, c'est un foyer de haine et de guerre civile que nous préparons chez nous, et qu'une étincelle venue du dedans ou de Chine allumera brusquement. Et l'histoire récente de la conquête a montré ce que peut coûter à éteindre un pareil incendie s'il venait à éclater. »

On ne saurait mieux dire. Il faut ajouter qu'il serait désirable que dans les écoles françaises, quand on parle de nos colonies à nos enfants, à côté des droits qu'on leur dit être les nôtres de par le fait de la conquête, on leur enseignât aussi nos devoirs. Grâce à cet enseignement, on verrait peut-être ainsi se faire plus rares les lamentables scènes de brutalité, dont les rues d'Hanoï tout comme les routes de la campagne sont trop souvent le théâtre.

Qu'est donc en réalité cet Annamite qui sera suivant la façon dont nous le traiterons un auxiliaire ou un ennemi? Le voici qui passe, marchant nonchalamment. Il est de petite taille, mince, étroit d'épaules, donnant une impression de faiblesse. Et en effet sa force musculaire n'égale pas celle de la moyenne des Occidentaux, et il soulèvera difficilement le poids lourd que nos manœuvres enlèveraient aisément.

En revanche son endurance est grande, c'est-à-dire que si on lui assigne une besogne qui soit proportionnée à ses forces, il l'exécutera longtemps sans fatigue apparente, au soleil brûlant ou sur les sentiers ravinés par la pluie, entraînant la voiture à deux roues dans laquelle l'Européen est confortablement assis. Son salaire est maigre, agrémenté très souvent d'injures et de coups. Il n'a comme alimentation, que du riz, un peu de poisson séché, comme boisson que de l'eau ou du thé. L'alcool de riz est un luxe pour le miséreux. Le soir, son travail fini, il retrouve sa case en bambou petite et basse, mal fermée, où pénètre la pluie ; il prend son repos sur un lit en bambou élevé au-dessus du sol et garni d'une natte. Les Annamites riches habitent des maisons en briques, couvertes en tuiles, généralement sans étages, garnies de meubles incrustés ; mais l'immense majorité du peuple vit dans des misérables paillottes, n'ayant pour tout vêtement qu'un pantalon de toile, une veste ou une robe flottante. C'est donc la vie matérielle, réduite à sa plus simple expression : « L'Annamite, en conclut-on, n'a pas de besoins. » Et cette phrase est répétée partout comme un axiome. Il serait plus juste de dire qu'il n'a pas de ressources ou qu'il en a si peu qu'il lui est impossible de satisfaire d'autres besoins que celui de vivre. Mais à conclure qn'il n'en saurait avoir d'autres, il y a loin. Et nous sommes, quant à nous, convaincus du contraire.

Comme tous les êtres humains, l'Annamite aura des besoins le jour où il pourra les satisfaire, le jour où ses ressources lui permettront de changer sa vie. On aurait bien étonné un voyageur visitant l'Égypte il y a 50 ans, si on lui avait annoncé qu'en 1906 les Arabes du Delta du Nil porteraient des pardessus et des souliers faits en Autriche. Et c'est pourtant ce qui s'est réalisé là comme partout où un peu de bien-être a pu être atteint par le prolétaire africain ou asiatique.

Il nous paraît donc certain que les conditions d'existence de l'Annamite se modifieront peu à peu au triple point de vue du logement, de l'habillement et de l'alimentation. Le pittoresque seul y perdra, mais l'hygiène y gagnera, et l'industrie métropolitaine ou locale y trouvera son compte. Cette évolution est d'autant plus probable qu'il y a chez ce peuple une faculté d'imitation remarquable. Il est vrai que fidèle à ses traditions, à sa religion, à ses coutumes, il ne s'assimilera que du bout des lèvres nos institutions, nos idées religieuses ou morales.

Il est *autre que nous*, trop loin de notre mentalité, pour pouvoir sinon jamais, du moins pendant longtemps encore s'en pénétrer. Les mots qui expriment nos conceptions philosophiques ou morales non seulement n'ont pas leur équivalent dans sa langue, mais ne correspondent chez lui à aucune idée. « Nos lois sont ses génies », notre conscience c'est ses ancêtres. Rien ne nous mettra d'accord. Tout Annamite est perfectible *dans son propre sens*, mais dans son propre sens seulement[1] ».

Aussi est-ce folie pure que de vouloir lui inculquer notre mentalité. On a brusquement triomphé au début de l'occupation, quand on a vu

1. Deherme, *La coopération des idées*, n° 44.

avec quelle remarquable facilité on pouvait dans nos écoles françaises du Tonkin former en 2 ans des interprètes, jeunes tonkinois qu'on a placés dans les administrations, et qui ont fait à nos fonctionnaires l'économie de l'étude de la langue annamite. On recruterait ainsi, disait-on, une élite d'esprits alertes qui, se coulant dans le moule de nos idées, serviraient d'exemples à leurs compatriotes et de lien entre eux et nous.

Il faut en rabattre, l'expérience est faite, décisive. « L'interprète a perdu les fortes qualités de sa race et il les a remplacées par ceux de nos vices qui sont à sa portée [1]. » Ils sont bien intermédiaires, mais dans le sens le plus vil du mot. Ils ont appris notre langue, mais rien que notre langue. Ils n'ont compris de notre civilisation que ce qui peut se toucher du doigt ; mais le côté moral, le seul qui peut nous donner quelque droit à conquérir et à dominer, leur a échappé totalement. Et cela devait être ainsi : l'Annamite n'est pas assimilable. Il est l'aboutissant de plusieurs centaines de siècles d'une civilisation spéciale, qui a ses traditions, ses rites, son organisation sociale. Certes les rois et les mandarins qui ont gouverné ce peuple ont fait souvent de cette civilisation une piètre application, en ont parfois faussé les ressorts. Mais en elle-même, cette civilisation en vaut une autre. La morale

1. Deherme, *La coopération des idées*, n° 44.

qui en est la base enseigne la justice, la droiture, la bonne foi.

Sa religion a pour principe le respect des ancêtres qui constitue à lui seul presque tout le culte, culte qui a ses cérémonies et ses fêtes, ni plus naïves, ni plus ridicules que celles de nos religions.

« Pour gagner complètement la confiance du peuple annamite, il est nécessaire d'être en communication directe avec lui, de lui parler sa langue, afin qu'il puisse répondre avec la certitude d'être compris. L'Annamite, quelle que soit sa condition, sait parfaitement bien que l'indigène qui sert d'intermédiaire ne connaît pas toutes les finesses de notre idiome, et que, par suite, il ne traduit pas fidèlement la pensée qui lui est indiquée, soit qu'il n'en ait pas saisi le sens, soit qu'il ait *intérêt* à la transformer. Donc, par erreur ou calcul, l'interprétation est fausse.

« De là les malentendus déplorables qui nous éloignent de notre but au lieu de nous en rapprocher.

« Le seul moyen, il nous semble, d'obtenir le résultat cherché est de nous dispenser, dans certaines circonstances, de l'intermédiaire qui nous est plutôt nuisible qu'utile. Ce sera possible en appliquant dans toute leur rigueur l'arrêté du 20 juillet 1888 et le décret du 2 mai 1899, tous deux prescrivant de n'accorder aux fonctionnaires des résidences l'avancement au grade supérieur que s'ils peuvent justifier, dans un examen, de leur connaissance de la langue annamite. Lorsque les indigènes sauront qu'il leur est possible de s'entretenir avec les fonctionnaires français de tous grades sans la présence d'un témoin quelquefois gênant, ils nous exprimeront très franchement leurs plaintes, parce qu'ils ont foi en notre justice[1]. »

Le ministre des Colonies, M. Clémentel, a adressé en décembre 1905 les instructions suivantes au Gouverneur de l'Indo-Chine, M. Beau : « J'attache le plus grand prix à ce que nul fonctionnaire ne soit appelé au commandement d'une province ou d'une circonscription moins étendue, s'il n'a fait preuve d'une connaissance parfaite de dialectes indigènes. Des prescriptions sévères, sanctionnées, s'il le faut, par des examens périodiques, écarteront des tableaux d'avancement, dans tous les services, les fonctionnaires qui après plusieurs années de séjour n'auront pu s'assimiler la langue du pays. » Il faut observer que ce ne sera pas une tâche aisée, car l'étude de la langue annamite demande de longs et persévérants efforts. Il n'en faut pas moins reconnaître que l'esprit qui anime ces instructions est excellent, et que si elles sont suivies et appliquées, elles contribueront dans une large mesure à supprimer les malentendus, à faciliter le contact entre nous et nos protégés. « Il

1. *La commune annamite du Tonkin*, par P. Ory, 1894.

n'y a pas un seul fonctionnaire de l'Inde qui ne doive apprendre et ne sache la langue du district où il a été envoyé. Il y a là une obligation, et en voici la sanction : les fonctionnaires ont deux ou trois ans pour apprendre la langue. Ils doivent passer deux examens, le premier et le second degré. Si au bout d'un an ils n'ont pas passé le premier, on leur donne un avertissement et un délai de quelques mois. Si au bout de ce délai ils n'ont pas réussi, on leur retranche 10 pour 100 de leur traitement. Enfin, si au bout de trois ans ils n'ont pas réussi à passer les deux examens, on les renvoie purement et simplement en Angleterre, on les licencie[1]. »

Ce que les Anglais qui n'ont pas d'aptitudes particulières à s'assimiler les langues orientales sont parvenus à faire, il n'y a pas de raison pour que nos fonctionnaires n'arrivent pas à le réaliser aussi : ils peuvent y être préparés à l'École coloniale à Paris, et lorsqu'ils auront la conviction que leur avenir dépendra de cet important facteur, la connaissance de la langue annamite, ils redoubleront d'efforts pour y parvenir.

Le Gouverneur général de l'Indo-Chine, M. Beau, à l'ouverture de la session du Conseil supérieur de l'Indo-Chine de 1905, a tenu, lui aussi, à caractériser le rôle élevé que les fonctionnaires de tous ordres sont appelés à jouer :

1. Conférence de M. Chailley à l'*Union coloniale*, le 12 avril 1905.

« Les fonctionnaires français doivent être une élite. Ils doivent jouer vis-à-vis des indigènes le rôle d'initiateurs, d'éducateurs. Ils doivent donc posséder une culture aussi développée que possible. Il faut que ce pays, qui a toujours été dirigé par la classe lettrée, reconnaisse chez ceux qui le gouvernent aujourd'hui une instruction et une éducation supérieures. C'est à ce prix que le protecteur peut obtenir du protégé le respect que celui-ci lui doit. Le respect n'est plus alors l'acte de contrainte imposé au plus faible au nom d'une prétendue supériorité de race, mais l'hommage spontané de la déférence qu'une tradition toujours vivante dans les pays d'Extrême-Orient impose comme un devoir social à l'élève envers le maître qui l'a instruit. »

Un exemple frappant des bases sur lesquelles doit être établie une colonisation rationnelle et durable nous est fourni par l'Angleterre aux Indes. Sur 250 millions d'Indous et de Mahométans elle a assis pour longtemps sa domination, en leur assurant la paix, en leur procurant la sécurité, en réalisant de grands travaux d'utilité publique, en rendant une justice égale pour tous, en respectant les religions et les mœurs des vaincus. C'est sur cet ensemble de principes appliqués avec rigueur et persévérance qu'est fondée la domination anglaise, et non pas sur le parti qu'elle tire de la prétendue rivalité entre les religions indigènes.

Le respect de l'Administration anglaise non seulement pour les religions mais même pour les superstitions locales est poussé à un tel point que lors de la dernière épidémie de peste, des mesures comportant l'entrée d'inspecteurs sanitaires dans le domicile privé ayant été trop brusquement appliquées et ayant soulevé la réprobation des Indiens, ordre a été donné aux fonctionnaires de renoncer à l'application des règlements. Et cette application a en effet été suspendue.

C'est par une telle méthode de gouvernement qu'il est possible de se concilier sinon la sympathie et l'affection, du moins le respect d'un peuple. Quant à prédire l'avenir, à prophétiser si un jour l'Inde se séparera de l'Angleterre, l'Indo-Chine de la France, il faut y renoncer à moins de se lancer dans le domaine de la fantaisie.

« L'expérience commencée aux Indes, dit l'auteur anglais Seeley, doit être poussée à fond. Nous ne pouvons pas la laisser inachevée, même si nous en avions la volonté. Chaque année l'Inde et l'Angleterre, que ce soit un bien ou que ce soit un mal, sont liées plus intimement l'une à l'autre. Ce n'est pas que des forces de désunion ne puissent se manifester ; que notre Gouvernement même ne puisse éveiller des énergies qui travaillent à une dislocation finale. Mais pour le moment nous marchons, aussi bien par nécessité que par devoir, vers une union plus intime. Nous souffririons déjà beaucoup d'une séparation, et plus l'union durera, plus elle nous deviendra précieuse. La transformation que nous accomplissons dans ce pays peut nous occasionner des déceptions, mais rien ne pourra nous convaincre qu'elle doive être interrompue et laissée inachevée. » C'est là le langage même du bon sens, d'un bon sens qui se tient également éloigné d'un pessimisme exagéré et d'un optimisme de fantaisie, de ceux qui déclarent qu'à *tout prix* il faut se maintenir en Asie, et de ceux qui proclament qu'il faut « lâcher l'Asie ». La vérité est que l'ère des conquêtes coloniales proprement dites paraît close pour les nations européennes. Les régions de la Méditerranée ou des Océans qui n'appartiennent pas en propre à une nation déterminée seront internationalisées : aucune puissance ne permettra à une autre de s'y installer et d'y exercer son influence particulière. Plus que jamais il est donc indispensable que la France qui a pu, grâce à des circonstances favorables, s'implanter dans le domaine colonial qu'elle possède aujourd'hui, s'y maintienne pour son intérêt et pour y poursuivre l'œuvre de progrès qu'elle y a entreprise.

Nous avons vu ce qu'est l'Annamite, et cherché à déterminer sa mentalité. Il nous reste à examiner quelle est l'organisation de la famille et de la commune.

L'obéissance aux rites consacrés et observés de génération en génération est la base même de l'organisation de la famille annamite. C'est le père qui a l'autorité, qui a aussi la garde de l'autel des ancêtres. « Ce qui unit les membres de la famille antique, dit Fustel de Coulanges[1] en parlant de la famille grecque et romaine, c'est quelque chose de plus puissant que la naissance, que le sentiment, que la force physique : c'est la religion du foyer et des ancêtres. Elle fait que la famille forme un corps dans cette vie et dans l'autre. La famille antique est une association religieuse plus encore qu'une association de nature. De là est venu que la famille antique a reçu une constitution si différente de celle qu'elle aurait eue si les sentiments naturels avaient été seuls à la fonder. » Ces considérations concernant la famille à Grèce et à Rome sont applicables à la famille annamite. On y retrouve l'autel des ancêtres au sein même des plus pauvres habitations, comme on retrouve dans le champ familial les tombeaux mêmes de ces ancêtres. Responsable de cet autel et de ces tombeaux, le père doit avoir et a réellement l'autorité sur ses enfants : il la partage avec la mère qui est entourée de respect.

D'une forte organisation familiale est sortie une constitution sociale solide ayant à sa base la commune annamite ; c'est le groupement plus ou moins nombreux de familles. La commune vit de sa vie propre, répartit l'impôt entre les fa-

1. Fustel de Coulanges. *La Cité antique*.

milles qui la composent, assigne à chacune sa part dans les corvées, les travaux d'utilité générale pour l'aménagement des terres, la construction des canaux et des digues, le service militaire. Elle veille à la sécurité de son territoire, prend à sa charge ses pauvres. C'est la commune, personne morale, qui est responsable de l'exécution de toutes ces obligations : elle est responsable envers l'État qui ne connaît pas les individus ni même les familles. La commune est administrée par les notables, c'est-à-dire par les propriétaires fonciers les plus riches ou les plus habiles ; ils sont en rapport avec l'administration centrale par l'intermédiaire du maire, qui est pour ainsi dire l'avocat d'office de la commune auprès des mandarins. L'État exerce son autorité sur les communes et les provinces par l'intermédiaire des mandarins, titre global donné à tous ceux qui sont investis d'une parcelle de l'autorité royale. Ces mandarins sont le produit d'une sélection de lettrés qui pendant des années ont préparé et subi des examens qui seuls ouvrent à l'Annamite l'entrée du fonctionnarisme. On a souvent médit, et avec certaine apparence de raison, de la prétendue science de ces concours de lettrés, de leur puérilité : et la critique en est facile. Mais que l'on interroge ceux de nos compatriotes qui ont eu à lier partie avec des mandarins, à traiter avec eux des intérêts communaux ou des grands intérêts de leur pays. On apprendra que beaucoup d'entre eux témoignaient dans leurs entretiens de la connaissance qu'ils avaient du cœur humain, de la situation et des besoins de leur pays, d'un patriotisme dont ils ont donné d'irrécusables preuves aux heures douloureuses de la conquête.

Nous ne prétendons pas (qu'on nous passe l'expression vulgaire) en faire « de petits saints ». Et nous n'ignorons pas les abus que beaucoup d'entre eux ont faits parfois de leur autorité, les exactions dont ils se sont rendus coupables envers leurs administrés, la résistance qu'ils ont opposée à l'ouverture pacifique de leur pays au commerce. Nous prétendons seulement que leur science n'est pas aussi vaine qu'on le proclame, et qu'ils ont fait preuve bien souvent de qualités d'administrateurs, de chefs militaires et de diplomates. Parmi les anciens gouverneurs de l'Indo-Chine, plusieurs rendent hommage à la loyauté des mandarins avec lesquels ils ont eu à traiter; ils étaient, disent-ils, touchés et gagnés à notre cause quand ils constataient que nos actes étaient inspirés par la ferme volonté de respecter les traditions et les usages locaux.

Dans son ouvrage « le Pays d'Annam », Luro, lieutenant de vaisseau, qui avait étudié à fond la langue et les usages annamites, fait un portrait remarquable de l'indigène :

« Sous des dehors froids, l'Annamite est mobile, léger, causeur, railleur, spirituel. Plein de vénération pour le savoir, il est profondément studieux;

il a de la mémoire et de l'intelligence. Humble, poli en apparence, il est plein, au fond, d'orgueil et de vanité. Joueur passionné, il est généreux et vit au jour le jour. Il n'a pas le courage bouillant des races occidentales ; il a, au contraire, la guerre en horreur, et pourtant il méprise la mort. Mais son courage est passif ; il va au supplice sans changer de visage, en fumant sa cigarette. Sans être guerrier, il est militaire. Il aime son pays et sert bien qui le paie. Capable de pratiquer la morale générale et même une religion positive, il prend plus facilement nos vices que nos vertus. Il a le culte de la famille, le respect de la vieillesse, le sentiment de l'émulation. La femme annamite est laborieuse, pleine d'énergie lorsqu'il s'agit de nourrir sa famille et de réparer les désordres de son mari. Jeune elle est coquette, légère, passionnée pour le luxe. Devenue mère de famille, elle inspire le respect par ses vertus domestiques. »

Il faut ajouter que l'Annamite est attaché à son organisation sociale malgré les défauts qu'il lui connaît et qu'il est le premier à critiquer.

C'est à nous à rechercher les causes de certains abus, à rectifier ce que cette organisation peut avoir de trop arbitraire ou de défectueux : mais nous ne devons le faire qu'en respectant les *formes* qui là-bas doivent être sauvegardées avant tout : Question de mesure, de tact. Il est bien certain que la suppression de tous ces rouages est une œuvre plus facile, avec, pour les remplacer, l'administration directe. Mais l'épreuve est faite après 20 ans. Notre conception sociale est et reste lettre morte pour nos nouveaux sujets, comme notre philosophie ou nos religions. En les leur imposant, nous soulevons haines et colères, parce que nous nous attaquons à ce qui est la moelle même de ce peuple. En respectant, au contraire, et en maintenant ce qui est, nous ne nous attirons peut-être pas l'amour du peuple annamite. C'est encore un rêve auquel il faut renoncer. Mais nous prouvons notre esprit de justice, en respectant ce qui, aux yeux de ce peuple, est éminemment respectable. « Si nous savons, dit Luro, assez étudier sa langue, son histoire, ses lois et son antique organisation pour diriger ses aptitudes et les porter à leur plus haut degré de perfectionnement, si nous savons nous emparer de son esprit, capter sa confiance, lui faire apprécier notre civilisation, nous assurerons à la France l'empire de l'Indo-Chine. » Il semble bien que cette administration directe qui, dans les dernières années, a prévalu au Tonkin sous l'empire peut-être de certaines nécessités fiscales, perd du terrain, et que beaucoup de bons esprits se rendent compte qu'il faut peu à peu revenir à la conception du protectorat en rendant aux mandarins leur ancien prestige. Nous n'en voulons pour preuve que la constatation faite loyalement par M. Beau, gouverneur de l'Indo-Chine, au conseil supérieur de 1905. « Au Tonkin, dit-il, notre ligne politique n'a pas été la même qu'en Annam, et a été fortement influencée par les circonstances locales. La nécessité où nous nous sommes trouvés de créer presque de toutes pièces un personnel de mandarins pour remplacer celui qui avait été en grande partie dispersé par la guerre, l'insuffisance d'autorité de ce personnel improvisé, l'obligation d'exercer une surveillance active sur les bandes qui ont subsisté si longtemps dans les diverses régions, le nombre croissant des colons français répandus à travers le pays, tout cela concourait à faire créer, à côté de l'administration indigène conservée mais affaiblie, une administration française très forte. Le renforcement s'en accentua encore lorsque, le pays étant pacifié, il devint nécessaire de créer une organisation financière nouvelle susceptible de produire les ressources importantes que réclamait la création de l'organe nouveau du gouvernement général, et de gager les emprunts considérables destinés à l'outillage économique du pays. Dès lors l'administration française s'habitua de plus en plus à prendre le contact direct avec la population et à considérer comme une superfétation l'intervention des mandarins dont le personnel, au moment de mon arrivée au Tonkin, se trouvait singulièrement diminué. Il a été porté remède à cette situation. Les emplois supprimés ont été rétablis. »

Il n'y a plus de danger, il n'y a que des avantages à s'engager dans cette voie de rendre aux mandarins une autorité qu'ils exerceront sous notre contrôle. Nous redonnerons à ce pays son organisation dont il est jaloux et il n'en acceptera, alors que plus volontiers, les nécessités fiscales ou autres qui lui incombent. En revanche, nous aurons le droit d'exiger que nos vues ne soient pas méconnues ; que tous ceux qui parmi les indigènes et surtout parmi les mandarins chercheraient à entraver ou à dénaturer notre œuvre, à ramener ce pays vers un passé qui ne peut être ressuscité, soient sévèrement châtiés. Du haut en bas de l'échelle sociale, c'est cet esprit de justice dont nous devons nous pénétrer dans nos rapports avec les Annamites, et d'une fermeté qui leur prouve que notre attitude n'est pas le résultat d'un caprice passager. A cette condition, nous obtiendrons, non pas l'affection du peuple vaincu, mais son respect, en attendant mieux.

Interrogez les colons, les entrepreneurs, les industriels qui emploient l'Annamite aux champs ou à l'usine. Ils vous diront (je parle de ceux qui ne sont pas de parti pris) que c'est un grand enfant, museur, qu'il faut surveiller, mais qui peut travailler bien et longtemps, exécutant très vite, grâce à sa curiosité et à son habileté manuelle, tous les ouvrages qu'on lui confie.

L'ouvrier agricole et l'ouvrier d'industrie.

Dans les entreprises de travaux publics, l'Européen n'est pas en rapport avec l'indigène. C'est le caï, chef d'équipe, qui traite avec lui, surveille, contrôle son travail et le paie. Des plaintes se sont parfois élevées contre le rendement défectueux de cette main-d'œuvre, qui est allée parfois jusqu'à déserter les chantiers, en laissant la besogne inachevée. On en a conclu à l'incurable paresse de l'indigène. Mais après enquêtes, on s'est aperçu que les premières fautes n'étaient pas du côté des employés : de fâcheuses constatations ont été faites. Après un prix convenu, on en rabattait, et on lésait l'indigène. Ou bien lorsqu'il s'agissait de travaux à longue distance des villages, on n'avait rien fait pour lui assurer la nourriture et le coucher.

Or, l'Annamite est difficile à déraciner. Il ne quitte pas volontiers les environs de sa commune : on sait par quels liens de famille et de religion il y est attaché. Pour le décider à s'éloigner, il faut qu'il trouve, au lieu où il travaille, les très modestes conditions d'existence qui lui suffisent, mais au moins qu'il les trouve. Là encore c'est de la justice qu'il faut, ou plus simplement le respect des engagements pris, et l'intérêt mutuel bien entendu.

Si, quittant les chantiers, nous entrons dans une usine, qu'y voyons-nous ? Des centaines d'indigènes, hommes et femmes, travaillent à la fabrication d'allumettes, de briques, de filés de coton, de ciments, etc. Les qualités et les défauts de la race se retrouvent ici, mais les défauts prennent une certaine gravité à cause des risques que comporte le machinisme. Les qualités sont la rapidité avec laquelle l'Annamite comprend la besogne à faire, l'habileté avec laquelle ses doigts agiles, la souplesse de son corps lui permettent de l'exécuter.

Mais il reste à l'usine ce qu'il est au chantier, un véritable enfant, prêt à s'amuser de tout, et pour le moindre motif, à quitter son travail. Pendant deux, trois jours parfois il s'absente : c'est qu'il a eu une fête de famille, qu'il a trouvé qu'il faisait trop chaud ou trop froid. Il ne comprend pas le préjudice que cette absence peut causer à l'usine ; la notion de solidarité entre ses intérêts et ceux du patron lui est totalement inconnue. Où donc l'aurait-il prise ? Il y a quelques années, quelques mois peut-être, il était encore dans sa rizière. Brusquement transporté à l'usine près d'un four à ciments ou d'une broche de filature, il ne connaît de son métier que ce qu'il en fait, et est totalement ignorant des nécessités industrielles.

Là encore, ce n'est qu'en agissant avec droiture, en ne lui donnant que ce qui lui est dû mais *tout ce qui lui est dû*, qu'on peut le retenir. L'exploitation de sa prétendue naïveté n'a jamais réussi à ceux qui l'ont tentée ; ils ont vu leur usine abandonnée et leur industrie compromise, pour avoir voulu, comme on dit vulgairement, *tirer trop sur la corde*.

Ceux de nos compatriotes industriels qui ont, au contraire, compris l'accord de leur devoir et de leur intérêt, sont arrivés à *former et à conserver* une main-d'œuvre de qualité moyenne, il est vrai, mais docile et économique.

Les qualités de l'Annamite ont même permis de l'appeler à des fonctions auxquelles il ne semblait pas d'abord qu'il fût apte.

Voici le témoignage d'un officier[1] qui a assisté à la pose du matériel de la voie ferrée sur la ligne d'Hanoï à Laokaï, qui vient d'être ouverte à la circulation :

« L'Annamite a des aptitudes marquées pour la mécanique et les métiers qui en dérivent. Ajusteurs, ouvriers en fer et en cuivre de toutes catégories, dressés dans les ateliers de la compagnie ou dans ceux de la Direction des travaux publics et des entreprises privées, suffisent, sous la surveillance de contremaîtres européens, à tous les besoins. Wagons, locomotives, appareils élévatoires, machines-outils, arrivent de France démontés. Nos Annamites ont vite compris les relations et les rôles des diverses parties d'un appareil, et font preuve d'une surprenante dextérité dans le montage, les réparations, l'entretien des multiples organes mécaniques d'une voie ferrée. Dans la conduite des trains, mécaniciens et chauffeurs montrent un zèle louable, une grande expérience,

1. Capitaine Ibos, *Le chemin de fer du Fleuve rouge.*

et, dans quelques circonstances difficiles, un imperturbable sang-froid. »

Voici un autre témoignage :

« L'Annamite bien dirigé, c'est-à-dire à la fois intelligemment et sévèrement, donne des résultats remarquables. On en a fait sur les chemins de fer une expérience topique. Des Jaunes, chefs de train, chefs de gare, mécaniciens, font extrêmement bien leur service... Nous avons remarqué plus d'une fois qu'un chef de gare indigène, qui ne sait pas le français mais qui manie le télégraphe, a relevé les inexactitudes ou les absences de son collègue français, ou empêché des accidents [1]. »

Il est une dernière catégorie d'emplois auxquels on a appelé l'indigène depuis la conquête : les travaux agricoles. Plus de 200 concessions de terres ont été données à des Français depuis 15 ans. La totalité des surfaces concédées dépasse 180 000 hectares. Nous avons expliqué dans un article de Revue [2] les causes et les conséquences de l'insuccès de notre colonisation agricole au Tonkin. On avait promis monts et merveilles à ceux de nos compatriotes qui, munis d'un capital de 30 à 50 000 francs, viendraient s'établir sur ce sol fécond du Tonkin et le mettre en valeur. L'exode eut lieu et de nombreux capitaux s'engagèrent

1. *Les conditions du travail au Tonkin*, Fontaneilles, ingénieur en chef du Chemin de fer du Tonkin (Revue Générale des Colonies, 2e année no 2.

2. *Revue politique et parlementaire* du 10 juin 1905.

dans ces entreprises, sur ces terres gratuitement cédées par le Gouvernement de l'Indo-Chine.

La culture du riz paraissait la plus normale, celle à laquelle le sol se prêtait le mieux, celle qui, à travers les siècles, avait fait ses preuves en nourrissant une population nombreuse et comportant dans les belles années un chiffre d'exportation non négligeable vers la Chine. Mais un certain nombre parmi les terres concédées sur les confins du Delta ne paraissaient pas dans des conditions aussi favorables à cette culture que les surfaces situées dans le Delta lui-même, et puis et surtout, il faut le dire, la culture du riz paraissait aux nouveaux arrivés d'un rendement trop minime. Les noms de Java, de Ceylan flamboyaient à leurs yeux. Il fallait que le capital apporté produisît mieux qu'un maigre revenu permettant seulement de vivre. Ce n'est pas pour cela qu'on quittait la douce France, mais bien pour trouver une rémunération élevée des sommes engagées. Aucune enquête approfondie n'avait été faite avec la prudence et le temps qui seuls peuvent consacrer la valeur d'une culture nouvelle.

On parla donc de cultures *riches,* de celles qui pouvaient faire espérer qu'après deux ou trois années de mise au point, de tels résultats se présenteraient qu'on pourrait envisager des bénéfices considérables, et s'acheminer peu à peu vers l'idéal entrevu : après 15 ou 20 années d'efforts, revenir en France pour jouir en paix d'une petite fortune.

De ce rêve, il a fallu rabattre. Et, à part quelques exceptions, c'est par des échecs que se soldent les tentatives poursuivies. On peut citer comme une des exceptions intéressantes une concession de 20 000 hectares dans le Nord du Delta. Sur cette étendue, 2 000 hectares sont plantés en rizières et exploités au moyen du métayage ; le propriétaire fait aux indigènes les avances nécessaires en bétail, en graines, et partage avec eux la récolte par moitié. D'autres étendues sont plantées en caoutchouc et en faux bancoulier. Cette concession donne un revenu net de 40 000 francs par an. Le propriétaire a su gagner la confiance des indigènes qu'il a associés pour ainsi dire à son entreprise, et dont il représente et défend les intérêts auprès des autorités. Mais ces exemples sont rares ; presque partout les colons sont endettés, découragés, prêts à abandonner une carrière où ils n'ont, malgré leurs soucis et leurs efforts, trouvé que déboires et appauvrissement. Le cas, du reste, n'est pas spécial au Tonkin : il est général. Voici comment s'exprime le lieutenant-gouverneur de la Cochinchine, M. Rodier, dans un discours prononcé le 30 juin 1905 devant le Conseil colonial : « Compte-t-on beaucoup de grandes concessions ayant répondu aux espérances qu'on fondait sur elles ? Hélas, non, Messieurs ! Pour ma part, *je n'en connais pas une seule...* »

Au Tonkin, on ignorait qu'un des éléments principaux du succès allait échapper aux colons :

précisément la main-d'œuvre indigène. Et cela pour deux raisons. La première, c'est qu'ils ne savaient pas la manier ; la seconde, c'est qu'elle était inapte à l'usage auquel on la destinait. Pour manier en effet cette main-d'œuvre, il fallait une connaissance de l'indigène que ne possédaient malheureusement pas les colons. Ceux qui ont parcouru quelques-unes des concessions du Tonkin ont assisté en témoins plus ou moins impassibles aux tristes excès que font comprendre mais que ne sauraient justifier le climat énervant, l'autorité absolue dont dispose le chef d'entreprise coloniale sur ses manœuvres. Ces excès d'autorité, ces punitions corporelles, l'Annamite ne les ignorait pas auparavant : il savait ce qu'il avait parfois à attendre de la main brutale d'un mandarin. Mais ce qu'il accepte d'un de ses compatriotes parce que c'est l'usage, la loi même, il ne peut l'admettre de l'étranger, de l'étranger qui lui a pris son sol. Il peut d'autant moins l'admettre que sa répugnance est invincible à cultiver ce sol pour autrui.

Aussi malgré toutes les mesures de douceur ou de répression, malgré toutes les interventions de l'autorité, le vide s'est fait sur les concessions. L'indigène se refuse à y travailler : ou bien s'il est contraint de signer un contrat de travail, il le considère comme non existant, et à la première occasion il disparaît, retourne à son village ou bien vient grossir la foule des boys qui cherchent du travail dans les cités.

Que fera le Gouvernement en présence de cette situation ? On le pousse à prendre des mesures énergiques, à édicter des peines sévères, à faire de retentissants exemples. Nous croyons fermement que ce seront là de vaines tentatives. C'est le principe qui est erroné. On a fait fausse route. Et il faudrait le reconnaître.

Des millions ont été engloutis dans ces entreprises agricoles. C'est un malheur dont les intéressés voudraient que l'État supportât en partie les conséquences. Mais quelle que soit sur ce point la solution que les pouvoirs publics adopteront, ce qui est indéniable c'est qu'il faut revenir à la vérité, c'est-à-dire à la possession du sol par l'Annamite. Lui seul peut y vivre et en vivre. Et sur le sol qui lui appartient, il apporte dans la culture la patience, le soin merveilleux de jardinage dont sont témoins ceux qui parcourent les rizières. C'est là que les qualités de la race se révèlent le plus complètement. Mais si elles y trouvent leur plus complet épanouissement, nous avons vu par l'étude que nous avons faite de l'ouvrier annamite qu'il est apte à bien d'autres besognes.

L'heure est venue où il faut l'y intéresser plus directement, lui apprendre son métier, le préparer par une instruction pratique aux professions manuelles dans lesquelles il apportera à l'industrie naissante du Tonkin un appoint indispensable.

Nécessité d'un enseignement professionnel pratique.

Ce sera l'œuvre de l'enseignement professionnel. Nous estimons que si cet enseignement est bien dirigé, il peut avoir des conséquences incalculables non seulement sur la marche de l'industrie, mais sur la mentalité même de l'Annamite, sur le rapprochement tant désiré entre lui et nous. Ce rapprochement, il faut le hâter de toutes nos forces, par tous les moyens possibles ; jusque-là notre établissement, malgré toutes les bonnes volontés, sera précaire.

Il importe donc d'orienter un certain nombre d'indigènes vers les professions manuelles. Leur curiosité, leur habileté sont de précieux appoints pour atteindre ce but : l'apprentissage pratique d'une profession. « C'est en maniant l'outil, en apprenant le fonctionnement des machines, en appréciant, en constatant les merveilles de notre industrie que l'Annamite comprendra notre civilisation. Ainsi, nous lui donnerons le goût et le respect du travail, comme il a le goût et le respect plutôt excessifs des titres universitaires. Il ne s'agit pas de faire quelques dessinateurs ou bureaucrates ; pas même de très bons ouvriers, mais beaucoup, le plus possible, d'ouvriers passables[1].

1. Deherme, *la Coopération des idées*, n° 44.

M. Deherme qui a étudié sur place cette question préconise comme professeurs nos ouvriers de métier, seuls capables d'agir sur de tels élèves. Déjà du reste, un essai a été tenté à Hanoï : une école professionnelle y a été fondée par la Chambre de commerce.

C'est cet essai qu'il importe de généraliser. Les fonds qui y seront employés ne seront pas perdus pour la cause de la colonisation. Ils la serviront puissamment, car encore une fois c'est par là que nous aurons prise sur l'indigène, c'est par là que sans s'assimiler à nous, ce qui est à jamais impossible, il s'en rapprochera sensiblement.

Un autre intérêt puissant de cette organisation d'apprentissage, c'est que les salaires s'élèveront avec la valeur des sujets. Et que de l'élévation des salaires naîtra forcément, comme elle est née partout, une somme plus grande de besoins, un nombre toujours plus considérable de consommateurs des produits de la métropole ou de la colonie.

Cela vaudra mieux que de faire ânonner quelques phrases de français à des centaines de jeunes Annamites qui se croient de petits mandarins, et qui, ayant le mépris des métiers manuels, formeront bientôt une catégorie dangereuse d'oisifs et de déclassés.

Au contraire, l'ouvrier annamite qui pendant deux ans aura fait à l'atelier ou à l'école professionnelle un apprentissage pratique de mécanicien, de menuisier, de tanneur, d'électricien, etc., trouvera toujours un emploi rémunéré ; il ne sera pas exposé à rechercher les besognes faciles et louches qui sont parfois la dernière ressource des demi-lettrés de tous pays.

Les plus intelligents et les plus travailleurs d'entre ces ouvriers seront bien vite distingués par les industriels. Ils deviendront des contremaîtres, des auxiliaires de la direction, représentant un élément fixe, permanent, si difficile à obtenir actuellement à cause des vides que produisent parmi les Européens les maladies et les longs congés. Ces longs congés en France sont indispensables tous les 2 ou 3 ans à presque tous ceux de nos compatriotes qui travaillent sous ce climat déprimant. Ils sont la condition même de ce travail. Mais ils obligent l'industriel à avoir un personnel de contremaîtres double et parfois triple de celui qu'il aurait en Europe, afin de parer par le roulement aux vides que créent les maladies et les retours en France. De là, un surcroît de frais qui grève lourdement les entreprises, surtout les petites, à capital restreint. Avec des contremaîtres annamites, cet inconvénient est évité ; et de plus une régularité plus grande du travail est assurée.

N'est-il pas permis de supposer que chez ces indigènes que leur intelligence et leur activité auront promus à cette situation intermédiaire entre l'ouvrier et le patron, il se formera peu à peu une conscience, une notion des devoirs et des responsabilités ? N'est-il pas permis de supposer que grâce à cette solidarité, un rapprochement se fera entre les deux civilisations ?

Nous croyons fermement qu'il n'y a pas là un rêve, une utopie ; nous croyons fermement aux résultats féconds de cette collaboration à l'atelier et à l'usine. Depuis que d'autres « Jaunes » ont prouvé les surprises que leur race réservait au monde, il n'est pas présomptueux d'assigner dans l'avenir un rôle précieux à nos sujets d'Indo-Chine.

C'est au Gouvernement, c'est à nos industriels à préparer ce nouvel état de choses, à vouloir que les intérêts des conquérants et des vaincus se rapprochent. La création de l'apprentissage d'un prolétariat industriel indigène est un des moyens les plus efficaces[1].

Ce ne sera pas l'œuvre d'un jour ; il y faudra des années de persévérance et des crédits assez élevés. Mais en matière de colonisation, il en va ainsi de tout. Le résultat est lointain, mais l'effort est à donner immédiatement ; les sacrifices sont à faire de suite.

1. Dès 1885, dans leur livre *l'Indo-Chine française*, MM. Bouinais et Paulus indiquaient ce moyen : « Si nous savons, écrivaient-ils, tout en pénétrant mieux chaque jour le caractère de nos sujets, les élever jusqu'à nous par un apprentissage gradué, par la fondation d'écoles modèles pour l'agriculture ou pour l'industrie, nous nous créerons d'intelligents collaborateurs et nous associerons notre puissance politique tout en développant notre richesse. »

Nous voyons nettement dans un avenir prochain un développement considérable de l'industrie tonkinoise par la transformation des produits du sol et du sous-sol ; de nombreuses mines attirant la main-d'œuvre préparée par l'enseignement professionnel. Nous voyons non moins nettement les terres malencontreusement concédées, revenir à l'agriculteur annamite qui leur fera rendre ce qu'elles ne produisent plus. Mais sur ce point, notre tâche ne sera pas encore remplie. Il faudra que la science vienne au secours du cultivateur. Il faudra aussi que le système des barrages dont les Anglais ont fait dans la Haute-Égypte une si remarquable application soit établi dans le Haut-Tonkin : on peut dire aujourd'hui que de Ouadi Halfa à la mer, pas une goutte de l'eau du Nil n'est perdue pour la culture du maïs, du coton ou de la canne à sucre. Il faudra qu'un jour vienne où de Laokaï à la mer, pas une goutte de l'eau du fleuve Rouge ne soit perdue. Tâche considérable, ingrate, qui se poursuivra lentement, mais qui sera l'honneur et le titre de gloire de celui qui l'entreprendra : car elle décuplera la production agricole du pays, le mettra à l'abri des famines, et lui donnera une puissance d'exportation qui assurera à jamais sa prospérité.

Les impôts.

Le retour à l'agriculture indigène des terres

concédées, l'extension par une irrigation méthodique des surfaces cultivables, auront en outre un résultat intéressant au point de vue de l'impôt qui pèse sur l'indigène.

Il s'agit, en effet, de tirer de la population du Tonkin qui est d'environ 7 millions d'habitants de quoi payer les dépenses toujours croissantes du budget local du Tonkin qui est de 14 millions de francs pour l'année 1906. Ce sont ces 14 millions qu'il s'agit de trouver[1].

On les obtient par deux sortes d'impôt direct: 1° un impôt foncier sur les terrains cultivés dont l'assiette varie suivant la nature des terres ; 2° un impôt personnel sur les terres ; puis par des taxes indirectes dont les principales frappent l'alcool de riz, le sel, l'opium ; c'est l'ensemble de l'organisation fiscale de M. Doumer.

Il est évident que le premier des impôts directs, celui sur les terrains cultivés, donnerait un rendement bien plus considérable le jour où les surfaces actuellement encore en friche seraient mises en valeur. En outre, cette augmentation permettrait sinon de supprimer, du moins de diminuer, celle des trois taxes indirectes qui pèse le plus lourdement sur la colonie : nous voulons dire la taxe sur le sel. Elle frappe un produit de première nécessité pour l'alimentation de l'indigène en général, et notamment pour la préparation du

1. Le budget total de l'Indo-Chine est de 77 millions de francs.

poisson salé dont il fait une grande consommation. Or, ce droit varie, suivant les provinces et les saisons, de 4 à 5 francs par 100 kilogrammes. C'est un des impôts qui soulèvent le plus de mécontentements, et dont il faut souhaiter et hâter la diminution.

Les deux autres taxes qui alimentent le budget du Tonkin, sont la taxe sur l'alcool et celle sur l'opium ; elles donnent lieu à une fraude considérable. L'opium, qui est fourni par les Chinois du Yün-nan ou par les Indes à l'administration de la Régie, représente sous un petit volume une valeur importante. Aussi est-il l'objet d'une active contrebande pour laquelle l'ingéniosité des Chinois importateurs n'est jamais à court d'inventions. Retenues par un poids calculé à une certaine profondeur au-dessous de la surface de l'eau, les petites caisses d'opium venant du Yün-nan descendent le fleuve Rouge au bout d'une longue corde invisible attachée à la quille du bateau. Malgré la contrebande, l'opium fournit au budget de l'Indo-Chine un appoint important. Bouilli et mis en boîtes par l'Administration, il est vendu par elle à un prix qui varie de 4 francs à 4 fr. 50 la boîte de 40 grammes, ce qui représente plus de 100 francs le kilogramme.

L'alcool de riz est fabriqué uniquement dans les grandes distilleries installées à l'européenne à Nam-Dinh, à Hanoï et à HaïDzuong. Toute fabrication autre que celle qui est faite par les procédés perfectionnés qu'emploient ces usines est interdite. Les distilleries indigènes ont dû disparaître les unes après les autres. Et il y a aujourd'hui un véritable monopole de fabrication. A ce monopole de fabrication est venu se joindre depuis 1903 le monopole de la vente, en faveur d'une société fermière. C'est elle qui paie la taxe à l'administration. Moyennant quoi, elle prend livraison de l'alcool dans les distilleries européennes, et le transporte dans les centres les plus importants de chaque province. Là elle le cède à des débitants en gros, qui eux-mêmes le vendent à des détaillants. C'est à ces derniers que le consommateur s'adresse. L'écart entre le prix auquel chacun de ces intermédiaires prend livraison et celui auquel il est autorisé à vendre, constitue son bénéfice. Si par exemple l'Administration cède le litre d'alcool au prix de 0 fr. 62 à la société fermière, celle-ci le vend 0 fr. 70 au débitant en gros qui à son tour le vend au détaillant au prix de 0 fr. 72. Enfin le détaillant livre le produit au consommateur à 0 fr. 75.

Cette organisation compliquée, coûteuse, aggravée par une réglementation minutieuse, est vexatoire pour l'indigène qui est obligé d'aller chercher souvent loin de sa maison et d'acheter en bouteille un produit qu'il était habitué à fabriquer lui-même ou qu'il pouvait tout au moins se procurer à sa porte. Il se souvient du temps où la fabrication se faisait à domicile, dans la paillote familiale, avec un four et un alambic. Et il cherche parfois à tromper la surveillance de l'Administration pour se procurer à bon marché cet alcool dont il est très friand, à l'époque de certaines fêtes, notamment celles du Têt, le nouvel an annamite.

Pour empêcher la contrebande de l'opium et la fabrication clandestine de l'alcool, qui enlèveraient à la Régie le plus clair de ses revenus, pour découvrir les recéleurs, il a fallu créer à grands frais et entretenir toute une armée d'agents chargés de rechercher les fabricants ou recéleurs d'alcool, les importateurs d'opium en contrebande. Les traitements de cette nuée d'agents des douanes et régies absorbent 10 pour 100 des recettes de la colonie. Ces agents ne représentent pas toujours l'élite des fonctionnaires ; leur tâche est pénible, ingrate, et les difficultés, les résistances ou les ruses qu'ils rencontrent dans l'accomplissement de leur mission les ont portés souvent à interpréter dans un sens tracassier les instructions qu'ils reçoivent. De là des abus qui soulèvent la réprobation et la colère légitime des indigènes.

On a vu, au cours de l'année 1905, des agents de la Régie s'approcher de certains villages qui leur avaient été signalés comme renfermant de l'alcool fabriqué en fraude. On les a vus se saisir des indigènes qui travaillaient aux rizières à proximité du village suspecté, les ligoter afin de s'assurer qu'ils n'iraient pas annoncer la venue des agents. Inutile de dire que la douceur ne préside pas à ces opérations de police sommaire. Puis les agents pénètrent dans le village, font irruption dans la maison désignée, et sous prétexte de perquisition, la bouleversent. C'est l'atteinte brutale à l'inviolabilité du logis, de ce logis qui contient l'autel respecté des ancêtres. Ces procédés sont blâmables. Ils ont soulevé dans le monde indigène une émotion intense. Pour une dénonciation d'un voisin, alléché par les primes accordées aux dénonciateurs, pour le plus léger soupçon, l'Annamite se voit exposé à ce qu'il considère comme un véritable sacrilège. Ce n'est là ni la sécurité, ni le respect que nous lui avons promis en échange de sa soumission ; ce n'est pas avec de pareils procédés qu'on gagnera sa sympathie.

Il est à souhaiter que ces procédés dangereux pour l'avenir de la colonisation soient définitivement abandonnés. L'émotion qu'ils ont soulevée a eu son écho dans deux déclarations récentes émanant l'une du gouverneur général par intérim, M. Broni, l'autre du directeur général des domaines et régies, M. Morel.

Le premier s'est exprimé en ces termes[1] : « Le budget général de l'Indo-Chine qui supporte la charge, plus lourde d'année en année, de l'amortissement des emprunts et des grands travaux

1. Circulaire eu date du 16 octobre 1905, datée d'Hanoï signée Broni, adressée à MM. les chefs des administrations locales de l'Indo-Chine.

publics en cours d'exécution, est alimenté, pour une forte partie, par le produit des régies. Leur rendement ne saurait être diminué sans risquer d'acculer le gouvernement général à l'obligation de renoncer à la grande entreprise de colonisation que la France poursuit en Extrême-Orient depuis tantôt un demi-siècle, et qui a déjà donné de si remarquables résultats. Il apparaît donc que ce qui convient, dans les conjonctures actuelles, c'est de remédier aux inconvénients que l'expérience a spécialement mis en relief, en apportant les modifications reconnues nécessaires soit à l'assiette, soit aux *règles ou aux procédés de perception de certaines taxes,* qui semblent aux indigènes plus particulièrement lourdes et difficiles à supporter. » M. Morel, nommé récemment directeur des douanes et régies de l'Indo-Chine, recevant son personnel, vient de préciser encore davantage ce point délicat : « Nous devons, dit-il, faire des recettes. Elles sont indispensables à l'alimentation du budget général, mais nous ne devons pas, injustement, *molester les contribuables*. La plus grande loyauté et la plus grande prudence comme aussi une tolérance compatible avec les intérêts fiscaux, doivent présider à nos rapports avec eux, particulièrement avec les indigènes qui peuvent mal s'expliquer et se défendre contre les *procédés arbitraires*. J'espère que je n'aurai jamais à relever de *ces fautes contre le droit et la conscience.* » — Il est à souhaiter que ces prescriptions soient exécutées ; mais il faudra aller plus loin, il faudra en arriver à ce qu'une méthode nouvelle de perception des impôts soit appliquée. La vérité, c'est de mettre l'indigène non pas en face de nos agents de douanes qui ont les défauts inhérents à leurs fonctions, mais en face des mandarins auxquels nous devons restituer leur autorité. C'est eux qui sous le contrôle des hauts fonctionnaires français doivent être en rapport avec la commune annamite, avec les notables qui la représentent. Ce ne sont pas nos lois, ce ne sont pas nos règlements fiscaux compliqués, incompréhensibles pour l'Annamite, qui doivent être appliqués ; ce sont ses règles, ses habitudes séculaires qu'il faut lui rendre, avec la responsabilité des communes. Nous obtiendrons le même rendement, mais nous économiserons les frais d'une nuée de fonctionnaires ; nous éviterons le retour des brutalités que l'indigène ne peut admettre de notre part ; nous éviterons le mécontentement et les colères que soulève notre intervention tracassière. — Cette réforme qui aura le grand avantage de respecter les usages et les croyances les plus chères de l'indigène ne présente aucun inconvénient. Le recours à l'intermédiaire des autorités locales entre les fonctionnaires français et les Annamites a toujours donné de bons résultats. On l'a vu en 1892 lorsqu'il s'est agi d'opérer la pacification. Les mandarins avaient été dépouillés de tout pouvoir, on leur avait retiré la police du pays. La conséquence fut l'anarchie et la rébellion.

Le gouverneur général leur restitua, avec la responsabilité, l'autorité sur les forces de police. Cette réforme souleva de vives protestations chez les partisans de l'administration directe, qui prédirent les pires conséquences, prophétisèrent une insurrection. Ce fut le contraire qui se produisit. Les mandarins flattés de la confiance qu'on plaçait en eux s'efforcèrent de la justifier et contribuèrent puissamment à la pacification. Connaissant leurs concitoyens, les moyens de les persuader et de se faire obéir d'eux, ils furent, comme ils le seront toujours quand on le voudra fermement, nos meilleurs auxiliaires.

CHAPITRE VI

LA MISE EN VALEUR DU TONKIN

Dès le début de notre établissement au Tonkin, c'est vers la colonisation agricole que se sont portés les efforts de nos compatriotes. C'est avec dédain qu'ils considéraient la culture du riz ; victimes du mirage des *cultures riches*, ils se sont presque exclusivement tournés vers elles. De là les erreurs, les déceptions, parfois même des ruines. A la lumière de l'expérience acquise, il apparaît maintenant que les capitaux engloutis dans ces concessions eussent été plus utilement employés à la transformation des produits du sol et du sous-sol, à leur diffusion sur les marchés asiatiques et européens. Dans le domaine industriel, les méthodes européennes, basées sur la science, représentent un immense progrès sur les procédés primitifs des Asiatiques. Le produit une fois obtenu, la connaissance des marchés d'Europe, celle des emplois variés à l'infini de nos industries occidentales nous donnent une avance considérable sur les négociants d'Asie.

C'est donc bien vers l'industrie et le commerce qu'auraient dû tendre les efforts de nos premiers colons, s'ils avaient été mieux renseignés. Mais il faut dire, à leur décharge, que les concessions gratuites étaient bien tentantes et qu'ils disposaient de capitaux généralement peu importants. Avec ces capitaux, il ne pouvait être question de fonder des fabriques, des usines. Toute création d'entreprise industrielle aux colonies comporte aujourd'hui des dépenses plus considérables que dans la métropole : l'achat d'un matériel perfectionné et coûteux est augmenté des énormes frais de transport ; il faut produire vite et beaucoup avec des machines que la chaleur et l'humidité du pays détériorent rapidement. Le personnel est coûteux, parce qu'il s'agit d'amener d'Europe à grands frais des spécialistes. Et puis, ce personnel de direction et de contremaîtres doit être en double : il faut en effet parer aux maladies, aux congés.

L'INDUSTRIE.

Toute entreprise industrielle aux colonies et surtout en Indo-chine, à trente jours de la mère-patrie, comporte donc forcément la recherche de capitaux considérables.

C'était là un premier obstacle, car dans la période qui s'est étendue de 1885 à 1893, c'est-à-dire pendant les six ans qui ont suivi l'occupation, la France, nous l'avons vu, boudait le Tonkin. Les capitalistes ne voulaient pas plus entendre parler d'affaires à créer dans ce pays maudit que d'emprunts à émettre pour lui permettre la création d'un réseau de voies ferrées.

Un second obstacle résidait dans l'absence totale de main-d'œuvre industrielle. Il ne pouvait être question d'amener à grands frais des ouvriers de France : il fallait donc former de toutes pièces une main-d'œuvre annamite. Question grave, qui compliquait singulièrement toute tentative de création industrielle.

La filature de coton d'Hanoï avec 10 000 broches fut le seul essai qui fut tenté pendant cette période.

Ce n'est qu'après 1893 lorsque la pacification réalisée par M. de Lanessan fut à peu près complète, lorsque l'on commença à connaître mieux la jeune colonie, ce n'est qu'à partir de ce moment que des études sérieuses furent entreprises sur ses possibilités industrielles et commerciales.

Charbonnages.

Les charbonnages de Hong-haï, ceux de Kébao, des imprimeries, une fabrique d'allumettes, une briqueterie, une brasserie, une usine d'électricité, une filature de soie furent successivement fondés.

On connaît les vicissitudes par lesquelles ont

passé les mines de Hong-haï, dans la baie d'Along, M. Bavier-Chauffour en était le concessionnaire en 1888. Il trouva à Hong-Kong un capital de 4 millions. Ses débuts furent difficiles : tout était à créer au milieu de l'insécurité de cette côte constamment visitée par les pirates et où la main-d'œuvre était rare, peu aisée à maintenir. Mais depuis 1896 la société des charbonnages du Tonkin, substituée à la société primitive, a donné un essor à la production. Elle a connu, elle aussi, des épreuves et des déboires ; mais elle en a triomphé. Le capital-actions est de 3 millions, le capital-obligations de 1 million. Les actions sont de 250 francs. A partir de 1900 la société a commencé la distribution de dividendes qui ont varié de 50 à 60 francs par titre ; et comme on évalue à 50 millions environ de tonnes la quantité de charbon exploitable, cette entreprise a devant elle un avenir assuré,

Trois mille ouvriers sont employés aux charbonnages du Tonkin ; la plus grande partie travaille à ciel ouvert à flanc de coteau, sur les parois des montagnes disposées en étages. Un outillage perfectionné permet de charger jusqu'à 500 000 tonnes par an sur les navires à destination de Haïphong, de Hong-Kong, des ports du Japon et des Philippines. — D'autres régions de la même concession sont exploitées au moyen de puits. La production n'a fait qu'augmenter depuis 1900 : elle a passé successivement de 194 000 à 248 000 tonnes, pour atteindre en 1902 le chiffre de 315 000 tonnes. Une usine de briquettes a été récemment jointe à l'exploitation. — Cette entreprise, aujourd'hui entrée dans la voie du succès, fait le plus grand honneur à ceux qui l'ont continuée en dépit des prédictions pessimistes : et la large rémunération qu'elle procure aux capitaux engagés est la juste récompense des efforts passés.

Les bénéfices *nets* des charbonnages du Tonkin pour l'exercice 1905 sont de 1 766 000 francs. Ils permettent la distribution d'un dividende de 60 francs par action de 250 francs, après avoir porté 717 000 francs aux amortissements. — Le cours des actions a dépassé 1 300 francs.

Filatures de coton.

Parmi les autres entreprises qui ont été fondées au Tonkin depuis la conquête, il faut citer en première ligne les filatures de coton. Elles sont au nombre de trois. La plus ancienne a été créée à Hanoï ; les deux autres, de date plus récente, (1898-1901) sont établies, l'une à Haïphong, l'autre à Nam-Dinh.

Ces 3 filatures représentent ensemble 55 000 broches et produisent environ 3 millions de kilogrammes de filés de coton. Le capital total engagé dans ces 3 entreprises est de cinq millions de francs. Elles tirent leur matière première, le coton brut, d'une triple source : l'Amérique, les Indes, le Than-hoa (province de l'Annam).

C'est le n° 20 qui est fabriqué en plus grande quantité par ces filatures ; il est vendu aux négociants chinois, détenteurs du commerce de gros, et revendu par eux aux Annamites. Avec ce filé, on tisse à domicile les vêtements pour toute la famille. Ces usines livrent aussi du n° 10 qui se vend principalement dans le Kouang-si et le Yünnan, provinces chinoises limitrophes du Tonkin,

Malgré la production locale de 3 millions de kilogrammes, malgré la protection douanière dont elle jouit, il continue à entrer au Tonkin des filés de coton fabriqués dans les établissements de Hong-Kong. Cette circonstance est due à deux causes : la première c'est que certaines marques chinoises n'ont pu complètement être détrônées par les nôtres ; la blancheur, la qualité particulière de leur fil, les prédestinent à certains usages. La seconde cause de la persistance de cette importation, c'est que malgré les droits élevés qui les frappent, il y a parfois avantage pour les négociants chinois à faire entrer des filés de Hong-Kong et à les vendre à perte. Cette perte est alors compensée par des bénéfices sur de grandes affaires d'exportation de riz, qui autrement ne leur seraient pas possibles.

Un des problèmes les plus difficiles qu'ont eu à résoudre les deux filatures de coton qui se sont établies en 1900 et 1902 au Tonkin a été précisément celui de la main-d'œuvre indigène, problème dont nous avons posé les termes au cours de cette étude. Tout était à apprendre à ces ouvriers ou ouvrières improvisés. Les retenir pendant 10 ou 12 heures dans l'usine, leur apprendre leur besogne, les surveiller incessamment pour éviter les détournements ou l'abandon, ce fut là une rude tâche pour ceux qui eurent à l'assumer. Aussi y eut-il des tâtonnements, des fautes commises dont souffrirent ces entreprises, ballottées suivant les hommes qui les dirigeaient entre l'extrême sévérité ou un fâcheux laisser-aller.

Après quelques années, les choses se sont classées. Aujourd'hui la main-d'œuvre est telle que nous l'avons indiquée plus haut : habile, d'une assimilation facile à la tâche fixée ; mais légère et exigeant une surveillance continue.

Les marchés du Tonkin et des provinces de Chine absorbent et au delà la production des 3 filatures. Ce n'est pas de ce côté que peuvent venir les déboires, à moins de disette.

Les difficultés que rencontrent les sociétés anonymes qui gèrent ces établissement viennent d'autres sources que du marché de vente. Il y a d'abord les frais généraux qui, ainsi que nous l'avons expliqué plus haut pour toutes les industries coloniales, sont plus considérables que dans les établissements similaires d'Europe. Le personnel européen est coûteux ; de bons directeurs ou contre-maîtres ne se déplacent pas sans de gros traitements assurés. De plus, il faut que chacun d'eux soit doublé d'un collègue, capable de le remplacer en cas de renvoi, de maladie ou de congé en France. D'où doubles frais.

Une autre cause d'aléas vient de ce que, à pareille distance des points principaux de production du coton brut, les filatures sont obligées d'avoir un stock permanent assez considérable de matière première. Or, les fluctuations irraisonnées du coton, les baisses subites qui le frappent peuvent diminuer grandement les bénéfices et rendre par conséquent l'exploitation peu fructueuse. Au mois de mai 1904 le coton d'Amérique valait 110 francs les 50 kilogrammes, fin décembre de la même année il était tombé à 52 francs. Aux mêmes dates le coton des Indes passait de 71 à 42 francs les 50 kilogrammes. A cette situation, il pourra peu à peu être remédié grâce au développement et à l'amélioration de la culture du coton dans la province de Than-hoa et dans certaines parties du Tonkin. Ce coton du Than-hoa est blanc, d'un aspect agréable : mais la soie en est courte, irrégulière, rude, ressemblant beaucoup à celle des cotons de Chine. Depuis quelques années les indigènes ont commencé à ensemencer leurs terres avec des graines de coton d'Amérique, provenant notamment du Texas : il est à souhaiter que cette pratique se généralise : le rendement comme quantité et qualité du coton indigène pur est de 50 pour 100 environ inférieur à celui du coton d'Amérique.

Il pourrait se rapprocher peu à peu de ce dernier lorsque la routine des cultivateurs annamites aura cédé devant leur intérêt bien compris. Actuellement il ne peut être employé que pour la fabrication des filés n°s 4 à 10. Il pourra l'être plus tard pour la fabrication du n° 20 et des numéros supérieurs.

La production actuelle du Than-hoa est d'environ 400000 kilogrammes de coton brut par an. La majeure partie est achetée par les filatures du Tonkin pour la fabrication du n° 10 à destination des provinces méridionales de la Chine. Le prix qui varie chaque année est d'environ 50 francs les 50 kilogrammes.

Il a été fait aussi dans les filatures du Tonkin des essais de coton brut du Cambodge. Ce coton est d'une soie fine, nerveuse, brillante, se rapprochant des sortes d'Amérique. Mais son prix et sa qualité même le font rechercher surtout par les filatures japonaises et chinoises qui traitent les numéros fins. Et les filatures tonkinoises n'en ont pas continué l'emploi.

Il y a pour le coton un grand et bel avenir en Indo-Chine, et en ce qui concerne le Tonkin qui nous occupe plus spécialement, le jour où la production du Than-hoa sera augmentée et améliorée, les filatures de Nam-Dinh, d'Hanoï et d'Haïphong, trouvant la matière première à la porte même des usines, seront placées dans des conditions excellentes de production. Elles n'auront plus à subir les fluctuations déraisonnées que la spéculation fait supporter aux cotons américains ou indiens. Enfin la culture du coton sera pour l'indigène une source de revenus et de prospérité[1].

Cimenterie.

Une autre industrie née en 1899 au Tonkin s'y est développée avec succès. C'est la fabrication du ciment Portland artificiel. Les grands travaux publics entrepris depuis quelques années nécessitaient cette création. Le ciment venant de France est grevé d'un fret considérable à son arrivée au Tonkin ; et son prix de revient est très élevé. Une usine de ciments fut créée en 1899 à Haïphong avec des capitaux recueillis principalement dans les Vosges et à Lyon ; ce qui avait été déjà le cas pour la société cotonnière de l'Indo-Chine. La routine administrative hésita pendant quelque temps à adopter le ciment fabriqué à Haïphong ; mais elle dut s'incliner finalement devant l'excellente qualité du produit. L'usine se trouve en effet placée dans des condi-

1. Pour la Société cotonnière de l'Indo-Chine dont le capital est de 2 000 000 francs, le bilan de 1905 accuse un bénéfice qui a permis de distribuer au capital-actions un dividende de 5 1/2 %.

tions avantageuses. La composition du ciment est la suivante :

Silice.	22,71
Alumine.	7,16
Oxyde de fer.	3,28
Chaux.	64,30
Magnésie.	0,38
Acide sulfurique.	0,54
Produits non dosés. . . .	1,63
	100,00

L'usine trouve la matière première à la porte même : le calcaire est en effet extrait à quelques kilomètres de l'usine, à l'île des Deux-Songs ; il ne contient de la magnésie qu'en proportion insignifiante. Il présente donc chimiquement toutes les qualités désirables. — Quant à l'argile, le Cua-Cam qui baigne l'usine en fournit de qualité excellente. L'usine comprend 6 fours continus, occupe 600 ouvriers.

Sa production a passé successivement de 10 000 tonnes en 1902, à 13 000 tonnes en 1903, et à 22 400 tonnes en 1904. Le capital de la société est de 2 000 000 de francs.

Depuis 2 ans, la Société des ciments P. A. de l'Indo-Chine distribue des dividendes à ses actionnaires, tout en constituant d'importantes réserves. Le bilan de l'exercice 1904 accuse un bénéfice de 460 000 francs, qui a permis, après constitution d'importantes réserves, de distribuer aux actionnaires un dividende de 8 pour 100.

Outre le marché du Tonkin la société exporte quelques milliers de tonnes en Annam et en Cochinchine.

La consommation du ciment, tant pour les travaux publics que pour les entreprises privées, est telle que l'importation des ciments de France n'a pas été complètement arrêtée : et que les marchés d'Indo-Chine en demandent encore à nos usines de Boulogne et de Marseille.

Distilleries.

Une troisième industrie qui a eu plein succès est celle de la distillerie. C'est à l'alcool de riz qu'elle s'applique.

Jadis, la fabrication de l'alcool était répandue sur toute la surface du Tonkin : un four et un alambic y suffisaient. Les distillateurs étaient légion. L'alcool était pour ainsi dire fabriqué et consommé sur place. L'Administration des douanes et régies de l'Indo-Chine a transformé radicalement cet état de choses. Elle a imposé aux distillateurs l'emploi des procédés européens les plus perfectionnés et les plus coûteux, édicté des règlements si minutieux et si sévères relativement à l'installation même des distilleries, que du coup toute la fabrication faite par les indigènes a été supprimée : ils n'avaient ni les capitaux ni les connaissances techniques nécessaires pour la continuer : mais la dépossession dont ils ont été victime n'est pas une des moindres causes de leur mécontentement actuel. On a oublié qu'il ne faut toucher qu'avec ménagement aux habitudes et à ce qu'un peuple ancien considère comme un droit.

C'est de cette situation qu'à tiré partie la société des distilleries de l'Indo-Chine. Cette société, au capital actions de 3 millions 500 000 francs, possède dans ses usines d'Hanoï et de Nam-Dinh un outillage de premier ordre.

La production s'est élevée en 1904 à 46 800 hectolitres d'alcool pur. Le matériel des deux usines est en voie de doublement, et produira en 1905 environ 72 000 litres d'alcool pur.

Les bénéfices de l'année 1904 ont été de 701 000 francs, et ont permis de distribuer aux actionnaires un dividende de 50 francs par action de 500 francs, soit 10 pour 100, tout en augmentant de 265 000 francs les réserves de la société.

L'augmentation éventuelle de la production a motivé en 1905 l'émission d'obligations pour une somme de 4 000 000 de francs.

Le capital de la Société est donc aujourd'hui porté à 7 000 000 de francs.

Parmi les autres industries qui méritent d'être signalées, il faut mentionner les usines de la société indo-chinoise d'électricité, au capital de 2 800 000 francs.

Ces usines sont établies à Haïphong et à Hanoï.

Les bénéfices de l'année 1903 se sont élevés à

248 000 francs, et ont permis de donner un dividende de 5,30 pour 100 aux actionnaires, après avoir inscrit 100 000 francs aux réserves.

Fabrique de fécule.

Une usine de manioc a été fondée près d'Hanoï. Elle exporte en France 50 tonnes de fécule de manioc par an, et livre à la consommation indo-chinoise environ 10 000 kilogrammes de tapioca. Dans son rapport à la Chambre de commerce de Lyon sur l'exposition d'Hanoï, M. Frachon cite à ce propos le fait suivant qui se passe de commentaires : « Pour ce manioc qui fournit un tapioca au moins égal aux meilleures qualités du Brésil, on est obligé de le vendre en France sous la rubrique de cette provenance pour le faire accepter de la clientèle, tant la routine et les préjugés sont tenaces dans le public. »

Filature de soie.

Une filature de soie a été établie au Tonkin à Nam-Dinh. Son avenir est lié à la question de la soie elle-même.

Les desiderata de la Chambre de commerce de Lyon ont été présentés sur ce point par M. Ulysse Pila, membre de cette compagnie, et marchand de soie, à l'occasion de la visite de M. Beau à Lyon en décembre 1905. D'après lui ce qui importe avant tout c'est d'améliorer la race même du ver à soie, par la sélection des graines et par des croisements judicieux : le cocon est actuellement trop faible, trop mou pour se prêter aux manipulations dont il doit être l'objet. C'est à l'administration, qui a le temps devant elle, de constituer un personnel spécial chargé d'aller à Canton étudier les méthodes de traitement, et d'installer ensuite dans les villages du Tonkin des magnaneries modèles, avec des avantages et des primes pour les indigènes dont les récoltes donneraient de bons résultats.

Dans ces mêmes villages seraient établies par l'administration des filatures simples à feu nu, où les indigènes apporteraient leurs cocons, qui seraient filés pour leur compte et leur seraient payés. Lorsque le paysan annamite s'apercevra que le prix de la soie ainsi traitée est presque le double du prix auquel il la vend à l'heure actuelle, il sera encouragé à produire beaucoup. Et l'abondance de cocons permettra l'organisation de maisons d'achat, et de filatures européennes.

A la suite de cet exposé, la Chambre de commerce de Lyon a émis le vœu suivant : « Que la régénération et l'extension de la sériciculture soient demandées non pas à l'introduction de races annuelles de vers à soie d'Europe, mais à l'éducation rationnelle et méthodique des races indigènes polyvoltines sélectionnées, d'après le système Pasteur, dans des stations séricicoles locales ; que des graines de vers à soie ainsi sélectionnés soient distribuées par les soins de ces stations, avec les instructions nécessaires ; que la plantation des mûriers dans les terres propices à cette culture soit favorisée par des encouragements spéciaux, tels que primes diverses, remises partielles ou totales des impôts des sériciculteurs, paiement en cocons de ces impôts, etc... ; enfin que l'installation de petites filatures familiales soit encouragée par les mêmes moyens, du moins pendant la période de début. »

Une société vient de se fonder au Tonkin, à Dap-cau, pour transformer en papier l'herbe de la brousse et la paille de riz. Le capital est de 700 000 francs. Cette entreprise bénéficiera d'un droit de douane de 13 francs par 100 kilogrammes sur les papiers d'origine étrangère. Enfin l'étain commence à être dans les environs de Cao-bang, l'objet d'une exploitation méthodique.

Toutes les entreprises que nous venons d'énumérer ont eu ou auront des débuts difficiles : tout est à apprendre, et chacune a dû faire ou fera à ses dépens sa propre expérience. Mais la plupart d'entre elles rémunèrent aujourd'hui largement les capitaux qui s'y sont engagés.

Peu à peu les questions si complexes du personnel européen et de la main-d'œuvre se résolvent. Les étrangers qui visitent le Tonkin sont frappés de l'effort qui y a été fait déjà au point de vue industriel, effort d'autant plus méritoire qu'ils savent combien grande était la timidité des capitaux métropolitains.

Ce n'est plus guère qu'en France qu'on ignore ou qu'on critique ces premiers jalons posés sur la route où nos capitalistes peuvent s'engager chaque jour avec plus de confiance. Chez les uns c'est parti pris : la colonisation est mauvaise dans son essence : nous ne sommes pas faits pour coloniser, etc... Et on se refuse à voir les réalités les plus visibles.

En 1890, à la séance de la Chambre des députés du 27 novembre, M. Clémenceau, député, s'adressait en ces termes au ministre des Colonies : « Puisque vous êtes de grands colonisateurs, eh bien! colonisez. Qu'on voie ces colonies, qu'on voie les capitaux s'y installer, les colons y arriver, l'industrie y prospérer, le commerce s'y établir, y trouver des débouchés nouveaux. Soit! faites-le. Mais jusqu'à présent, vous n'avez exporté que des fonctionnaires qui nous coûtent très cher et semblent n'avoir d'autre tâche que de tout empêcher. »

Après ce que nous avons exposé, il semble qu'il y a quelque chose de changé, au point de vue industriel notamment, et que les capitaux prennent plus volontiers qu'autrefois le chemin des colonies.

Le commerce.

Le Tonkin est remarquablement placé au point

de vue commercial. A la porte de trois provinces chinoises, le Yunnan, le Kouang-si et le Kouang-toung qui sont encore peu développées, il tirera par ce fait et si nous savons le vouloir, tous les avantages de son organisation commerciale et industrielle, en avance sur celle de ses voisins.

Malgré les difficultés de la navigation sur le fleuve Rouge pendant les mois d'hiver, à cause des basses eaux, c'est une artère précieuse dans l'organisme du Tonkin. Il est certain que, malgré la voie ferrée, le fleuve Rouge est et continuera à être pour les marchandises lourdes, riz, briques, ciments, charbon, minerais, etc. une voie de communication précieuse. Pendant la période des hautes eaux la navigation des chaloupes se continuera jusqu'à Laokaï. Quant aux jonques elles remonteront en toutes saisons à vide pour y chercher du fret et redescendre dans le Delta.

Les sommes qui seraient employées à régulariser le cours du fleuve ne seraient donc pas perdues, et il faut espérer que ce point de vue ne sera pas abandonné. Ce qui se passe en Europe prouve surabondamment que les chemins de fer ne sauraient suffire à tout ; que les rivières et les canaux reprennent aujourd'hui en Allemagne, en Belgique, en France, une importance qu'on ne soupçonnait pas. La voie ferrée et la voie d'eau doivent se prêter un mutuel appui. On revient peu à peu en France à cette notion trop méconnue. Depuis 15 ans, l'Allemagne nous a devancés : on sait quel prodigieux accroissement de prospérité économique elle doit au rapide aménagement de ses cours d'eau. Il en sera de même partout, et notamment au Tonkin.

Le port d'Haïphong.

L'aboutissant de toute la circulation par voie ferrée, par rivières et canaux est le port d'Haïphong.

Si par hypothèse on avait à créer de toutes pièces un port vraiment pratique, il est peu probable que c'est en ce point qu'on l'établirait. La baie d'Along par ses eaux profondes est autrement avantageuse aux gros navires.

Mais il est peu probable que l'état de choses actuel soit modifié, au moins de quelque temps. De tels sacrifices ont été faits à Haïphong qu'on a reculé devant la perspective d'un bouleversement. Et on tend seulement à améliorer Haïphong, à augmenter la profondeur du port, la longueur de ses quais, à le munir de l'outillage complet qui lui fait encore défaut. La profondeur actuelle du port ne permet pas aux grands navires d'y accoster. Il faut pouvoir le creuser jusqu'à ce qu'on puisse atteindre une hauteur d'eau de 8 m. 50 au moins. Les travaux, ainsi que ceux de construction de vastes quais vont commencer incessamment.

Tel qu'il pourra être bientôt avec ses fleuves et

ses canaux améliorés, sa ligne ferrée d'Haïphong à Laokaï par Hanoï, celle d'Hanoï à Vinh, et le port d'Haïphong, le Tonkin a déjà les éléments suffisants pour une circulation commerciale intense, pour la mise en valeur de surfaces jusqu'ici négligées, et aussi pour un commencement sérieux d'exploitation de son sous-sol.

A ce dernier point de vue nous avons déjà vu ce que produisent en charbon les mines de Hong-hay. Mais d'autres ressources minières existent au Tonkin, dont l'inventaire se fait peu à peu : ce sont les gisements de minerai de fer de la région de Thaïnguyen, qui permettraient la création d'usines métallurgiques, et les gisements de cuivre de la rivière Noire. La création de ces industries au Tonkin avec le débouché de la Chine donnerait au port d'Haïphong une activité nouvelle.

Actuellement le tonnage des navires et jonques de ce port est de 323 000 tonnes pour l'année 1904, sur lesquelles la France figure pour 196 000.

Ce sont les Messageries maritimes fusionnées avec l'Est asiatique, et d'autre part la Société des chargeurs réunis qui font la majeure partie du trafic entre la France et la colonie. Les Messageries maritimes ont tous les 15 jours un service postal par grands paquebots, de Marseille vers Saïgon, avec transbordement à Saïgon pour Haïphong. La durée du trajet est de 30 jours.

De plus cette même société fait partir de Dunkerque le 13 de chaque mois un cargoboat qui fait escale au Havre, à Marseille, et repart de ce dernier port le 30 de chaque mois pour Haïphong. Il y a en outre en mars, septembre et décembre un cargoboat supplémentaire.

La Société des chargeurs réunis a également un service mensuel sur Haïphong par Dunkerque, le Havre, Bordeaux, Marseille.

Les tarifs de ces deux Sociétés sont les mêmes. Ils sont calculés au mètre cube ou à la tonne, suivant la nature des marchandises. Le fret lui-même varie suivant la catégorie à laquelle appartient la marchandise.

Il est intéressant de signaler quelques-uns de ces prix pour les plus importantes marchandises: ainsi les ciments paient 27 fr. 50 par tonne de Marseille à Haïphong; le sucre, les objets en acier, les engrais, la farine, le fer brut, les poutres en fer de 8 mètres, le lait condensé paient 50 francs la tonne.

Le prix est plus élevé pour les cafés en sacs, les barres et poutres de fer de plus de 8 mètres, le papier, les vins en fûts simples. Tous ces produits paient 70 francs la tonne.

D'autres marchandises sont taxées généralement au mètre cube : l'amidon, l'aniline, les bougies, les conserves, les filés de coton, la ferblanterie, les parapluies et ombrelles en coton, la toile cirée, etc... Tous ces produits sont taxés à 50 francs le mètre cube.

Enfin les étoffes d'ameublement, les armes, la

bonneterie, la confiserie, les jouets, les matières colorantes, les ombrelles et parapluies en soie, la parfumerie paient 75 francs le mètre cube.

Pour atténuer ces prix de fret et favoriser les importations, des ristournes sont consenties par les compagnies de navigation sur les prix nets du fret tels que nous venons de les indiquer.

Ces ristournes vont de 1 pour 100 jusqu'à 20 pour 100.

En voici les principales échelles :

Bonification de	1 %	pour un fret	minimum	annuel	de 5000 fr.
—	5 %	—	—		50000 —
—	10 %	—	—		100000 —
—	15 %	—	—		150000 —
—	20 %	—	—		200000 —

Au delà de ce chiffre interviennent des accords particuliers entre les compagnies et les importateurs.

Organisés comme ils le sont aujourd'hui entre la métropole et la colonie, et reliés à Hong-Kong par d'importantes annexes, les services de navigation sont à même de faciliter le mouvement commercial et de faire face à son développement. En outre des deux grandes compagnies de navigation françaises les transports entre le Tonkin et Hong-Kong sont assurés par la compagnie allemande Iebsen, de Hong-Kong, et par la compagnie de navigation tonkinoise Marty.

Exportations.

La proximité de la Chine, du Japon, des îles de l'Océan, où vit une population jaune nombreuse et prolifique, assure au Tonkin la vente de tout le riz qu'il ne consomme pas ; et sa production pourrait être triplée sans qu'il y ait jamais pléthore de cette denrée.

En 1901 le Tonkin a exporté		150 000	tonnes de riz.
— 1902	—	128 000	—
— 1903	—	89 000	—
— 1904	—	97 000	—

Lorsque les surfaces cultivées en riz seront augmentées au fur et à mesure des irrigations et de la mise en valeur des bonnes terres, l'exportation s'accroîtra et se régularisera : les circonstances locales qui influent sur la récolte de telle ou telle province devant avoir forcément de moins en moins d'influence sur la production globale. Le maïs, le ricin, la ramie, le jute, le tabac et le thé sont des produits qui viennent parfaitement dans certaines régions du Tonkin : leur culture se développe et apportera bientôt un contingent intéressant au chiffre des exportations : mais sous l'expresse condition que ces cultures soient laissées à l'Annamite. Nous pouvons la lui faciliter par nos capitaux et l'enseignement des méthodes qui ont fait leurs preuves ailleurs.

Il a été produit, en 1905, 142 000 kilogrammes de café.

La badiane et l'essence de badiane produites dans la région de Langson sont dirigées sur la France, où elles sont de suite absorbées par la fabrication des parfums et de certaines boissons.

Le port d'Haïphong en exporte annuellement environ 50 000 kilogrammes. Le prix de vente en France varie entre 12 et 14 francs le kilogramme[1].

Le caoutchouc fait depuis quelques années l'objet d'une exportation régulière vers la France. Il est produit dans le Haut-Tonkin et au Laos. La qualité en est appréciée : le prix de vente en France varie de 10 à 11 francs le kilogramme. Le marché de Paris est acheteur de tous les lots qui lui sont présentés. L'exportation sur France en 1904 a été de 164 000 kilogrammes par le seul port d'Haïphong.

Le benjoin du Tonkin est très goûté par nos parfumeurs : c'est encore un produit à développer et dont la vente est assurée : le prix varie de 3 à 9 francs le kilogramme suivant les qualités, et la poussière de benjoin trouve acheteurs à 1 franc, 1 fr. 25 le kilogramme.

Nous en dirons autant du stick-lac qui est un produit dont la matière première est fournie par

1. Dans son numéro de janvier 1906 le Bulletin économique de l'Indo-Chine contient sous la signature de M. Eberhardt d'intéressants détails sur la culture de la badiane, et sur l'avenir que pourrait lui assurer une exploitation méthodique.

les sécrétions d'un insecte qui vit en abondance sur certaines espèces de bois. Il y a plusieurs qualités de stick-lac, suivant la nature de l'arbre sur lequel il est récolté. Le produit est d'abord séparé du bois par un lavage, puis réduit en poudre et mis en fusion. Il se vend sous la forme de minces lamelles, et fournit un vernis qui sous le nom de shellac est très apprécié dans la carrosserie, l'ébénisterie et pour certains appareils électriques. Cet article peut atteindre un chiffre d'exportation important. Une autre fabrication que l'avenir verra se développer au Tonkin est celle des *nattes*. Les capitaux ont manqué jusqu'à ce jour aux Annamites pour les produire grandement. Seuls quelques commerçants chinois en ont tiré parti et les vendent à Hong-Kong pour la consommation chinoise ou à destination de l'Angleterre et de l'Amérique.

On peut évaluer à environ 25 millions de francs l'exportation des produits du Tonkin, qui se fait par le port d'Haïphong vers la Chine et l'Europe. Sur ces 25 millions, 4 millions sont à destination de la France : le reste consistant surtout en riz est dirigé sur la Chine.

On peut dire sans utopie que ces chiffres pourront être triplés dans un avenir prochain, si la voie normale de retour de la terre à l'indigène est enfin suivie, et si d'autre part le gouvernement de l'Indo-Chine peut porter vers l'irrigation ses efforts et des capitaux que seul il peut appliquer à cette tâche.

Cette augmentation de la production agricole serait non seulement un bienfait pour le pays par la richesse qu'elle y créerait : mais elle aurait encore une autre conséquence qui n'est pas à dédaigner. C'est d'établir une sorte d'équilibre commercial dont le manque provoque parfois une gène et des crises graves dans la colonie.

Ce résultat ne peut-être atteint qu'en accroissant les surfaces de culture, et nous le répétons, c'est une question d'irrigation entreprise en grand, par l'administration elle-même, au moyen d'un emprunt de la colonie, qui retrouverait bien vite la compensation du sacrifice pécuniaire qui lui serait demandé.

L'augmentation de la surface cultivée aurait pour corollaire une production intense et l'accroissement de l'exportation : le riz, le coton, le maïs, le manioc, pour ne parler que des produits les plus importants et déjà cultivés au Tonkin, feraient l'objet d'une exportation telle que bientôt l'écart entre les importations et les exportations de la colonie disparaîtrait pour son plus grand bien — en même temps qu'il éviterait au commerce les pertes qu'il a trop souvent connues.

Tout permet de présager qu'on va entrer dans cette voie nouvelle et féconde de la colonisation.

La direction des Travaux publics de l'Indo-Chine a présenté au Conseil supérieur de l'Indo-Chine de 1905, un programme de travaux d'irrigation. En ce qui concerne le Tonkin ce rapport estime que pour les terres où il se fait deux récoltes par an par suite de la disposition avantageuse du sol, une augmentation de 60 francs par hectare pourrait être obtenue. Pous les terres moins bien placées, qui en hiver pendant la saison sèche sont souvent incultes, les travaux d'irrigation permettraient d'obtenir pendant cette saison une récolte d'une valeur brute de 120 francs par hectare.

Ce sont les provinces d'Hanoï, d'Haïduong, de Bac-Ninh, de Hung-Yen, de Thaï-Binh, c'est-à-dire les provinces du Delta, qui seraient dotées de ces travaux. La construction des canaux représenterait une dépense de. . . 10 800 000 fr.

Le coût des usines et prises d'eau serait de. . . . . . 6 600 000 fr.

Soit un total de. . 17 400 000 fr.

Ces chiffres vont faire l'objet d'études et de discussions : mais si même ils doivent être un peu majorés, le budget du Tonkin nous paraît à même de supporter la charge des annuités afférentes à un emprunt qui serait affecté à l'exécution de ces travaux. Il n'y en a pas de plus urgents, de plus utiles. Au bout de très peu d'années les rentrées d'impôts sur les terres ainsi mises en valeur, soit environ 120 000 hectares, permettraient à la colonie de récupérer, et au delà, les sommes déboursées. Il faut avoir présent à l'esprit ce qu'ont fait les Anglais aux Indes d'abord, en Égypte ensuite.

« L'État anglais, dit Seeley dans son livre l'*Expansion de l'Angleterre*[1], est puissant dans l'Inde, mais la nationalité anglaise n'y est qu'une imperceptible goutte d'eau au milieu de l'océan des populations asiatiques. Or, quand une nation s'étend sur des territoires étrangers, qu'elle y rencontre d'autres nationalités qu'elle ne peut ni détruire ni chasser, elle a à lutter contre une difficulté grande et permanente, les nationalités sujettes ne pouvant être parfaitement assimilées ; d'où une cause de faiblesse et de danger. » — Qu'a donc fait l'Angleterre pour parer à ces dangers ? Elle a notamment affecté plus de 600 millions aux travaux d'irrigation, amenant ainsi la prospérité là où sévissait autrefois la misère, là où les disettes causaient une effroyable mortalité. Par ce moyen elle a en même temps agi fortement sur l'esprit des Indiens, affermi sa domination sur d'immenses territoires en supprimant les causes de révolte, bien mieux que n'auraient pu le faire des légions de fonctionnaires.

Après les Indes, l'Égypte est témoin du même phénomène. Patiemment, depuis vingt ans, l'Angleterre y poursuit son œuvre de conquête, et un des moyens les plus puissants qu'elle ait trouvés est la mise en valeur, par le gigantesque barrage d'Assouan, des parties incultes de la Haute-Égypte.

1. *L'Expansion de l'Angleterre*, par Saley, professeur à l'Université de Cambridge, traduction Rambaud et Baille.

C'est une augmentation de prospérité, une source nouvelle de richesse ; mais c'est aussi une puissante réclame pour légitimer le maintien de l'Angleterre dans la vallée du Nil.

Il en est de même au Tonkin. La mise en valeur de 130 000 hectares de terrain dans le Delta ne sera pas seulement une cause de prospérité pour le pays ; elle aura un autre effet. Plus que tous les discours, plus que toutes les déclarations platoniques, elle prouvera à l'Annamite le concours que nous sommes capables de lui apporter pour améliorer sa condition parfois si misérable lorsque la sécheresse ou l'inondation lui enlève le fruit de son labeur. En voyant le culte qu'il a pour la terre à laquelle il est attaché, on comprend quel puissant moyen de rapprochement entre lui et nous sera le meilleur aménagement des terres du Delta par nos procédés et nos machines.

Importations.

Au point de vue des importations au Tonkin, c'est la métallurgie qui occupe le premier rang. Dans un pays où l'industrie locale est encore dans l'enfance, tout le matériel destiné à constituer son outillage économique devait être demandé à la métropole, transporté par navires français.

Aussi pendant cinq années, depuis 1898 jusqu'en 1903, est-ce une moyenne de 15 millions de francs *par an* d'ouvrages en métaux qui a été importée au Tonkin ; et de 14 millions de fers et de rails.

Nos établissements métallurgiques de France ont exécuté pendant cette période pour plus de 100 millions de francs de travaux.

Plusieurs des ponts construits par nos ingénieurs dépassent 300 mètres de longueur, et celui d'Hanoï en mesure 1680. Ce dernier ouvrage d'art a coûté à lui seul 6 millions de francs. Nos compagnies de navigation ont amplement profité du tonnage considérable qu'elles ont transporté ; et quant à nos usines métropolitaines, certaines d'entre elles ont pu, grâce aux commandes de travaux pour le Tonkin, conjurer en partie la crise qui a suivi l'année 1900.

Ce sont là des faits qu'ignorent ou que paraissent ignorer les détracteurs à tout prix de l'effort colonial que la France tente en ce moment et qui mériterait pourtant plus de justice.

Pour exécuter ces travaux, nos sociétés métallurgiques ont envoyé dans la colonie une élite d'ingénieurs. Ceux-ci avaient tout à apprendre dans les régions où ils opéraient, aussi bien la nature du sol que celle de la main-d'œuvre ; l'une et l'autre leur réservaient des surprises. Les étrangers qui visitent aujourd'hui le Tonkin rendent un hommage unanime au talent dont ces ingénieurs ont fait preuve dans l'exécution des travaux. Ils associent à cet hommage un certain nombre des entrepreneurs qui avaient la tâche d'en assurer l'exécution. Ces entrepreneurs ont connu sur les chantiers toutes les rigueurs d'un climat brûlant, humide et anémiant. Éloignés de tout centre civilisé, n'ayant souvent pendant des mois d'autre domicile que les auberges annamites, sales et puantes, minés par la fièvre ou la dysenterie, ils ont connu les épreuves les plus pénibles. Plusieurs ont succombé à la tâche trop dure; d'autres survivent et ont réalisé non point des fortunes mais d'assez beaux bénéfices. Les ignorants et les envieux les leur reprochent; nous sommes de ceux qui saluent avec respect ces hommes qui ont rendu de grands services à la colonie et donné un exemple d'énergie trop ignoré en France.

La métallurgie a fourni, nous l'avons vu plus haut, un chiffre annuel d'environ 29 millions de francs d'importation.

Le régime douanier appliqué au Tonkin a permis à l'industrie française d'y implanter ses produits. Ce régime, c'est notre régime français lui-même. Au début de la conquête, on avait pratiqué le système libéral d'égalité de tous les produits devant les taxes douanières, en se fondant sur l'avantage qu'aurait la colonie à pouvoir se fournir partout où elle y trouverait profit. Avant 1887, les marchandises étrangères paient un droit d'entrée de 5 °/₀ ad valorem, les marchandises françaises 2 1/2 °/₀. Mais des réclamations vives et incessantes se produisirent. On rappela qu'au moment où les expéditions du Tonkin se firent, où les Chambres consentirent les grosses ouvertures de crédit qui marquent les étapes de l'occupation militaire, le vote de certains groupes influents ne fut obtenu que par la promesse que le futur régime économique de la nouvelle colonie favoriserait notablement nos industries, et fermerait au contraire la porte aux industries rivales. « Les produits étrangers, dit M. Méline dans son rapport en 1891 devant la commission chargée de la revision de notre tarif général des douanes, doivent être des produits étrangers comme chez nous et soumis aux mêmes droits. Il faut que nos colonies offrent aux produits français des débouchés de plus en plus larges, sans cela la politique coloniale serait radicalement condamnée. »

Le gouvernement dut céder devant les injonctions des intéressés, et depuis 1892 les marchandises chinoises ou japonaises, anglaises, allemandes ou américaines subissent notre tarif général.

La conséquence fut à l'origine un désarroi complet, un renchérissement considérable de tous les articles de consommation au Tonkin. Notre industrie livrait généralement plus cher que ses rivales ; en outre, mal renseignée sur ce qu'il fallait à la colonie, sur les quantités et les qualités, elle livrait mal, trop ou trop peu. Il y eut des à-coups fâcheux, des périodes pendant lesquelles la colonie regorgea de certains produits, d'autres pendant lesquelles elle en manqua totalement. C'est aux dépens de la colonie et des commerçants, au prix de déboires et de pertes, que la connaissance des besoins exacts a été peu à peu acquise. Des décrets successifs de novembre 1892 et de décembre 1898 exonèrent puis frappent plus lourdement les produits asiatiques : le dernier décret notamment élève de 100 à 200 francs par 100 kilogrammes les droits sur les tissus de soie chinois, de 8 à 13 francs les 100 kilogrammes la taxe sur le papier chinois, de 10 à 25 francs les droits sur les objets en métal d'origine chinoise.

La colonie est aujourd'hui régulièrement fournie des articles qui lui sont nécessaires. Quant aux prix, ils furent pendant quelques années très élevés, à cause de l'exclusion des produits étrangers. Le nivellement s'est peu à peu établi par suite de la concurrence que se font entre elles les maisons de gros françaises établies à Hanoï mais pour certains articles l'indigène paie beaucoup plus cher que le consommateur de Hong-Kong et de Singapour.

Organisation du commerce de gros.

C'est à Hanoï que se trouvent les maisons de gros les plus importantes.

Certaines d'entre elles datent de la conquête, et ont passé par toutes les péripéties de la conquête elle-même. Elles ont connu de 1885 à 1895 cette étrange situation que faisaient à la colonie les luttes parlementaires au cours desquelles la question de l'évacuation du Tonkin était chaque année remise sur le tapis. Travailler dans ces conditions précaires, sous la menace constante d'un départ forcé et précipité, exigeait un sang-froid et une ténacité peu ordinaires. Plusieurs des chefs de ces entreprises avaient la foi dans l'avenir de ce pays ; grâce à elle, ils ont pu traverser ces heures difficiles.

Toutes ces maisons de gros vendent aussi au détail, et ne se cantonnent dans aucune spécialité. Il faut traiter tous les articles de consommation. Certaines ont même joint à la vente la fabrication dans des ateliers spéciaux de vêtements, d'articles de sellerie, d'ébénisterie, etc... De plus, la plupart d'entre elles font aussi l'exportation sur France des produits du pays. Enfin quelques-unes participent aussi aux adjudications, aux travaux publics, aux monopoles.

La spécialisation n'existe pas en Indo-Chine : il faut être prêt à toutes les activités. Aussi la direction de ces maisons exige-t-elle des qualités multiples et des caractères particulièrement trempés. Le recrutement du personnel, des chefs de service et des employés est là, comme en matière industrielle, une difficulté de plus. Sous l'influence du climat, le meilleur employé perd au bout de quelques années une partie de ses qualités, de ses forces physiques ; il devient indolent, et il faut le rapatrier pour lui permettre de se rétablir pendant un séjour de quelques mois dans la mère-patrie. D'où nécessité d'un personnel en double, et, par suite, frais considérables.

Un autre inconvénient spécial au pays, c'est la chaleur humide et constante qui a sur certains produits importés une influence telle qu'ils se détériorent avec rapidité : c'est le cas notamment de tout ce qui concerne l'alimentation. Aussi des soins particuliers doivent-ils être pris, des installations frigorifiques spéciales s'imposent-elles pour remédier à cet inconvénient et aux pertes qu'il engendre.

Une autre qualité est encore plus nécessaire là-bas que partout ailleurs à celui qui veut réussir : c'est l'aménité et la souplesse du caractère. Elle est surtout nécessaire à l'égard de l'Administration et de ses fonctionnaires. La raison en est que là, comme dans toutes nos colonies nouvelles, l'Administration (et nous entendons par ce mot l'ensemble des services qui constituent le gouvernement de la colonie) occupe la plupart des avenues qui mènent aux affaires. Colon, vous avez besoin d'elle pour tout ce qui concerne la durée ou l'extension de votre concession, les routes ou les canaux que vous voulez faire construire, les primes que vous sollicitez, etc... Négociant, vous avez à traiter avec le fonctionnaire pour tout ce qui concerne les régies de sel, d'alcool, d'opium, pour vous reconnaître dans le dédale des règlements, les adjudications, etc.

Votre intérêt, bien entendu, est d'être en bons termes avec les fonctionnaires de tous ordres, de leur témoigner sans bassesse mais de leur témoigner les égards qu'ils estiment leur être dus. Ces fonctionnaires sont en effet des hommes qui, pour un traitement relativement modique, viennent travailler sous un climat très dur et y risquer leur santé, parfois leur vie. Si vous les heurtez de front, si vous apportez au Tonkin cet esprit critique et frondeur qui est de mise dans la métropole, vous vous les aliènerez bien vite. Le conflit est créé. A partir de ce moment, votre affaire est claire. Le jour où vous aurez besoin d'eux, et ce jour est prochain, ils ne vous faciliteront en rien votre tâche, et vous rendront en indifférence les critiques ou les attaques que vous leur aurez adressées.

Leur appui ira au contraire à celui qui par son aménité aura su se les concilier. Plus d'un échec a eu pour cause la méconnaissance de cette règle.

En résumé, la direction d'une entreprise industrielle ou commerciale dans nos colonies d'Extrême-Orient exige une endurance physique et un ensemble de qualités morales qui ne la mettent pas à la portée de tout le monde.

Aussi peut-on dire que ceux qui ont réussi sur cette terre lointaine représentent vraiment une élite d'hommes énergiques et tenaces. Leur exemple est la plus décisive réponse à ceux qui en

France continuent à prétendre que le Français n'est pas colonisateur.

Des difficultés spéciales aux colonies, il faut tirer une autre conséquence, plus connue que celle-là, mais toujours utile à rappeler. C'est que ceux qui sur la terre de France ne se sentent pas l'énergie nécessaire pour s'y créer une situation, risquent de pouvoir encore moins s'en faire une sous le ciel du Tonkin. Leur conseiller l'expatriation, c'est rendre un double mauvais service : à eux d'abord qui subiront une déception et un échec de plus, à la colonie qui n'a nul besoin d'inutiles et de désœuvrés.

Depuis dix ans, de grands établissements de commerce existent au Tonkin, les uns privés donnent des résultats excellents mais leur prospérité ne peut se chiffrer, puisque leurs bilans ne sont pas connus.

D'autres ont été constitués ou transformés en sociétés anonymes. Nous citerons « la Compagnie générale du Tonkin et du Nord-Annam » au capital de 3 600 000 francs et « l'Union commerciale indo-chinoise » au capital de 5 300 000 francs.

Cette dernière entreprise a fait, en 1904, un chiffre d'affaires de 15 millions de francs ; elle a distribué 6 pour 100 à ses actionnaires et largement doté ses réserves[1]. Outre ses succursales au

1. L'Union commerciale indo-chinoise distribue à ses actionnaires pour l'exercice 1905 un dividende de 40 francs par action de 500 francs, soit 8 °/₀, après constitution de fortes réserves.

Tonkin, elle a des agences sur différents points de l'Annam et du Laos et au Yün-nan, dans la ville de Mong-tse. Elle emploie un personnel européen de cent employés, et un grand nombre d'employés et d'ouvriers indigènes. En ce qui concerne les cotons, l'Union commerciale indochinoise a pu réaliser une innovation intéressante à signaler. Il s'agit d'une triple opération : agricole, industrielle, commerciale. En voici l'économie. Dans le Than-hoa, province annamite limitrophe du Tonkin, la Société fait des avances aux cultivateurs de coton sur leur récolte à venir. Elle les encourage ainsi à accroître leurs surfaces de culture, en leur donnant la certitude que leurs produits seront achetés. La récolte opérée, la Société prend livraison des cotons bruts et les remet aux filatures d'Hanoï, de Nam-Dinh et de Haïphong, qui les lui restituent sous la forme de filés de coton n° 10. Ces filés, mis en ballots de 40 kilogrammes, sont expédiés par la Société à son comptoir de Mong-tse, pour y être vendus sur les marchés du Yün-nan en concurrence avec les filés chinois de Hong-Kong. Les trois opérations agricole, industrielle et commerciale sont donc liées et intimement intéressées au développement les unes des autres. Aussi, depuis que ce système est pratiqué, la production de la province de Than-hoa augmente d'année en année, les filatures du Tonkin se sont accrues de 10 000 broches, et les filés de coton du Tonkin qui étaient presque inconnus sur le marché du Yün-nan, y figurent en 1905 pour un chiffre de 600 000 kilogrammes. Il faut ajouter que les filés de coton de notre colonie française de Pondichéry viennent d'entrer à leur tour dans ce courant commercial, et constitueront bientôt sur le marché de Yün-nan un important appoint.

Toutes ces entreprises industrielles et commerciales, qu'elles soient privées ou sous la forme anonyme, font peu parler d'elles, et sont presque inconnues du grand public français. Un grand nombre d'entreprises commerciales ou immobilières fondées au Tonkin depuis vingt ans, étant sous la forme privée, ne publient pas de bilans. Mais on peut déduire leur succès de ce fait que les chefs de certaines d'entre elles sont revenus en France et y vivent dans l'aisance, que d'autres sont restés sur la brèche, et ont développé leur chiffre d'affaires. Le champ d'action commerciale est loin d'être limité aux résultats actuels. Il s'étendra au fur et à mesure de la mise en valeur du sol et du sous-sol, ce dernier à peine effleuré encore. De plus, le Tonkin attire déjà et appellera de plus en plus les produits de la région de Luang-Prabang au Laos. Nous verrons plus loin ce que le Tonkin peut attendre du Yün-nan au point de vue commercial et industriel. A la Cochinchine, le Tonkin fournit déjà des produits naturels comme le charbon, ou industriels comme le ciment. Enfin les relations du Tonkin avec Hong-Kong, le plus grand marché de l'Asie, sont destinées à devenir de plus en plus importantes, surtout si un traité de commerce est conclu avec la Chine. Une quantité d'articles produits en Chine, et très goûtés des Annamites, y afflueront lorsque les droits qui les frappent seront abaissés : citons notamment les porcelaines, les éventails, les pièces d'artifice, etc. D'autre part nous demanderons à la Chine un meilleur traitement pour les produits que nous lui envoyons déjà et pour tous ceux que développera l'industrie naissante au Tonkin. L'importation en Chine du sel de notre colonie doit pouvoir bénéficier de droits moins élevés que ceux qui la frappent actuellement.

Nous avons vu que la métallurgie occupe le premier rang parmi les importations de France au Tonkin. Viennent ensuite les cotons bruts qui sont fournis par les Indes, la Chine, l'Amérique et utilisés pour la fabrication des bas numéros de nos filatures indigènes.

L'importation totale est d'environ 3 000 000 de kilogrammes. Nous avons vu plus haut les espérances qu'on peut légitimement fonder sur la production des cotons de la province du Than-hoa, qui libérerait les filatures du Tonkin des difficultés inhérentes à l'emploi des cotons étrangers.

Viennent ensuite les tissus de coton :

Les écrus	pour	58 000	kilogrammes,
Les blanchis	—	251 000	—
Les teints	—	400 000	—
Les imprimés	—	6 000	—

L'Angleterre était autrefois le principal fournisseur. Mais depuis l'application du tarif général, les tissus anglais ont dû céder la place à ceux des Vosges, de Rouen, de Villefranche-sur-Saône qui bénéficient d'un droit de protection de 25 à 30 %.

Mais on peut prévoir le jour où nos tissus français seront à leur tour supplantés par les tissus qui seront fabriqués industriellement au Tonkin même.

L'installation dans la colonie de tissages mécaniques est en effet un fait économique à venir, qui est inévitable. Les Anglais ont vu s'opérer cette évolution aux Indes, d'où les usines indigènes ont peu à peu évincé les tissus de Manchester. La même évolution est fatale au Tonkin, et se produira le jour où le bien-être de l'indigène sera suffisant pour lui permettre d'acheter le tissu fabriqué dans les usines. Ce jour-là, malgré les résistances très légitimes des intérêts métropolitains lésés, la transformation s'opérera, des tissages se créeront au Tonkin : ils y trouveront comme les autres industries, une main-d'œuvre qui a des qualités, le *charbon à bon marché,* la matière première à portée de la main.

Il faut envisager sans trop d'amertume cette inévitable dépossession que des lois de circonstance ne feraient que retarder sans pouvoir l'empêcher. Dans son livre, « l'*Indo-Chine française* », M. Doumer écrit : « L'installation d'industries ne doit être encouragée dans les colonies que dans la limite où elles ne peuvent nuire aux industries métropolitaines. Celles-ci doivent être complétées et non pas ruinées par celles-là. En d'autres termes, l'industrie coloniale est à créer pour faire ce que l'industrie française ne peut pas faire, pour envoyer ses produits là où les produits métropolitains ne peuvent pas aller. » Ainsi s'exprime M. Doumer, ancien gouverneur général de l'Indo-Chine. Il ne nous paraît pas possible d'accepter cette thèse, d'enfermer ainsi à jamais les colonies, êtres vivants, agissants et en continuelle transformation, il ne nous paraît pas possible de les enfermer dans un cadre rigide et intangible, de leur dire : « Vous n'irez pas plus loin. » Par la force des choses, par l'évolution qui est plus forte que les lois et les règlements, ce cadre sera brisé. L'industrie indigène se développera un jour dans tous les domaines où elle sera portée à le faire par la nature, par les produits du sol et du sous-sol, dans tous les domaines où elle y trouvera profit, soit pour sa propre consommation, soit pour fournir l'immense marché chinois qui est à sa porte. C'est ce débouché qui sera son plus grand stimulant : Hong-Kong à deux jours de mer d'Haïphong, et le Yün-nan, en 1908, à vingt heures de cette même ville. La main-d'œuvre industrielle bénéficiera de cet essor, et le pouvoir d'achat des indigènes sera décuplé. Cette transformation se fera, elle est fatale, et nous répétons que ni les lois ni les règlements ne l'empêcheront. Mais outre qu'elle sera lente et ne sera pas l'œuvre de demain, nous pensons que même quand cette heure aura sonné, la métropole continuera à jouer un rôle important et à recueillir des profits : les machines, le matériel, les capitaux, les directeurs d'entreprises, les ingénieurs, les premiers contre maîtres c'est encore la France qui les fournira. Elle y trouvera la compensation aux sacrifices que lui imposera une loi économique trop souvent vérifiée depuis cent ans, sur tous les points du globe, pour pouvoir être contestée : c'est que toutes les colonies arrivées à maturité tendent à se créer une vie industrielle indépendante de celle de la mère-patrie, et y réussissent.

Voici actuellement, en dehors de la métallurgie et des cotonnades, les principaux articles d'importation.

Boissons.

L'importation des boissons tend à augmenter : le vin que l'Annamite ne connaissait pas il y a quelques années commence à entrer dans la consommation indigène.

Les armes, les bougies, les parapluies et parasols, sont d'importation aujourd'hui presque exclusivement française : les produits étrangers ont été peu à peu supplantés.

Il ne vient guère plus, de pays autres que la

France, que le pétrole d'Amérique qui est d'une consommation de plus en plus importante et qui pénètre peu à peu dans les régions les plus éloignées des centres, grâce aux succursales qu'ont établies les maisons de gros ; d'Amérique vient aussi la farine par la voie Hong-Kong.

La Chine intervient encore dans l'importation avec l'opium qui vient du Yün-nan, puis avec une foule d'objets que les traditions du pays imposent : bijouterie, articles pour feux d'artifice, éventails, papier.

Enfin le Japon nous envoie sa verrerie, ses bouteilles et l'infinie variété de ses bibelots très goûtés des Annamites.

Le Tonkin reçoit des Indes de l'opium qui vient de Bénarès. La colonie française de Pondichéry expédie à Haïphong des quantités de plus en plus grandes de filés et de tissus de coton, qui bénéficient de l'exemption de tout droit à cause de leur provenance française, et qui sont consommés au Tonkin ou dirigés sur le Yün-nan.

On peut estimer à 40 millions environ le total annuel de toutes ces importations, non comprise naturellement l'importation des métaux et ouvrages en métaux (29 millions) contre 25 à 30 millions d'exportations. Mais nous ne pouvons donner ces chiffres que sous réserves.

En voici le motif :

Le ministère des Colonies publiait autrefois les statistiques des diverses parties de l'Indo-Chine,

Laos, Cambodge, Cochinchine, Annam, Tonkin. Depuis 1901 cette publication a cessé. Et il n'est plus porté à la connaissance du public que les statistiques globales de l'Indo-Chine. Il faut souhaiter que cette lacune disparaisse. Chaque partie de l'Indo-Chine a, malgré l'unité officielle indochinoise, des besoins, des productions, un degré de civilisation différents des autres régions. Le commerçant qui, soit dans le pays, soit en France traite les articles d'importation et d'exportation avec telle ou telle partie de l'Indo-Chine, a un intérêt majeur à connaître les chiffres du commerce de la région qui l'intéresse plus particulièrement. Les chiffres globaux ne peuvent pas le renseigner à cet égard.

Quant aux économistes, ils sont dépourvus de tous renseignements sur les phases par lesquelles passent les courants commerciaux de chacune des portions de l'Indo-Chine. Le ministère des colonies rendrait aux uns et aux autres un réel service en abandonnant un système qu'aucune considération ne saurait légitimer. Il serait à désirer aussi qu'il fût établi au lieu ou à côté des statistiques, des graphiques permettant de suivre d'année en année les modifications, augmentations et diminutions du commerce des principaux articles. Rien n'est plus intéressant, plus instructif pour le négociant et l'économiste, que ces graphiques qui permettent plus et mieux que tous les chiffres, de se rendre compte du mouvement des affaires, et de rapprocher les résultats des causes qui les ont produits[1].

Telles sont les deux premières observations qu'il est nécessaire de présenter au sujet des statistiques indo-chinoises qu'on trouvera à la fin de ce volume. D'autre part nous n'avons fait ici qu'un résumé succinct des *principaux* articles d'importation et d'exportation : la liste complète représente un volume. L'ordre suivi est celui de la publication du ministère des Colonies, à laquelle il faut se référer pour les détails.

On remarquera que la Chine et le Japon sont réunis sous la même rubrique. C'est là encore un inconvénient. Il y a de plus en plus intérêt à savoir si c'est de Chine ou du Japon que tel produit arrive en Indo-Chine, si c'est à l'un ou l'autre pays que telle marchandise sortie d'Indo-Chine est destinée. Les statistiques ne sont pas faites pour un but platonique ; mais pour renseigner dans toute la mesure du possible le commerce et l'industrie. Elles doivent donc, au moins au point de vue du tonnage, serrer de près la réalité, avec toutes les indications les plus précises sur les provenances et les destinations.

Une dernière réserve est à énoncer : elle est d'ordre général, et s'applique à toutes les statis-

1. Ces graphiques figurent à l'Exposition coloniale de Marseille de 1906, dans le palais de l'Indo-Chine. Ils sont affichés par les soins de l'administration des douanes et régies de l'Indo-Chine. Il est à désirer qu'une grande publicité leur soit donnée.

tiques. C'est que les indications des valeurs en francs ne doivent être prises qu'à titre de renseignement approximatif, de simple indication, et non point comme représentant le montant réel des opérations commerciales auxquelles elles se rapportent. La difficulté de se renseigner exactement et les fluctuations des prix d'une année à l'autre rendent difficiles pour ne pas dire impossibles des évaluations exactes.

Enfin nous avons cru intéressant de reproduire à la fin de ce volume un résumé du tableau des capitaux français engagés en Indo-Chine. Ce tableau est extrait du rapport de M. Saint-Germain, sénateur, à la commission des finances de 1906.

CHAPITRE VII

RAPPORTS ENTRE LE TONKIN ET LE YUN-NAN

Le Yun-nan.

Le Yün-nan est appelé à augmenter considérablement l'un et l'autre de ces chiffres. Il est appelé à jouer un rôle important dans le développement des affaires commerciales au Tonkin : le sort de notre colonie est aujourd'hui lié à celui de la Chine méridionale : c'est ce qu'il est indispensable de faire ressortir.

Composé de hauts plateaux d'une altitude de 1 400 à 2 000 mètres, de vallées profondes et fertiles, le Yün-nan compte environ 8 millions d'habitants. C'est un pays dont le sol et le sous-sol sont à peine exploités. La population y est pauvre, clairsemée depuis la terrible guerre civile qui l'a désolée il y a trente ans. Son éloignement de la mer, l'absence de communications par voies ferrées avec les ports, l'ont maintenu dans l'isolement.

Jean Dupuis avait eu le loisir de constater la

richesse de ses gisements de fer, d'étain et de cuivre exploités par les procédés sommaires des indigènes ; ils ont depuis 1872 été reconnus par le consul Rocher et par un certain nombre d'ingénieurs français et anglais, dont les rapports concluent à l'abondance et à la bonne qualité du minerai. Des gisements importants de houille ont été aussi relevés : les mines de charbon de Poutchaopa, au Yün-nan, produisent déjà plusieurs milliers de tonnes d'une houille d'excellente qualité, qui se vendent sur le marché d'Amitchéou à 8 francs la tonne (rapport de M. Leclère, ingénieur des mines). Lorsque le chemin de fer sera construit, on estime que ce charbon pourra arriver à Haïphong et, mélangé au charbon de Honghay pour la fabrication des briquettes, y trouver un marché rémunérateur.

Le climat est généralement sain, se rapprochant de celui de France ; les fruits et les légumes y sont abondants ; et l'élevage pourrait y être développé et fournir le Tonkin d'excellent bétail.

M. Gervais-Courtellemont, qui a parcouru et étudié à loisir ce pays, écrit à ce sujet dans son livre : *Voyage au Yün-nan*[1] :

« Par suite de la défectuosité des voies de communication et du prix exorbitant des transports à dos de mulet, les produits de l'agriculture et de l'élevage ne peuvent être exportés hors de la pro-

1. *Voyage au Yün-nan*. Paris, 1904.

vince, et les facultés d'achat des Yünnannais sont par ce fait bien au-dessous de ce qu'elles pourraient être et de ce qu'elles seront quand le chemin de fer sera là pour transporter rapidement et économiquement les produits du Yün-nan vers la mer, vers ces mers chaudes du golfe du Tonkin qui baignent des pays tropicaux où toutes ces denrées sont si estimées et si recherchées. Il y a une demande considérable de viande de boucherie, fruits et légumes des pays tempérés dans les ports d'Extrême-Orient où les Européens sont avides de se procurer ces choses de première nécessité pour eux. »

Mais actuellement tous ces produits sont immobilisés, par suite de la difficulté et de la cherté des transports. M. Gervais-Courtellemont en cite un exemple saisissant dans la vallée de Tong-tchouan : « Par son agriculture, dit-il, cette vallée est aussi riche qu'on peut le désirer, riche à souhait, et ses habitants sont lamentablement pauvres. Les branches de leurs pommiers craquent sous le poids des fruits, la volaille pullule autour des maisons, les champs bien cultivés donnent deux récoltes par an. Mais où et comment vendre tout cela ? A la capitale ? Après sept jours de marche comme les bonnes gens que nous avons rencontrés, ils vendront poulets et canards 25 centimes pièce, et leurs jolies pommes roses qui rappellent nos pommes d'api, quelques centimes les 60 kilogrammes (le picul).

« Tel est à peu près l'état général de la province par suite de l'absence de voies de communication et de moyens de transport. »

Plus loin, parlant des moutons, l'auteur dit : « Ici un mouton ordinaire vaut une piastre (2 fr. 50). Au Tonkin il vaut onze fois plus. Il y a là une belle marge. »

Il est certain que le blé, l'avoine transportés au Tonkin et dans les mers de Chine par une voie rapide trouveraient un marché facile. Des minoteries pourront être installées au Tonkin pour remplacer l'importation actuelle des farines américaines. La farine produite et qui ne serait pas consommée au Tonkin pourra être exportée en Chine pour la fabrication si importante des gâteaux et des pâtisseries chinoises. Les pommes de terre viennent parfaitement au Yün-nan. Les pêches, les fraises, les raisins seraient également très demandés. Comme pays d'élevage, le Yün-nan par son altitude, son climat tempéré, est très bien placé. M. Gervais-Courtellemont y a vu des bœufs pesant 700 kilogrammes, beaucoup plus vigoureux que ceux du Tonkin.

Actuellement par suite de son isolement et des énormes frais de transport, le Yün-nan ne peut exporter que ceux de ses produits végétaux ou minéraux qui, sous un faible volume, représentent une valeur considérable : notamment l'opium, l'étain, le cuivre, le thé, le musc. D'immenses étendues sont plantées en pavots à des altitudes variant de 12 à 1 500 mètres et c'est de ce pavot qu'au moyen d'une incision faite dans la capsule on recueille le suc laiteux connu sous le nom d'opium, et qui dans tout l'Extrême-Orient est fumé avec passion. La culture du pavot exige des soins tout spéciaux, très délicats. La récolte se fait vers la fin du mois d'avril. On estime approximativement à 50 millions de francs la valeur annuelle de la production du Yün-nan en opium. La plus grande partie de la récolte est chaque année accaparée par un consortium de gros négociants chinois. Une grande partie est consommée dans le pays même : un tiers seulement est exporté dans les provinces chinoises du Kouang-si et du Setchouen. Le prix coûtant sur les marchés du Yün-nan varie entre 20 et 25 francs le kilogramme. L'administration des douanes et régies de l'Indo-Chine en achète annuellement pour 3 à 3 millions 1/2 de francs. Elle prépare dans des bouilleries la drogue, la met en boîtes et la livre à la consommation annamite. Nous avons vu que le gouvernement de l'Indo-Chine tire de la régie de l'opium un revenu important.

L'étain est un des produits du sous-sol du Yün-nan. On évalue à 3 000 tonnes environ l'exportation annuelle. Une partie se fait par le Tonkin à destination d'Hong-Kong.

Les mines de cuivre, exploitées d'après des procédés primitifs, produisent environ 1 200 tonnes par an. Un grand nombre d'exploitations ont été abandonnées, et pourront être reprises le jour où des voies de communication faciliteront le transport rendu aujourd'hui très difficile et coûteux par l'absence de bonnes routes.

Le Yün-nan produit un thé appelé thé de Pou-Eurl qui est très apprécié dans certaines régions de la Chine, notamment au Set-chouen. On évalue la production à environ 2 500 000 kilogrammes. Mais ce thé ne descend guère dans les régions du Sud.

En retour des produits principaux qui descendent par la voie du fleuve Rouge et qui sont l'opium, l'étain et le cuivre, mais surtout les deux premiers, le Yün-nan reçoit par la même voie pour 8 millions et demi environ de filés de coton. Ces filés de coton viennent des filatures de Hong-Kong, de Bombay, et des filatures françaises de Haïphong. C'est principalement le filé de coton n° 10 qui fait l'objet de l'importation au Yün-nan par la voie du Tonkin, et par Mongtse, sous la forme de ballots de 40 kilogrammes. Deux ballots forment le chargement d'un mulet.

Enfin il entre au Yün-nan des chargements importants de tabac, de pétrole et de tissus de coton.

Au total, le transit général par le fleuve Rouge à destination du Yün-nan ou en provenant est de 30 millions de francs.

Ce commerce d'importation et d'exportation est surtout un troc, l'argent étant rare.

Les affaires sont dans les mains de négociants intelligents ayant des attaches nombreuses à Hong-Kong et à Canton et avec lesquels les relations sont sûres. En voici une preuve :

A la suite des rapports de la Mission lyonnaise en Chine, une société, la « Compagnie lyonnaise indo-chinoise », s'est fondée en 1899 au Tonkin et a établi une succursale à Mong-tse, à trois jours de Laokaï, la frontière. Mong-tse est une ville de 20 000 âmes, où sont installés la douane chinoise et les consulats français et anglais. A deux reprises, cette Société dut abandonner son établissement à cause des troubles qui étaient la conséquence des mouvements des boxers : mais malgré cette situation défavorable, elle put établir des rapports directs et sur place avec les négociants importants du pays, et constater notamment la probité dont ils font preuve dans les transactions commerciales. Elle n'eut à subir pendant quatre ans qu'une seule perte, par le fait de la disparition d'un de ses clients. Deux ans après, la congrégation à laquelle appartenait le débiteur infidèle, restituait à la Compagnie lyonnaise la somme due.

Depuis cette époque, l'Union commerciale indo-chinoise qui a pris la suite des affaires de la Compagnie lyonnaise, a pu, dans la plus parfaite sécurité, continuer et accroître les opérations commerciales.

Les transports de marchandises s'effectuent

aujourd'hui sans danger, avec le concours d'une population qui ne demande qu'à travailler.

La richesse du sous-sol, la fertilité du sol du Yün-nan, sa population laborieuse, telles sont les considérations qui, depuis l'occupation française, avaient décidé la métropole à construire un chemin de fer de pénétration qui relierait le Tonkin à Yunnan-sen, la capitale du Yün-nan. Depuis 1902, ce projet est entré dans la période de réalisation. Déjà, la ligne ferrée qui part d'Haïphong, passe par Hanoï et aboutit à Laokaï, la frontière chinoise, est achevée ; *c'est un parcours de* 380 *kilomètres*. En même temps, la ligne était amorcée également à Yunnan-sen, et aux environs de Mong-tse. Mais en territoire chinois, la construction ne va pas sans difficultés nombreuses. Les mandarins chinois n'ont pas vu, au début, d'un bon œil, l'invasion de la locomotive. Conservateurs par excellence, ils redoutent le trouble qu'elle va apporter dans leurs habitudes. L'indolence de la vie quotidienne, l'agréable lenteur avec laquelle les affaires se traitent, le monopole presque absolu des transactions que leur assure leur éloignement des ports des mers de Chine, tout cela, ils le savent, va être bouleversé. Et ceux qui les ont entendus récriminer ont été frappés de la puérilité touchante de leurs plaintes. Mais il faut leur rendre cette justice, c'est que, le premier moment de mauvaise humeur passé, ils se sont rendu compte, grâce à leur intelligence si avisée, que le chemin de fer était une nécessité inéluctable, qu'il faudrait le subir un jour ou l'autre. Dès l'instant où cette notion nouvelle est entrée dans leur esprit, elle l'a orienté dans un autre sens : celui de chercher à tirer parti de la situation et à faire payer aussi cher que possible les droits de propriété ou les servitudes qu'ils peuvent avoir le long de la nouvelle ligne ferrée ; à être les fournisseurs de ces milliers de travailleurs que la construction de la ligne et des ouvrages d'art attire dans le pays,

Par une convention du 15 juin 1901, le gouvernement de l'Indo-Chine a concédé à un consortium financier la construction du chemin de fer de Laokaï à Yünnan-sen, et l'exploitation de la ligne entière qui, partant d'Haïphong passe à Hanoï, Vietri, Laokaï, pour aboutir à Yünnan-sen, soit un total de 850 kilomètres, dont 380 sur territoire du Tonkin, et 470 sur territoire chinois.

Le consortium financier comprenait les quatre établissements suivants : la Banque de l'Indo-Chine, la Société générale, le Comptoir national d'escompte, et la Société générale de crédit industriel et agricole. Ces quatre établissements se sont bientôt substitué une Société anonyme, la « Compagnie française des Chemins de fer de l'Indo-Chine et du Yün-nan », qui a tous les droits et toutes les obligations qu'avait acceptés le consortium financier. Elle a été constituée au capital-actions de 12 500 000 francs. La colonie lui alloue à titre de subvention, une somme égale. Enfin elle a été autorisée à émettre pour 76 millions d'obligations à 3 pour 100, garanties par le gouvernement de l'Indo-Chine et l'État français. La Compagnie exploite déjà la ligne d'Haïphong à Laokaï, qui est achevée depuis le mois de mars 1906.

Le premier tronçon Haïphong-Hanoï[1], d'une ongueur de 100 kilomètres, a été en effet achevé en avril 1902. Le deuxième tronçon, de Hanoï à Laokaï, a été achevé en mars 1906, non sans difficultés provenant d'une double source. D'abord l'insalubrité de certaines régions que traverse la ligne a causé l'exode de plus de 15 000 coolies annamites, qui à la suite de nombreux décès ont abandonné les chantiers. Puis de graves inondations ont, à plusieurs reprises, et notamment en 1905, causé des dommages, entraînant les remblais et souvent aussi le matériel de la voie. Malgré ces difficultés, Laokaï, à 380 kilomètres d'Haïphong, est aujourd'hui atteint par la voie ferrée, et le parcours s'effectue en 15 heures.

Le coût de la ligne a été de 54 millions. L'exploitation a lieu depuis un an de Haïphong jusqu'à Yenbaï sur une longueur de 250 kilomètres. Les recettes en 1904 ont été de 1 645 000 francs. Le nombre des voyageurs transportés a été de

1. Voir les cartes des chemins de fer à la fin du volume.

1 315 420, dont 43 996 Européens et 1 271 424 indigènes. Le chiffre des marchandises transportées est de 88 254 tonnes, représentant un transport de 241 tonnes par jour [1].

Le tarif moyen des transports a été de $0^{fr},05$ pour les voyageurs européens, et de $0^{fr},01$ pour les indigènes.

La Compagnie française des chemins de fer de l'Indo-Chine et du Yün-nan est donc aujourd'hui en possession définitive de la ligne d'Haïphong-Laokaï qu'elle exploite. Quant à la ligne de Laokaï à Yünnan-sen à construire en territoire chinois, elle en a concédé la construction à un entrepreneur qui est la « Société de construction des chemins de fer indo-chinois », formée elle-même par la Société des Batignolles (établissements Gouin) et les établissements Vitali. La Société de construction s'est mise à l'œuvre en 1902, et après études a adopté un premier tracé. Les brigades qui en étaient chargées ont été au début menacées dans leur sécurité ; elles ont pu en 1903 reprendre leurs travaux.

Cette ligne, dite de pénétration au Yün-nan, part de Laokaï, frontière chinoise, et gagne Yünnan-sen, capitale de la province du Yün-nan. La longueur totale de la ligne sera de 470 kilomètres. La « Société de construction des chemins de fer indo-chinois » s'est engagée avec la Com-

1. La ligne est à voie unique.

pagnie concédante à construire cette ligne au prix forfaitaire de 95 millions de francs. Le tracé qui avait été primitivement fixé passait par les villes de Mongtse et Ling-gan-fou, gagnait Si-Sing (ou Sin-Sin), et après avoir longé le lac de Kouen-Yang atteignait Yünnan-sen. Après de nombreuses études nouvelles, des discussions très vives entre les partisans de cette ligne et ceux d'un tracé plus à l'Est, le projet primitif a été abandonné. Le tracé définitivement adopté et autorisé est le tracé dit « de l'Est » ; il emprunte, à partir de Laokaï, la vallée du Nam-ti, et s'élève le long de cette vallée jusqu'à une altitude de 1 200 mètres, à quelques kilomètres à l'Est de Mongtse. La ligne redescend ensuite dans la vallée d'Amitchéou et traverse les gorges étroites et profondes du Pa-taho, pour gagner Lang-hien et en longeant le flanc des montagnes, redescendre dans la plaine de Yünnan-sen. Sur ce parcours de 470 kilomètres, accidenté, dans un pays parfois inculte, inhabité, des difficultés considérables imprévues se sont présentées. Les travaux ont été commencés sur plusieurs points à la fois. Il a fallu amener à grands frais, après plusieurs essais infructueux, 30 000 coolies chinois, débroussailler le sol, construire des chantiers, des abris, des magasins, des ambulances. Sur plusieurs points il n'y avait pas de population, pas de routes, pas même de sentiers. Certaines vallées encaïssées sont insalubres. En même temps il fallait régler avec les particuliers, dans les régions habitées, les questions d'indemnité. Par les soins de notre ambassadeur à Pékin, un accord a éte conclu en 1903 entre la France et la Chine. Cet accord fixe les conditions dans lesquelles se fera la construction de la ligne, tant en ce qui concerne les terrains appartenant au domaine impérial que ceux appartenant à des particuliers : la police et toutes les mesures de protection sont également prévues par cet accord. Depuis qu'il a été signé, les terrains nécessaires à la construction de la voie ferrée ont été régulièrement remis aux entrepreneurs par les autorités chinoises. Les incidents qui se sont parfois présentés ont été aisément résolus, grâce à la bonne volonté croissante des mandarins [1]. Malgré les difficultés, les surprises dans un pays inconnu, la France achèvera l'œuvre du chemin de fer de pénétration au Yün-nan. L'année 1911 verra vraisemblablement la locomotive atteindre Yünnansen. Ce jour-là un grandiose effort aura été accompli, et lorsqu'on retracera l'histoire de cette entreprise, elle apparaîtra comme une des plus difficiles, une des plus ingrates qui aient été réalisées : la France pourra avoir quelque fierté de ceux qui l'auront menée à bien sans jamais désespérer du succès.

En même temps que se poursuit la construc-

1. Compagnie française des chemins de fer de l'Indo-Chine et du Yün-nan. Assemblée générale ordinaire du 26 juin 1905.

tion de la ligne de pénétration au Yün-nan, on travaille activement à la ligne qui doit relier le Tonkin à l'Annam et à la Cochinchine. De sorte que dans quelques années, Saïgon sera directement relié au Yün-nan.

C'est le Tonkin qui, par sa situation centrale et sa proximité de la Chine, profitera le plus de la transformation que le grand chemin de fer trans-indo-chinois apportera dans les destinées de ces pays.

Le jour où ce résultat sera acquis, où la France, grâce à sa politique coloniale hardie, à la façon dont elle aura su se concilier les indigènes, grâce aussi aux alliances qu'elle saura conclure pour garantir la sécurité de ses colonies, la France pourra envisager l'avenir sans inquiétude.

Enfin, il est permis pour un avenir plus éloigné d'envisager le prolongement de la ligne ferrée de Yünnan-sen au Setchouen. Or, le Setchouen est la plus riche province de l'empire du Milieu. Sa population industrieuse de 40 millions d'habitants, la richesse de son sol, font d'elle l'objet des convoitises de toutes les nations européennes. Un jour viendra où cette province sera placée par le chemin de fer à 50 heures du Tonkin au lieu des 30 jours de trajet difficile et coûteux qui l'en séparent actuellement.

Là encore il y aura pour notre colonie, si nous avons la vigilance et la hardiesse nécessaires, une remarquable source de profits.

Nécessité d'une institution de crédit.

Un des instruments indispensables à la création et au développement de ces profits aussi bien au Yün-nan qu'au Tonkin, c'est l'organisation du *crédit*.

La Banque de l'Indo-Chine, créée en 1875, a des établissements à Nouméa, à Shanghaï, à Canton, à Pékin, à Bangkok, à Saïgon, à Pnom-penh, à Tourane, à Hong-Kong, à Pondichéry, une agence à Haïphong et une succursale à Hanoï. C'est une banque à privilège, soumise au contrôle de l'État, et dont les opérations sont réglées par des statuts rigides. Son capital statutaire est de 36 millions, sur lesquels 9 millions seulement ont été versés. Ses différentes réserves atteignent 8 millions, par conséquent sont presque égales au capital versé. Elle a distribué en 1904, 40 francs par action de 500 francs. Elle a rendu d'incontestables services depuis le début de l'occupation, fait parfois au gouvernement de l'Indo-Chine dans des moments critiques, les avances qui lui étaient indispensables ; elle a permis aussi à nombre d'entrepreneurs de faire face à leurs engagements.

Mais toutes ces opérations, comme celles qu'elle continue à faire, reposent sur des gages de premier ordre. On ne saurait lui en faire un reproche. Sa prudence l'a mise à l'abri des aléas et des crises que d'autres institutions coloniales ont traversées, et où ont failli sombrer les capitaux qui les avaient constituées.

Mais il est à souhaiter vivement, dans l'intérêt du développement économique de la colonie, que cette Banque ou à son défaut une autre institution plus souple, fournisse au Tonkin l'instrument de crédit qui lui manque.

L'agriculteur annamite ne connaît du crédit agricole que le prêt à énorme intérêt que pratique largement le Chinois ; il ne trouve à emprunter sur sa récolte et sur sa terre qu'à un taux ruineux qui atteint souvent 3 pour 100 *par mois*. Le colon, le négociant et l'industriel européen sont encore plus mal placés, et s'ils ne possèdent pas largement les capitaux qui leur sont nécessaires, ils peuvent dans les moments de mauvaise récolte et par conséquent de paiements arrêtés, ou seulement dans les périodes de baisse de la piastre, voir leurs affaires suspendues, leur situation compromise.

Il y a là une situation qui ne peut se prolonger sans dommage pour le développement de la colonie, qui appelle de tous ses vœux l'organisation d'institutions de crédit.

CHAPITRE VIII

LES ALLIANCES NÉCESSAIRES DE LA FRANCE EN EXTRÊME-ORIENT

La politique de la France en Asie. — La bonne organisation du crédit ne pourra être obtenue que si les capitaux français le veulent, et ont assez de confiance dans l'avenir de ce pays pour consacrer à une entreprise de banque les millions qui lui sont nécessaires. Et cela est vrai pour toutes les entreprises à fonder au Tonkin. Il faut non seulement que les capitaux aient confiance dans la situation actuelle, mais qu'ils considèrent comme assurée à la France pendant de longues années la possession paisible du Tonkin.

Or, il n'est pas possible de contester que les événements de la guerre russo-japonaise ont ébranlé cette confiance. A tort ou à raison, on a estimé que les ambitions politiques et économiques du Japon s'orienteraient à bref délai vers l'Indo-Chine au climat chaud, vers l'Indo-Chine grande productrice de riz, et qui aura bientôt constitué son outillage économique. C'est là, a-t-on dit, pour le Japon, une proie tentante. On a de suite ajouté : une proie facile à saisir, et on en a conclu que les rivalités des nations européennes, l'insuffisance de notre défense terrestre et maritime, mettent notre colonie d'Extrême-Orient à la merci d'un coup de main.

Nous n'avons pas la compétence nécessaire pour discuter le point de vue de politique européenne et le point de vue militaire : qu'il nous soit permis seulement de dire qu'en effet la défense de l'Indo-Chine, pour pouvoir parer à une attaque d'une nation armée comme le Japon l'est aujourd'hui, exigerait de tels sacrifices d'argent qu'il paraît impossible que la France consente à les faire. En effet, il faut, si l'on veut mettre les choses au pire possible, supposer que cette attaque du Japon serait concertée avec le Siam d'une part, la Chine de l'autre, et que nous aurions à faire face simultanément à l'Ouest, au Nord, au Sud et à l'Est.

Nous répétons, sans crainte d'être démentis, que l'effectif des troupes de terre, le nombre et la puissance des navires nécessaires pour parer à l'éventualité d'un pareil assaut, sont tels qu'il serait impossible de demander à la mère-patrie d'entretenir une pareille force en Extrême-Orient. Ce qu'il faut, c'est évidemment parer aux éventualités les plus immédiates, et pour y parer, organiser un système de défense donnant le maximum de sécurité. « Nous devons armer notre Indo-Chine et l'organiser fortement, afin de montrer notre résolution d'y maintenir haut et ferme le drapeau que nous y avons planté. Mais nous ne devons pas perdre de vue que sa tranquillité résultera beaucoup plus de sa bonne entente avec ses voisins que des régiments ou des navires sous la protection desquels nous l'aurons placée[1]. »

Là est en effet la solution du problème. Pour prévenir une levée de boucliers asiatiques qui est dans le domaine des choses possibles, la meilleure arme à employer, c'est une *politique asiatique*, loyale et prudente. L'Europe nous trace l'exemple de ce que nous avons à faire et à attendre de l'Extrême-Orient. Les rivalités, les sources de conflits abondent depuis 35 ans entre les nations d'Occident, mais par suite du développement économique, il s'est établi au-dessus des rivalités une solidarité assez puissante pour avoir pu maintenir pendant ces 35 années la paix en Europe. C'est cette politique qu'il est de notre intérêt d'appliquer dans les mers de Chine. La France manquerait à son rôle civilisateur si elle avait deux politiques, l'une pour l'Occident, l'autre pour l'Orient. Mais elle irait de plus à l'encontre de ses intérêts matériels les plus évidents. Il est inutile en effet de se leurrer d'illusions : la Chine est en mouvement, la Chine s'est mise en marche : elle a pris conscience des forces qu'elle renferme,

1. De Lanessan, *Le Siècle*, mai 1905.

du rôle qu'elle peut jouer dans le monde. Tous ceux qui suivent de près l'évolution commencée par elle se rendent compte que rien d'utile, de fécond ne pourra plus être tenté *contre elle* ni même *sans elle* ; mais que c'est *avec elle* qu'il faut travailler à la transformation de son empire. Nous devons nous entendre avec le gouvernement de Pékin, nous devons nous entendre avec les négociants chinois. Les uns et les autres se rendent parfaitement compte du concours que nous pouvons leur apporter. Mais il y a *la manière,* et c'en est fait de l'ancienne. C'est sur la communauté d'intérêts, sur la participation aux affaires, à toutes les affaires qui se traiteront dans le Céleste Empire, que doit être basée l'action des Européens partout où elle aura pour objectif le développement économique, la création de voies ferrées, de banques, l'exploitation des mines. C'en est fait de la théorie des « races inférieures» en ce qui concerne les Chinois : prétendre encore s'imposer chez eux et recueillir les profits exclusifs des entreprises, c'est folie et folie dangereuse. Car les pires conséquences seraient à craindre pour les nations occidentales. Quant à nous, outre l'intérêt général que nous avons, au même titre que les autres puissances, à maintenir la paix en Extrême-Orient, nous en avons un autre, tout spécial, provenant de nos frontières communes avec la Chine. Sur plusieurs centaines de kilomètres, nous sommes ses voisins immédiats.

La tranquillité de notre colonie du Tonkin dépend des termes dans lesquels nous vivrons avec la Cour de Pékin, des égards que nous aurons pour les Chinois établis dans notre colonie, et que nous devons éviter de léser par des rigueurs ou des difficultés administratives. Jusqu'au début de l'année 1906, les immigrants chinois en Indo-Chine étaient soumis à des mesures destinées à les identifier ; notamment la mensuration et la photographie. Ces mesures ont, à diverses reprises, soulevé les protestations du gouvernement de Pékin. Par le caractère blessant qu'elles présentent, elles choquaient la dignité des Chinois et pouvaient amener un jour des complications fâcheuses. Le gouvernement français a écouté favorablement les doléances qui lui ont été présentées, et un arrêté récent a supprimé le service d'identification tel qu'il fonctionnait. Le « Temps » dit très justement à ce sujet[1] : « Nos sujets et protégés chinois accueilleront avec satisfaction et gratitude cette marque d'intérêt, où le gouvernement chinois verra de son côté un témoignage de la politique bienveillante et généreuse suivie en Extrême-Orient par notre pays ; d'autant que, dans un esprit de haute dignité nationale, la décision n'a fait l'objet d'aucun marchandage et n'a pas été subordonnée vis-à-vis de la Chine à l'obtention de compensations mesquines. »

1. Le *Temps*, 16 mars 1906.

C'est là de la politique intelligente ; grâce à laquelle nous pourrons, à notre tour, le cas échéant, faire entendre utilement notre voix à Pékin.

Par les statistiques qui figurent à la fin de ce volume, il est facile de se rendre compte du commerce que fait l'Indo-Chine avec la Chine. Nos ports de Saïgon et d'Haïphong expédient sur Hong-Kong le riz, les poissons, le poivre, la cannelle, le cunao, la houille, etc... En retour l'Indo-Chine reçoit de Hong-Kong des espèces médicinales, des légumes frais, des porcelaines, du vieux cuivre, des filés et tissus de coton, des tissus de soie, du papier, des articles pour feux d'artifice, etc., etc.

Il appartient à notre gouvernement de chercher les bases d'accords commerciaux visant ces principaux articles d'importation et d'exportation de notre colonie, et de traiter avec la Chine de façon à faciliter l'entrée de ceux de ses produits qu'elle fabrique à meilleur marché et dans de meilleures conditions que ne pourrait le faire la France. Cette question d'un traité de commerce avec la Chine est une de celles qui vont se poser à bref délai. La France se doit à elle-même d'y défendre ses intérêts, mais en s'inspirant de cette considération : c'est que l'avenir de l'Indo-Chine dépend en grande partie des bonnes relations que nous saurons garder avec nos voisins, devenus aujourd'hui conscients du rôle qu'ils vont être appelés à jouer en Extrême-Orient. La tranquillité de notre colonie dépend aussi des facilités que nous donnerons aux négociants chinois du Yün-nan et du Kouang-si au point de vue douanier : toute tracasserie de la part de l'administration de la douane contre les personnes et les marchandises chinoises se retournera contre nous. Enfin nous avons au Yün-nan une situation acquise depuis plusieurs années, par nos relations avec les hauts fonctionnaires chinois, par les travaux du chemin de fer, par nos établissements commerciaux. Cette situation privilégiée nous impos des devoirs envers ceux qui n'ont pas craint d'affronter les difficultés et les aventures de ce poste d'avant-garde ; elle nous impose aussi une politique ferme mais amicale et prévenante, une politique d'association d'intérêts avec les Chinois des provinces méridionales.

Le Gouvernement ou les particuliers qui en rechercheraient une autre encourraient une grave responsabilité.

En résumé, notre ligne de conduite en face des changements qui s'opèrent en Extrême-Orient est claire : lier à nous par des avantages politiques et économiques nos voisins chinois, japonais et siamois. Nous avons indiqué la politique à suivre à l'égard de la Chine. En ce qui concerne le Japon la question a été posée nettement dans les lignes suivantes : « J'estime, écrit M. de Lanessan dans le numéro du *Siècle* du 7 novembre 1905, qu'il y aurait lieu d'ouvrir des négociations en vue de la conclusion d'un traité de commerce entre la France et le Japon. Nous avons tout intérêt à rendre aussi fréquentes que possible les relations de notre Indo-Chine avec le Japon. Celui-ci a besoin du riz que produisent le Tonkin et la Cochinchine. Il n'a aucun préjugé contre le vin et les liqueurs, et pourrait les demander à la France, tandis qu'il nous envoie des soies dont les similaires ne sont pas produites par notre pays... Le meilleur moyen de vivre tranquille dans notre Indo-Chine est de nouer avec le Japon des relations amicales et de contracter avec lui des liens commerciaux. Il serait parfaitement inutile de couvrir notre colonie de forteresses et de batteries si nous ne vivions pas en bonne intelligence avec la Chine et le Japon. Imitons l'Angleterre. Partout où elle a des intérêts coloniaux elle s'arrange pour vivre en bonne intelligence avec les puissances qui pourraient être en situation de la menacer. Le complément indispensable de notre entente cordiale avec la Grande-Bretagne est un accord non moins cordial avec la Chine et le Japon. »

C'est en effet une politique d'alliance avec nos voisins que nous devons poursuivre et réaliser. C'est aussi une politique ferme mais bienveillante envers nos sujets annamites que nous devons préconiser et établir sur des bases solides. « La question de la défense de l'Indo-Chine est étroitement liée à celle de la politique indigène. Tout le monde s'accorde aujourd'hui à reconnaître que sans le concours dévoué des populations, cette défense exigerait de la part de la France des sacrifices hors de proportion avec le but qu'elle s'est proposé en constituant son empire d'Extrême-Orient. Une bonne politique indigène doit nous procurer ce concours indispensable[1]. » A cette double conception qui seule peut nous assurer le calme intérieur et la paix au dehors, il faut préparer nos futurs fonctionnaires. C'est d'eux que dépendra en grande partie le succès ou l'échec de cette orientation, la seule qui puisse avoir des résultats féconds. Aussi est-il nécessaire que dans nos écoles françaises ces principes soient enseignés à tous ceux qui se destinent à vivre aux colonies et à y faire carrière : il faut qu'ils comprennent qu'ils n'assureront à la fois leur avenir et la grandeur de la patrie qu'en y restant fidèles. Puis quand ils seront en fonctions il importera de ne pas les déplacer suivant le caprice du Gouvernement ou leur caprice personnel.

Il faut au contraire leur assurer sur place le plus d'avantages possible, les maintenir et les retenir dans le pays en améliorant progressivement leur situation. De cette façon on ne les verra

1. Discours de M. Beau à la session du Conseil supérieur de l'Indo-Chine en décembre 1905.

plus quitter un poste dès qu'ils commencent à connaître les usages des populations au milieu desquelles ils vivent, dès qu'ils deviennent capables d'y rendre des services, d'y faire comprendre et aimer la France. Nous voudrions voir les fonctionnaires français en Indo-Chine faire toute leur carrière dans le pays même. Si cette politique est appliquée, si ces mesures sont prises et continuées avec le ferme propos par le Gouvernement métropolitain de ne plus s'en départir, les effets les plus heureux ne manqueront pas d'en résulter. On comprendra en France qu'on peut travailler en paix en Extrême-Orient ; et ni les hommes ni les capitaux ne feront défaut pour continuer l'œuvre de colonisation.

Quant à nos voisins chinois, japonais et siamois, dès qu'ils sauront, à n'en plus douter, que nous ne rêvons aucune conquête nouvelle, que nous voulons vivre en paix et développer nos échanges avec eux, ils nous donneront leur confiance.

Ils savent que la France est une nation forte et riche, dont l'amitié est utile aux peuples qui la recherchent.

Puisse le jeune Français, auquel on apprend pendant des années l'histoire et la géographie, être initié aux choses coloniales autrement que par une aride nomenclature de noms et de dates. Le grand effort que la France a fait au XIXe siècle pour reconstituer son empire colonial est une des plus vivantes, une des plus lumineuses leçons d'énergie qui puissent être données à la jeunesse. Elle y prendra l'horreur de certains procédés brutaux de gouvernement, elle y puisera le respect de la personne humaine, sous quelque latitude et sous quelque couleur qu'elle se présente. Elle comprendra que l'utopie, ce n'est pas de vouloir pour notre pays des colonies où se pratiquent le respect de l'indigène et la bonne entente avec les nations voisines ; mais que l'utopie consiste, au contraire, à s'imaginer qu'avec une politique d'isolement et de brutalité on puisse faire de la colonisation utile et féconde. Cette politique serait fatalement condamnée à la faillite ; elle compromettrait et ruinerait à jamais un siècle d'efforts et de sacrifices.

ANNEXES

MOUVEMENT COMMERCIAL GÉNÉRAL DE L'INDO-CHINE DE 1895 A 1904 EN MILLIONS DE FRANCS

	IMPORTATIONS EN INDO-CHINE		EXPORTATIONS DE L'INDO-CHINE		TOTAL DES IMPORTATIONS	TOTAL DES EXPORTATIONS	TOTAL GÉNÉRAL du COMMERCE EXTÉRIEUR
	de France et des colonies françaises.	d'étranger.	sur France et sur colonies françaises.	sur étranger.			
1894.	20	47	11	91	67	112	179
1895.	28	60	12	82	88	94	182
1896.	30	51	10	78	81	88	169
1897.	35	52	16	99	87	115	192
1898.	44	58	29	96	102	125	227
1899.	55	60	23	114	115	137	252
1900.	74	111	34	120	185	154	339
1901.	100	102	39	120	202	159	363
1902.	108	107	40	144	215	184	399
1903.	97	106	20	100	203	120	323
1904.	87	98	41	115	185	156	341

MOUVEMENT COMMERCIAL SPÉCIAL DE L'INDO-CHINE AVEC LA FRANCE EN MILLIONS DE FRANCS

	IMPORTATIONS DE FRANCE et des colonies françaises en Indo-Chine.	EXPORTATIONS D'INDO-CHINE en France et aux colonies françaises.	TOTAL
1894.	20	11	31
1895.	28	12	40
1896.	30	10	40
1897.	35	16	51
1898.	44	29	73
1899.	55	23	78
1900.	74	34	108
1901.	100	39	139
1902.	108	40	148
1903.	97	20	117
1904.	87	41	128

IMPORTATIONS EN INDO-CHINE EN 1904. — PRINCIPAUX ARTICLES

	UNITÉS	DE FRANCE et DES COLONIES françaises.	VALEUR EN FRANCS	DE L'ÉTRANGER		VALEUR EN FRANCS
Lait concentré.	kgr.	468 000	604 000			
Conserves de viandes en boîtes.	—	. . . .	. . . .	Hong-Kong.	108 000	200 000
Fromages.	—	46 000	92 000			
Beurre.	—	112 000	689 000			
Poissons salés ou conservés.	—	114 000	186 000	Hong-Kong.	210 000	210 000
Farine.	—	4 940 000	2 470 000	Singapour.	273 000	136 000
				Hong-Kong.	2 573 000	1 286 000
Semoules.	—	183 000	137 000			
Légumes secs.	—	272 000	81 000			
Pommes de terre.	—	126 000	25 000	Singapour.	115 000	23 000
				Hong-Kong.	2 220 000	444 000
Fruits confits ou secs.	—	45 000	34 000	Hong-Kong.	1 237 000	309 000
Sagou, salep, fécules exotiques.	—	. . . .	. . . .	Singapour.	403 000	323 000
Arachide.	—	. . . .	. . . .	Singapour.	465 000	93 000
Noix d'arec sèche.	—	. . . .	. . . .	Singapour.	1 615 000	1 211 000
Sucres.	—	4 110 000	3 600 000			
Biscuits sucrés.	—	77 000	193 000			
Cigares.	le cent	300 000	149 000	Singapour.	133 000	20 000
				Hong-Kong.	780 000	117 000
Cigarettes.	kgr.	19 000	127 000			
Tabac.	kgr.	439 000	1 000 000	Hong-Kong.	405 000	729 000
Huile d'olive.	—	374 000	748 000			
Huile de lin.	—	196 000	117 000			
Huiles aromatisées.	—	. . . .	. . . .	Singapour.	11 555	115 000
Essence de térébenthine.	—	93 000	93 000			
Espèces médicinales.	—	. . . .	. . . .	Hong-Kong.	2 518 000	2 004 000
Bois communs.	—	. . . .	. . . .	Singapour.	2 100 000	200 000
				Hong-Kong.	650 000	87 000
Légumes de conserve.	—	300 000	360 000			
Légumes frais.	—	. . . .	. . . .	Singapour.	306 000	107 000
				Hong-Kong.	2 890 000	722 000
Légumes salés.	—	. . . .	. . . .	Hong-Kong.	842 000	378 000
Tourteaux de graines oléagineuses.	—	. . . .	. . . .	Singapour.	754 000	113 000
Ail.	—	. . . .	. . . .	Hong-Kong.	444 000	133 000
Vins ordinaires en futailles.	litres	7 904 000	54 000 000			
Vins ordinaires en bouteille.	—	290 000	319 000			
Vinaigres.	—	124 000	49 000			
Bière.	kgr.	2 358 000	1 886 000	Hong-Kong.	259 000	207 000
Eaux-de-vie en bouteilles.	litres	427 000	1 497 000			
Eaux-de-vie en fûts.	—	46 000	233 000			
Liqueurs diverses.	—	40 000	162 000			
Eaux minérales.	kgr.	982 000	442 000			
Vins mousseux.	litres	239 000	958 000			
Limonade.	kgr.	. . . .	. . . .	Singapour.	155 000	93 000
Ardoises.	—	804 000	80 000			

IMPORTATIONS EN INDO-CHINE EN 1904. — PRINCIPAUX ARTICLES (*suite*)

	UNITÉS	DE FRANCE et DES COLONIES françaises.	VALEUR EN FRANCS	DE L'ÉTRANGER		VALEUR EN FRANCS
Ciments.	kgr.	12 980 000	1 298 000			
Houille.	—	3 692 000	184 000	Hong-Kong.	6 712 000	335 000
Huile d'éclairage.	—	. . . .	. . . .	Singapour.	781 000	195 000
				Hong-Kong.	13 826 000	3 456 000
Or en feuilles.	—	. . . .	. . . .	Hong-Kong.	1 804	5 772 000
Fer d'angles et à T.	—	4 035 000	1 210 000			
Métaux laminés.	—	857 000	257 000			
Tôles.	—	402 000	160 000			
Rails.	—	17 723 000	5 316 000			
Fer en barres.	—	2 597 000	779 000			
Essieux et bandages.	—	380 000	133 000			
Acier.	—	474 000	89 000			
Fils de cuivre et vieux cuivre.	—	163 000	530 000	Hong-Kong.	976 000	316 000
Fer blanc.	—	. . . .	. . . .	Singapour.	207 000	93 000
Zinc laminé.	—	525 000	367 000			
Produits chimiques.	—	93 000	330 000			
Encre.	—	59 000	148 000	Hong-Kong.	15 000	77 000
Couleurs.	—	300 009	595 000	Hong-Kong.	13 000	13 000
Savons.	—	957 000	1 043 000	Hong-Kong.	100 000	225 900
Médicaments.	—	86 000	[illegible]	[illegible]	[illegible]	[illegible]
Bougies.	kgr.	[illegible]	[illegible]			
Sauces chinoises.	—	. . . .	. . . .	Hong-Kong.	674 000	118 000
Poteries chinoises.	—	. . . .	. . . .	Hong-Kong.	554 000	83 000
Faïences.	—	323 000	231 000			
Porcelaines.	—	22 000	102 000	Hong-Kong.	1 107 000	1 284 000
Gobeleterie.	—	203 000	203 000			
Cordage et fils retors.	—	645 000	839 000			
Fils de coton simples.	—	985 000	1 500 000	Singapour.	75 000	132 000
				Hong-Kong.	1 715 000	3 425 000
Fils de jute.	—	. . . .	. . . .	Singapour.	79 000	94 000
Fils de coton retors.	—	161 800	400 000			
Tissus de lin ou de chanvre.	—	99 000	380 000			
Tissus de coton pur écrus.	—	759 000	2 089 000			
Tissus de coton blanchis.	—	1 747 000	5 243 000			
Tissus de coton teints.	—	1 770 000	7 526 000	Singapour.	24 000	121 000
				Hong-Kong.	48 000	205 000
Tissus de coton imprimés.	—	13 000	65 000	Singapour.	64 000	321 000
Sacs de jute.	—	. . . .	. . . .	Singapour.	9 327 000	6 513 000
				Hong-Kong.	1 273 000	480 000
Couvertures.	—	118 000	296 000			
Bonneterie.	—	101 000	1 014 000			
Toile cirée.	—	40 000	100 000			
Tissus pour habillements.	—	32 000	327 000	Hong-Ko	16 000	165 000
Couvertures de laine.	—	100 000	400 000			
Tissus de soie ou de bourre de soie.	—	1 700	176 000	Hong-Kong.	147 000	6 639 000

IMPORTATIONS EN INDO-CHINE EN 1904. — PRINCIPAUX ARTICLES (*suite*)

	UNITÉS	DE FRANCE et DES COLONIES françaises.	VALEUR EN FRANCS	DE L'ÉTRANGER		VALEUR EN FRANCS
Broderies	kgr.	. . . .	. . . .	Hong-Kong.	2 000	528 000
Rubans soie pure	—	5 000	378 000			
Vêtements de coton	—	17 000	265 000			
Vêtements de laine	—	11 000	235 000			
Vêtements de soie	—	. . . .	. . . .	Hong-Kong.	3 000	198 000
Papier	—	927 000	742 000	Hong-Kong.	2 442 000	1 954 000
Livres	—	53 000	267 000	Hong-Kong.	43 000	151 000
Gravures, chromos	—	85 000	256 000			
Papier destiné au culte	—	. . . .	. . . .	Hong-Kong.	286 000	429 000
Imprimés	—	97 000	369 000			
Cartes à jouer	—	87 000	523 000			
Peaux de veau et de vache	—	34 900	305 000			
Chaussures	paires	40 000	407 000	Hong-Kong.	89 000	268 000
Articles de sellerie	kgr.	17 000	240 000			
Maroquinerie	—	15 000	319 000			
Horlogerie	—	22 000	302 000	Hong-Kong.	10 000	110 000
Balances et bascules	—	292 000	439 000			
Pièces détachées en fonte et acier forgé	—	600 000	823 000			
Outils	—	[illegible]	[illegible]			
Constructions métalliques	—	[illegible]	[illegible]			
Ferrures et serrurerie	.....	258 000	358 000			
Clous, pointes, vis, boulons	—	2 181 000	1 409 000			
Articles de ménage	—	617 000	910 000	Hong Kong.	52 000	90 000
Articles de lampisterie	—	31 000	253 000			
Boîtes à bétel, plateaux	—	. . . .	. . . .	Hong-Kong.	208 000	521 000
Armes	—	69 000	586 000			
Poudre	—	126 000	259 000			
Dynamite	—	109 000	439 000			
Cartouches	—	178 000	1 156 000			
Projectiles	—	210 000	843 000			
Artifices	—	8 700	35 000	Hong-Kong.	1 429 000	1 289 000
Ouvrages en bois	—	108 000	53 000	Hong-Kong.	592 000	351 000
Instruments de musique	pièces	4 000	186 000	Hong-Kong.	8 300	59 000
Chapeaux	kgr.	33 000	510 000			
Automobiles	—	17 000	221 000			
Bicyclettes	—	26 000	537 000			
Voitures de tramways	—	261 000	326 000			
Fils, tissus et objets en caoutchouc	—	25 000	320 000			
Instruments et appareils scientifiques	—	30 000	389 000			
Jouets	—	61 000	463 000			
Parapluies et parasols	pièces	316 000	955 000			
Allumettes chimiques	kgr.	. . . .	. . . .	Hong-Kong.	644 000	773 000

PRINCIPAUX PRODUITS EXPORTÉS EN 1904 D'INDO-CHINE (autres que le riz).

	UNITÉS	EN FRANCE et AUX COLONIES françaises.	VALEUR EN FRANCS	A L'ÉTRANGER		VALEUR EN FRANCS
Peaux de buffles.	kgr.	1 078 000	916 000	Hong-Kong.	198 000	168 000
Peaux de moutons.	—	. . . . .	. . . . .	Hong-Kong.	139 000	139 000
Déchets de soie.	—	61 000	138 000			
Soies grèges.	—	. . . . .	. . . . .	Singapour..	59 000	972 000
				Hong-Kong.	31 900	520 000
				Autres pays.	97 000	1 583 000
Jaunes d'œufs.	—	213 000	181 000			
Porcs.	—	. . . . .	. . . . .	Singapour..	727 000	363 000
				Hong-Kong.	538 000	269 000
Cornes de buffles..	—	274 000	164 000			
Poissons frais et salés.	—	. . . . .	. . . . .	Divers pays.	15 513 000	5 569 000
Crevettes et ailerons de requins.	[illegible]	[illegible]	[illegible]	[illegible]	[illegible]	[illegible]
Légumes [illegible]	kgr.	[illegible]	[illegible]	[illegible]	[illegible]	[illegible]
Café.	—	[illegible] 000	293 000			
Poivre.	—	4 891 000	5 870 000	Hong-Kong.	339 000	407 000
Thé..	—	324 000	811 000			
Cannelle.	—	. . . . .	. . . . .	Hong-Kong.	200 000	480 000
Cardamone.	—	. . . . .	. . . . .	Hong-Kong.	91 000	1 148 000
Tabac.	—	. . . . .	. . . . .	Siam.	179 000	323 000
Caoutchouc.	—	177 000	1 151 000			
Stick-laque.	—	174 000	348 000			
Badiane (essence).	—	41 000	623 000	Hong-Kong.	226 000	294 000
Coton non égrené.	—	. . . . .	. . . . .	Chine et Japon.	473 000	378 000
Cunao.	—	. . . . .	. . . . .	Hong-Kong.	5 260 000	789 000
Houille..	—	. . . . .	. . . . .	Chine et Japon.	45 800 000	917 000
				Hong-Kong.	119 800 000	2 390 000
Nattes.	—	. . . . .	. . . . .	Siam.	281 000	338 000
				Hong-Kong.	5 397 000	2 700 000

EXPORTATION DU RIZ D'INDO-CHINE EN 1904

	RIZ CARGO	VALEUR EN FRANCS	BRISURES DE RIZ	VALEUR EN FRANCS	FARINE DE RIZ	VALEUR EN FRANCS	RIZ BLANC	VALEUR EN FRANCS
	Tonnes.		Tonnes.		Tonnes.		Tonnes.	
Sur France. . .	44 870	4 487 000	50 900	4 580 000	16 800	1 000 000	143 000	18 600 000
l'Europe.. .	18 600	1 850 000	»	»	»	»	»	»
la Chine et le Japon. .	6 000	600 000	»	»	»	»	67 000	8 800 000
entrepôts de Hong-Kong.	131 000	13 800 000	5 100	460 000	87 000	5 250 000	109 000	14 100 000
entrepôts de Singapour. .	»	»	»	»	»	»	9 000	1 170 000
autres pays d'Asie. . . Océanie. . . Afrique, Amérique. . .	34 200	34 220 000	»	»	»	»	226 000	29 400 000
	234 670	54 957 000	56 000	5 040 000	103 800	6 250 000	554 000	72 070 000

Tonnage total. 948 000 tonnes.
Valeur totale en francs. . . . . 138 millions.

TABLEAU EN MILLIONS DE FRANCS DES CAPITAUX FRANÇAIS ENGAGÉS EN INDO-CHINE

(Ce tableau est extrait du rapport de M. Saint-Germain, sénateur, à la commission des finances de 1906.)

	COMMERCE	INDUSTRIE	AGRICULTURE
1° Capitaux engagés dans le commerce, l'industrie et l'agriculture.			
Cochinchine. . . .	9 487 000	29 170 000	3 928 000
Cambodge.. . . .	5 224 000	2 600 000	1 030 000
Tonkin..	23 030 000	32 700 000	6 157 000
Annam..	3 600 000	7 380 000	2 084 000
Laos	120 000	390 000	—
	41 521 000	72 240 000	13 199 000
Total.			127 000 000
2° **Capitaux engagés dans les emprunts indo-chinois.**			200 000 000
3° Capitaux engagés dans les compagnies de construction et d'exploitation des chemins de fer..			95 000 000
Total général.. . . .			421 000 000

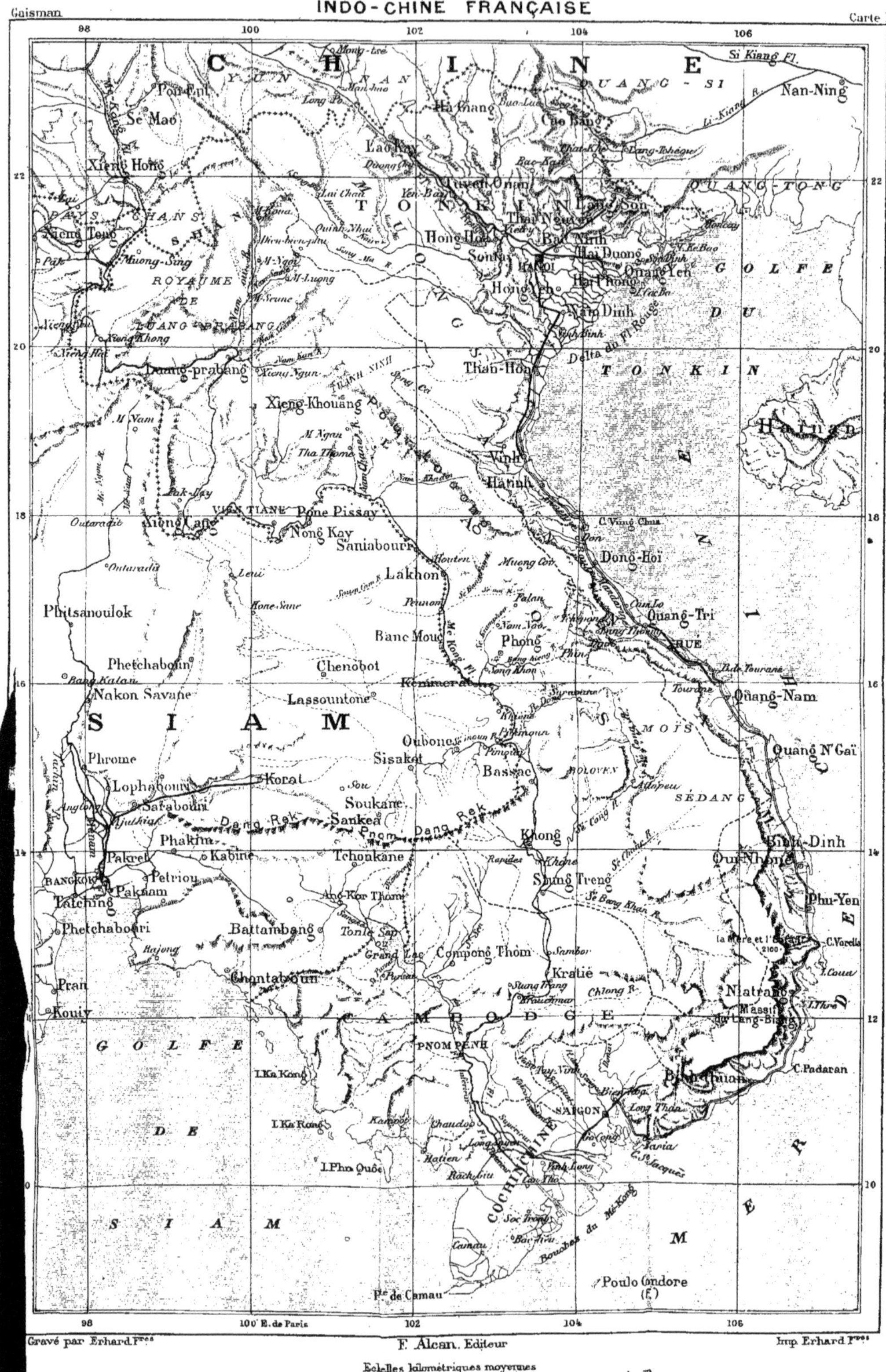
Gaisman
INDO-CHINE FRANÇAISE
Carte I
CHINE
YUN NAN
QUANG-SI
QUANG-TONG
TONKIN
GOLFE DU TONKIN
Hainan
SIAM
GOLFE DE SIAM
CAMBODGE
COCHINCHINE
MER
ROYAUME DE LUANG PRABANG
Lao Kay
Hanoi
Hai Phong
Nam Dinh
Than-Hoa
Vinh
Dong-Hoï
Quang-Tri
HUÉ
Quang-Nam
Quang N'Gaï
Binh-Dinh
Phu-Yen
Natrang
Luang-prabang
Xieng-Khouang
Pone Pissay
Nong Kay
Lakhon
Korat
Bassac
Khong
Kratié
PNOM PENH
SAIGON
Battambang
Chantaboun
BANGKOK
Pakham
Phitsanoulok
Nan-Ning
Poulo Condore
Pte de Camau
98
100
102
104
106
100 E. de Paris
Gravé par Erhard Fres
F. Alcan, Editeur
Imp. Erhard Fres
Echelles kilométriques moyennes
de 9° à 14° de latitude
de 14° à 18°
de 18° à 23°
0
50
100
200
400

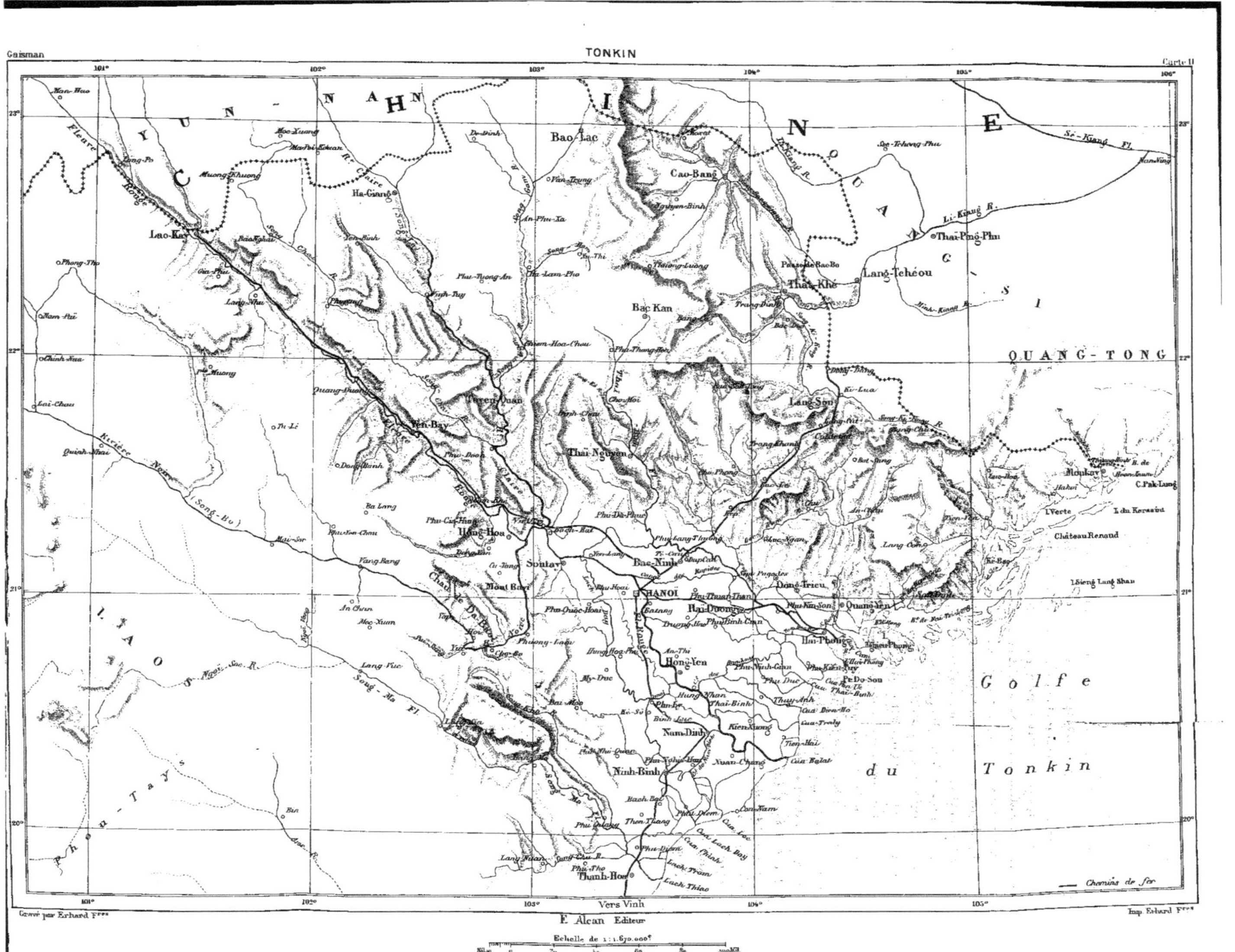
Gaisman
TONKIN
Carte II
YUN-NAN
CHINE
QUANG-SI
QUANG-TONG
LAOS
Lao-Kay
Ha-Giang
Bao-Lac
Cao-Bang
Thai-Ping-Phu
Lang-Tchéou
That-Khé
Bac-Kan
Lang-Son
Tuyen-Quan
Yen-Bay
Thai-Nguyen
Hung-Hoa
Sontay
Bac-Ninh
HANOÏ
Hai-Duong
Quang-Yen
Hai-Phong
Hong-Yen
Nam-Dinh
Ninh-Binh
Thanh-Hoa
Moncay
C. Pak-Lung
Château Renaud
Golfe du Tonkin
Chemins de fer
Vers Vinh
Gravé par Erhard Frères
F. Alcan Editeur
Echelle de 1:1.670.000
Imp. Erhard Frères

LIGNE DE LAOKAY A YUN-NAN-SEN

LÉGENDE

— — — *Tracé selon la convention du 15 Juin 1901 (Abandonné).*

——— *Tracé définitivement adopté.*

♉ *Gisements d'après la mission Leclère.*

Echelle de $\frac{1}{35.000.000}$

par Erhard F^res F. Alcan. Editeur *Imp. Erhard F^res*

TABLE DES MATIÈRES

CHARTRES. — IMPRIMERIE DURAND, RUE FULBERT.

Juin 1906

FÉLIX ALCAN, ÉDITEUR

LIBRAIRIES FÉLIX ALCAN ET GUILLAUMIN RÉUNIES

108, Boulevard Saint-Germain, 108, Paris, 6e.

EXTRAIT DU CATALOGUE

SCIENCES — MÉDECINE — HISTOIRE — PHILOSOPHIE
ÉCONOMIE POLITIQUE — STATISTIQUE — FINANCES

BIBLIOTHÈQUE
SCIENTIFIQUE INTERNATIONALE

Volumes in-8, cartonnés à l'anglaise. — Prix : 6, 9 et 12 fr.

107 VOLUMES PUBLIÉS :

1. J. TYNDALL. **Les glaciers et les transformations de l'eau**, 7e éd., illustré.
2. W. BAGEHOT. **Lois scientifiques du développement des nations**, 6e édition.
3. J. MAREY. **La machine animale**, 6e édition, illustré.
4. A. BAIN. **L'esprit et le corps**, 6e édition.
5. PETTIGREW. **La locomotion chez les animaux**, 2e éd., ill.
6. HERBERT SPENCER. **Introd. à la science sociale**, 13e édit.
7. OSCAR SCHMIDT. **Descendance et darwinisme**, 6e édition.
8. H. MAUDSLEY. **Le crime et la folie**, 7e édition.
9. VAN BENEDEN. **Les commensaux et les parasites dans le règne animal**, 4e édition, illustré.
10. BALFOUR STEWART. **La conservation de l'énergie**, 6e éd., illustré.
11. DRAPER. **Les conflits de la science et de la religion**, 11e éd.
12. LÉON DUMONT. **Théorie scientifique de la sensibilité**, 4e éd.
13. SCHUTZENBERGER. **Les fermentations**, 6e édition, illustré.
14. WHITNEY. **La vie du langage**, 4e édition.
15. COOKE et BERKELEY. **Les champignons**, 4e éd., illustré.
16. BERNSTEIN. **Les sens**, 5e édition, illustré.
17. BERTHELOT. **La synthèse chimique**, 9e édition.
18. NIEWENGLOWSKI. **La photographie et la photochimie**, ill.
19. LUYS. **Le cerveau, ses fonctions**, 7e édition (*épuisé*).
20. W. STANLEY JEVONS. **La monnaie et le mécanisme de l'échange**, 5e édition.
21. FUCHS. **Les volcans et les tremblements de terre**, 6e éd.
22. GÉNÉRAL BRIALMONT. **La défense des États et les camps retranchés**, 3e édition, avec fig. (*épuisé*).
23. A. DE QUATREFAGES. **L'espèce humaine**, 13e édition.
24. BLASERNA et HELMHOLTZ. **Le son et la musique**, 5e éd.
25. ROSENTHAL. **Les muscles et les nerfs**, 3e édition (*épuisé*).

26. BRUCKE et HELMHOLTZ. **Principes scientifiques des beaux-arts**, 4e édition, illustré.
27. WURTZ. **La théorie atomique**, 8e édition.
28-29. SECCHI (Le Père). **Les étoiles**, 3e édit., 2 vol. illustrés.
30. N. JOLY. **L'homme avant les métaux**, 4e édit. (*épuisé*).
31. A. BAIN. **La science de l'éducation**, 10e édition.
32-33. THURSTON. **Histoire de la machine à vapeur**, 3e éd., 2 vol.
34. R. HARTMANN. **Les peuples de l'Afrique**, 2e édit. (*épuisé*).
35. HERBERT SPENCER. **Les bases de la morale évolutionniste**, 7e édition.
36. TH.-H. HUXLEY. **L'écrevisse**, introduction à l'étude de la zoologie, 2e édition, illustré.
37. DE ROBERTY. **La sociologie**, 3e édition.
38. O.-N. ROOD. **Théorie scientifique des couleurs et leurs applications à l'art et à l'industrie**, 2e édition, illustré.
39. DE SAPORTA et MARION. **L'évolution du règne végétal.** *Les cryptogames*, illustré.
40-41. CHARLTON-BASTIAN. **Le cerveau et la pensée**, 2e éd., 2 vol. illustrés.
42. JAMES SULLY. **Les illusions des sens et de l'esprit**, 3e éd., ill.
43. YOUNG. **Le Soleil**, illustré (*épuisé*).
44. A. DE CANDOLLE. **Origine des plantes cultivées**, 4e édit.
45-46. J. LUBBOCK. **Fourmis, abeilles et guêpes** (*épuisé*).
47. ED. PERRIER. **La philos. zoologique avant Darwin**, 3e éd.
48. STALLO. **La matière et la physique moderne**, 3e édition.
49. MANTEGAZZA. **La physionomie et l'expression des sentiments**, 3e édit., illustré, avec 8 pl. hors texte.
50. DE MEYER. **Les organes de la parole**, illustré.
51. DE LANESSAN. **Introduction à la botanique.** *Le sapin*, 2e édit., illustré.
52-53. DE SAPORTA et MARION. **L'évolution du règne végétal.** *Les phanérogames*, 2 volumes illustrés.
54. TROUESSART. **Les microbes, les ferments et les moisissures**, 2e éd., illustré.
55. HARTMANN. **Les singes anthropoïdes** (*épuisé*).
56. SCHMIDT. **Les mammifères dans leurs rapports avec leurs ancêtres géologiques**, illustré.
57. BINET et FÉRÉ. **Le magnétisme animal**, 4e éd., illustré.
58-59. ROMANES. **L'intelligence des animaux**, 3e éd., 2 vol.
60. F. LAGRANGE. **Physiologie des exercices du corps**, 8e éd.
61. DREYFUS. **L'évolution des mondes et des sociétés**, 3e édit.
62. DAUBRÉE. **Les régions invisibles du globe et des espaces célestes**, 2e édition, illustré.
63-64. J. LUBBOCK. **L'homme préhistorique**, 4e éd. 2 vol. ill.
65. RICHET (Ch.). **La chaleur animale**, illustré.
66. FALSAN. **La période glaciaire**, illustré (*épuisé*).
67. BEAUNIS. **Les sensations internes.**
68. CARTAILHAC. **La France préhistorique**, 2e éd., illustré.
69. BERTHELOT. **La révolution chimique, Lavoisier**, ill.

70. J. LUBBOCK. **Les sens et l'instinct chez les animaux**, ill.
71. STARCKE. **La famille primitive.**
72. ARLOING. **Les virus**, illustré.
73. TOPINARD. **L'homme dans la nature**, illustré.
74. BINET. **Les altérations de la personnalité.**
75. DE QUATREFAGES. **Darwin et ses précurseurs français**, 2e éd.
76. LEFÈVRE. **Les races et les langues.**
77-78. A. DE QUATREFAGES. **Les émules de Darwin**, 2 vol.
79. BRUNACHE. **Le centre de l'Afrique; autour du Tchad**, ill.
80. A. ANGOT. **Les aurores polaires**, illustré.
81. JACCARD. **Le pétrole, l'asphalte et le bitume**, illustré.
82. STANISLAS MEUNIER. **La géologie comparée**, illustré.
83. LE DANTEC. **Théorie nouvelle de la vie**, 3e éd., illustré.
84. DE LANESSAN. **Principes de colonisation.**
85. DEMOOR, MASSART et VANDERVELDE. **L'évolution régressive en biologie et en sociologie**, illustré.
86. G. DE MORTILLET. **Formation de la nation française**, 2e édition, illustré.
87. G. ROCHÉ. **La culture des mers en Europe** (*Piscifacture, pisciculture, ostréiculture*), illustré.
88. J. COSTANTIN. **Les végétaux et les milieux cosmiques** (*Adaptation, évolution*), illustré.
89. LE DANTEC. **Évolution individuelle et hérédité.**
90. E. GUIGNET et E. GARNIER. **La céramique ancienne et moderne**, illustré.
91. E.-M. GELLÉ. **L'audition et ses organes**, illustré.
92. STANISLAS MEUNIER. **La géologie expérimentale**, 2e éd., illustré.
93. J. COSTANTIN. **La nature tropicale**, illustré.
94. E. GROSSE. **Les débuts de l'art**, illustré.
95. J. GRASSET. **Les maladies de l'orientation et de l'équilibre**, illustré.
96. G. DEMENY. **Les bases scientifiques de l'éducation physique**, 3e éd., illustré.
97. F. MALMÉJAC. **L'eau dans l'alimentation**, illustré.
98. STANISLAS MEUNIER. **La géologie générale**, illustré.
99. G. DEMENY. **Mécanisme et éducation des mouvements**, 2e édition, illustré. 9 fr.
100. L. BOURDEAU. **Histoire du vêtement et de la parure.**
101. A. MOSSO. **Les exercices physiques et le développement intellectuel.**
102. LE DANTEC. **Les lois naturelles**, illustré.
103. NORMAN LOCKYER. **L'évolution inorganique**, illustré.
104. COLAJANNI. **Latins et Anglo-Saxons.** 9 fr.
105. JAVAL. **Physiologie de la lecture et de l'écriture**, 2e éd. ill.
106. COSTANTIN. **Le transformisme appliqué à l'agriculture**, illustré.
107. LALOY. **Parasitisme et mutualisme dans la nature**, illustré.

COLLECTION MÉDICALE

ÉLÉGANTS VOLUMES IN-12, CARTONNÉS A L'ANGLAISE, A 4 ET A 3 FRANCS

La mélancolie, par le Dr R. MASSELON. 4 fr.

Essai sur la puberté chez la femme, par le Dr MARTHE FRANCILLON. 4 fr.

Hygiène de l'alimentation dans l'état de santé et de maladie, par le Dr J. LAUMONIER, avec gravures. 3e éd. 4 fr.

Les nouveaux traitements, par *le même*. 2e édit. 4 fr.

Les embolies bronchiques tuberculeuses, par le Dr CH. SABOURIN. 4 fr.

L'alimentation des nouveau-nés. *Hygiène de l'allaitement artificiel*, par le Dr S. ICARD, avec 60 gravures. 2e édit. 4 fr.

La mort réelle et la mort apparente, diagnostic et traitement de la mort apparente, par *le même*, avec gravures. 4 fr.

L'hygiène sexuelle et ses conséquences morales, par le Dr S. RIBBING, prof. à l'Univ. de Lund (Suède). 2e édit. 4 fr.

Hygiène de l'exercice chez les enfants et les jeunes gens, par le Dr F. LAGRANGE, lauréat de l'Institut. 8e édit. 4 fr.

De l'exercice chez les adultes, par *le même*. 4e édition. 4 fr.

Hygiène des gens nerveux, par le Dr LEVILLAIN, avec gravures. 4e édition. 4 fr.

L'éducation rationnelle de la volonté, son emploi thérapeutique, par le Dr PAUL-EMILE LÉVY. Préface de M. le prof. BERNHEIM. 5e édition. 4 fr.

L'idiotie. *Psychologie et éducation de l'idiot*, par le Dr J. VOISIN, médecin de la Salpêtrière, avec gravures. 4 fr.

L'instinct sexuel. *Évolution, dissolution*, par *le même*. 2e éd. 4 fr.

La famille névropathique, *Hérédité, prédisposition morbide, dégénérescence*, par le Dr CH. FÉRÉ, médecin de Bicêtre, avec gravures. 2e édition. 4 fr.

Le traitement des aliénés dans les familles, par *le même*. 3e édition. 4 fr.

L'hystérie et son traitement, par le Dr PAUL SOLLIER. 4 fr.

Manuel de psychiatrie, par le Dr J. ROGUES DE FURSAC. 2e éd. 4 fr.

L'éducation physique de la jeunesse, par A. MOSSO, professeur à l'Université de Turin. 4 fr.

Manuel de percussion et d'auscultation, par le Dr P. SIMON, professeur à la Faculté de médecine de Nancy, avec grav. 4 fr.

Éléments d'anatomie et de physiologie génitales et obstétricales, par le Dr A. POZZI, professeur à l'École de médecine de Reims, avec 219 gravures. 4 fr.

Manuel théorique et pratique d'accouchements, par *le même*, avec 138 gravures. 4e édition. 4 fr.

Morphinisme et Morphinomanie, par le Dr Paul Rodet. (*Couronné par l'Académie de médecine.*) 4 fr.

La fatigue et l'entraînement physique, par le Dr Ph. Tissié, avec gravures. Préface de M. le prof. Bouchard. 2e édition. 4 fr.

Les maladies de la vessie et de l'urèthre chez la femme, par le Dr Kolischer ; trad. de l'allemand par le Dr Beuttner, de Genève; avec gravures. 4 fr.

La profession médicale. *Ses devoirs, ses droits*, par le Dr G. Morache, professeur de médecine légale à l'Université de Bordeaux. 4 fr.

Le mariage, par *le même*. 4 fr.

Grossesse et accouchement, par *le même*. 4 fr.

Naissance et mort, par *le même*. 4 fr.

La responsabilité, par *le même*. 4 fr.

Manuel d'électrothérapie et d'électrodiagnostic, par le Dr E. Albert-Weil, avec 88 gravures. 2e éd. 4 fr.

Traité de l'intubation du larynx *chez l'enfant et chez l'adulte*, par le Dr A. Bonain, avec 42 gravures. 4 fr.

Pratique de la chirurgie courante, par le Dr M. Cornet. Préface du Pr Ollier, avec 111 gravures. 4 fr.

Dans la même collection :

COURS DE MÉDECINE OPÉRATOIRE

de M. le Professeur **Félix Terrier**.

Petit manuel d'antisepsie et d'asepsie chirurgicales, par les Drs Félix Terrier, professeur à la Faculté de médecine de Paris, et M. Péraire, ancien interne des hôpitaux, avec grav. 3 fr.

Petit manuel d'anesthésie chirurgicale, par *les mêmes*, avec 37 gravures. 3 fr.

L'opération du trépan, par *les mêmes*, avec 222 grav. 4 fr.

Chirurgie de la face, par les Drs Félix Terrier, Guillemain et Malherbe, avec gravures. 4 fr.

Chirurgie du cou, par *les mêmes*, avec gravures. 4 fr.

Chirurgie du cœur et du péricarde, par les Drs Félix Terrier et E. Reymond, avec 79 gravures. 3 fr.

Chirurgie de la plèvre et du poumon, par *les mêmes*, avec 67 gravures. 4 fr.

MÉDECINE

EXTRAIT DU CATALOGUE, PAR ORDRE DE SPÉCIALITÉS

A. — Pathologie et thérapeutique médicales.

AXENFELD ET HUCHARD. **Traité des névroses.** 2e édition, par HENRI HUCHARD. 1 fort vol. gr. in-8. 20 fr.

BOUCHUT ET DESPRÉS. **Dictionnaire de médecine et de thérapeutique médicale et chirurgicale,** comprenant le résumé de la médecine et de la chirurgie, les indications thérapeutiques de chaque maladie, la médecine opératoire, les accouchements, l'oculistique, l'odontotechnie, les maladies d'oreilles, l'électrisation, la matière médicale, les eaux minérales, et un formulaire spécial pour chaque maladie. 6e édition, très augmentée. 1 vol. in-4, avec 1001 fig. dans le texte et 3 cartes. Broché, 25 fr. ; relié. 30 fr.

BOURCART et CAUTRU. **Le ventre.** I. *Le rein.* 1 vol. gr. in-8 avec grav. et planches. 10 fr.

CAMUS ET PAGNIEZ. **Isolement et psychothérapie.** *Traitement de la neurasthénie.* Préface du Pr DÉJERINE. 1 vol. gr. in-8. 9 fr.
Couronné par l'Académie des Sciences (Prix Lallemand.)

CORNIL ET BABÈS. **Les bactéries et leur rôle dans l'anatomie et l'histologie pathologiques des maladies infectieuses.** 3e éd. entièrement refondue. 2 vol. in-8, avec 350 fig. dans le texte en noir et en couleurs et 12 planches hors texte. 40 fr.

DAVID. **Les microbes de la bouche.** 1 vol. in-8, avec gravures en noir et en couleurs dans le texte. 10 fr.

DELBET (Pierre). **Du traitement des anévrysmes.** 1 vol. in-8. 5 fr.

DURAND-FARDEL. **Traité des eaux minérales** de la France et de l'étranger, leur emploi dans les maladies chroniques. 3e éd. 1 v. in-8. 10 fr.

FÉRÉ (Ch.). **Les épilepsies et les épileptiques.** 1 vol. gr. in-8, avec 12 planches hors texte et 67 grav. dans le texte. 20 fr.

— **La pathologie des émotions.** 1 vol. in-8. 12 fr.

FINGER (E.). **La syphilis et les maladies vénériennes.** Trad. de l'allemand avec notes par les docteurs SPILLMANN et DOYON. 2e édit. 1 vol. in-8, avec 5 planches hors texte. 12 fr.

FLEURY (Maurice de). **Introduction à la médecine de l'esprit.** 7e édit. 1 vol. in-8. 7 fr. 50
(*Ouvrage couronné par l'Académie française et par l'Académie de médecine.*)

— **Les grands symptômes neurasthéniques.** 3e édition, revue. 1 vol. in-8. 7 fr. 50

— **Manuel pour l'étude des maladies du système nerveux.** 1 vol. gr. in-8, avec 132 grav. en noir et en couleurs, cart. à l'angl. 25 fr.
Ces deux derniers ouvrages ont été couronnés par l'Académie des Sciences (Prix Lallemand).

GLÉNARD. **Les ptoses viscérales** (Estomac, Intestin, Rein, Foie, Rate). 1 vol. gr. in-8, avec 224 fig. et 30 tableaux synoptiques. 20 fr.

GRASSET. **Les maladies de l'orientation et de l'équilibre.** 1 vol. in-8, cart. à l'angl. 6 fr.

HERARD, CORNIL ET HANOT. **De la phtisie pulmonaire.** 2e éd. 1 vol. in-8, avec fig. dans le texte et pl. coloriées. 20 fr.

ICARD (S.). **La femme pendant la période menstruelle.** Étude de psychologie morbide et de médecine légale. In-8. 6 fr.

JANET (P.) ET RAYMOND (F.). **Névroses et idées fixes.**

Tome I. — *Études expérimentales sur les troubles de la volonté, de l'attention, de la mémoire; sur les émotions, les idées obsédantes et leur traitement*, par P. Janet. 2e éd. 1 vol. gr. in-8, avec 68 gr. 12 fr

Tome II. — *Fragments des leçons cliniques du mardi sur les névroses, les maladies produites par les émotions, les idées obsédantes et leur traitement*, par F. Raymond et P. Janet. 1 vol. grand in-8, avec 97 gravures. 14 fr.

(*Ouvrage couronné par l'Académie des Sciences et par l'Académie de médecine.*)

JANET (P.) ET RAYMOND (F.) **Les obsessions et la psychasthénie.**

Tome I. — *Études cliniques et expérimentales sur les idées obsédantes, les impulsions, les manies mentales, la folie du doute, les tics, les agitations, les phobies, les délires du contact, les angoisses, les sentiments d'incomplétude, la neurasthénie, les modifications des sentiments du réel, leur pathogénie et leur traitement*, par P. Janet. 1 vol. in-8 raisin, avec gravures dans le texte. 18 fr.

Tome II. — *Fragments des leçons cliniques du mardi sur les états neurasthéniques, les aboulies, les sentiments d'incomplétude, les agitations et les angoisses diffuses, les algies, les phobies, les délires du contact, les tics, les manies mentales, les folies du doute, les idées obsédantes, les impulsions, leur pathogénie et leur traitement*, par F. Raymond et P. Janet. 1 vol. in-8 raisin, avec 22 grav. dans le texte. 14 fr.

LAGRANGE (F.). **Les mouvements méthodiques et la « mécanothérapie ».** 1 vol. in-8, avec 55 gravures dans le texte. 10 fr.

— **Le traitement des affections du cœur par l'exercice et le mouvement.** 1 vol. in-8, avec nombreux graphiques et une carte hors texte. 6 fr.

— **La médication par l'exercice.** 1 vol. gr. in-8 avec 68 grav. et une planche en couleurs hors texte. 2e éd. 12 fr.

LE DANTEC (F.). **Introduction à la pathologie générale.** 1 fort vol. gr. in-8. 15 fr.

MARVAUD (A.). **Les maladies du soldat,** étude étiologique, épidémiologique et prophylactique. 1 vol. grand in-8. 20 fr.

(*Ouvrage couronné par l'Académie des sciences.*)

MOSSÉ. **Le diabète et l'alimentation aux pommes de terre.** 1 vol. in-8. 5 fr.

RILLIET ET BARTHEZ. **Traité clinique et pratique des maladies des enfants.** 3e édition, refondue et augmentée, par Barthez et A. Sanné.

Tome I, 1 fort vol. gr. in-8. 16 fr.
Tome II, 1 fort vol. gr. in-8. 14 fr.
Tome III terminant l'ouvrage, 1 fort vol. gr. in-8. 25 fr.

SOLLIER (Paul). **Genèse et nature de l'hystérie.** 2 forts vol. in-8. 20 fr.

SPRINGER. **La croissance.** Son rôle en pathologie. Essai de pathologie générale. 1 vol. in-8. 6 fr.

VOISIN (J.). **L'épilepsie.** 1 vol. in-8. 6 fr.

WIDE (A.). **Traité de gymnastique médicale suédoise.** Trad., annoté et augm. par le Dr Bourcart. 1 vol. in-8, avec 128 grav. 12 fr. 50

B. — Pathologie et thérapeutique chirurgicales.

Congrès français de chirurgie. Mémoires et discussions, publiés par MM. Pozzi et Picqué, secrétaires généraux :

1re, 2e et 3e sessions : 1885, 1886, 1888, 3 forts vol. gr. in-8, avec fig., chacun, 14 fr. — 4e session : 1889, 1 fort vol. gr. in-8, avec fig., 16 fr. — 5e session : 1891, 1 fort vol. gr. in-8, avec fig., 14 fr. — 6e session : 1892, 1 fort vol. gr. in-8, avec fig., 16 fr. — 7e session : 1893, 1 fort vol. gr. in-8, 18 fr. — 8e, 9e, 10e, 11e, 12e, 13e, 14e, 15e et 16e sessions : 1894-95-96-97-98-99-1901-02-03, chaque volume. 20 fr.

DE BOVIS. **Le cancer du gros intestin,** *rectum excepté.* 1 volume in-8. 5 fr.

DELORME. **Traité de chirurgie de guerre.** 2 vol. gr. in-8.
Tome I, avec 95 grav. dans le texte et une pl. hors texte. 16 fr.
Tome II, terminant l'ouvrage, avec 400 grav. dans le texte. 26 fr.
(Ouvrage couronné par l'Académie des Sciences.)

DURET (H.). **Les tumeurs de l'encéphale.** *Manifestations et chirurgie.* 1 fort vol. gr. in-8 avec 300 figures. 20 fr.

ESTOR. **Guide pratique de chirurgie infantile.** 1 vol. in-8, avec 165 gravures. 8 fr.

FRAISSE. **Principes du diagnostic gynécologique.** 1 vol. in-12, avec gravures. 5 fr.

KOSCHER. **Les fractures de l'humérus et du fémur.** 1 vol. gr. in-8, avec 105 fig. et 56 planches hors texte. 15 fr.

LABADIE-LAGRAVE et LEGUEU. **Traité médico-chirurgical de gynécologie.** 3e édition entièrement remaniée. 1 vol. grand in-8, avec nombreuses fig., cart. à l'angl. 25 fr.

F. LEGUEU. **Leçons de clinique chirurgicale** (Hôtel-Dieu, 1901). 1 vol. grand in-8, avec 71 gravures dans le texte. 12 fr.

LIEBREICH. **Atlas d'ophtalmoscopie,** représentant l'état normal et les modifications pathologiques du fond de l'œil vues à l'ophtalmoscope. 3e édition. Atlas in-f° de 12 planches. 40 fr.

NIMIER (H.). **Blessures du crâne et de l'encéphale par coup de feu.** 1 vol. in-8, avec 150 fig. 15 fr.

NIMIER (H.) et DESPAGNET. **Traité élémentaire d'ophtalmologie.** 1 fort vol. gr. in-8, avec 432 gravures. Cart. à l'angl. 20 fr.

NIMIER (H.) et LAVAL. **Les projectiles de guerre** et leur action vulnérante. 1 vol. in-12, avec grav. 3 fr.

— **Les explosifs, les poudres, les projectiles d'exercice,** leur action et leurs effets vulnérants. 1 vol. in-12, avec grav. 3 fr.

— **Les armes blanches,** leur action et leurs effets vulnérants. 1 vol. in-12, avec grav. 6 fr.

— **De l'infection en chirurgie d'armée,** évolution des blessures de guerre. 1 vol. in-12, avec grav. 6 fr.

— **Traitement des blessures de guerre.** 1 fort vol. in-12, avec gravures. 6 fr.

F. TERRIER et M. AUVRAY. **Chirurgie du foie et des voies biliaires.** 1 vol. grand in-8, avec 50 fig. 10 fr.

F. TERRIER et M. PÉRAIRE. **Manuel de petite chirurgie.** 8e édition, entièrement refondue. 1 fort vol. in-12, avec 572 fig., cartonné à l'anglaise. 8 fr.

C. — Thérapeutique. Pharmacie. Hygiène.

BOSSU. **Petit compendium médical.** 6e édit. 1 vol. in-32, cartonné à l'anglaise. 1 fr. 25

BOUCHARDAT. **Nouveau formulaire magistral.** 1900. 1 vol. in-18, cartonné. 4 fr.

BOUCHARDAT ET DESOUBRY. **Formulaire vétérinaire,** contenant le mode d'action, l'emploi et les doses des médicaments. 6e édit. 1 vol. in-18, broché, 3 fr. 50; cartonné, 4 fr.; relié. 4 fr. 50

BOUCHARDAT. **De la glycosurie ou diabète sucré,** son traitement hygiénique. 2e édition. 1 vol. grand in-8.

BOUCHARDAT. **Traité d'hygiène publique et privée,** basée sur l'étiologie. 3e édition. 1 fort volume gr. in-8. 18 fr.

BOURGEOIS (G.). **Exode rural et tuberculose.** 1 vol. gr. in-8. 5 fr.

CHASSEVANT (A.). **Précis de chimie physiologique.** 1 vol. gr. in-8. 10 fr.

LAGRANGE (F.). **La médication par l'exercice.** 1 vol. grand in-8, avec 68 grav. et une carte en couleurs. 2 éd. 12 fr.

— **Les mouvements méthodiques et la « mécanothérapie ».** 1 vol. in-8, avec 55 gravures. 10 fr.

MOSSÉ. **Le diabète et l'alimentation aux pommes de terre.** 1 volume in-8, avec graphiques. 5 fr.

WEBER. **Climatothérapie.** Traduit de l'allemand par les docteurs Doyon et Spilmann. 1 vol. in-8. 6 fr.

D. — Anatomie. Physiologie. Histologie.

BELZUNG. **Anatomie et physiologie végétales.** 1 fort volume in-8, avec 1700 gravures. 20 fr.

— **Anatomie et physiologie animales.** 9e édition revue. 1 fort volume in-8, avec 522 gravures dans le texte, broché, 6 fr.; cart. 7 fr.

BÉRAUD (B.-J.). **Atlas complet d'anatomie chirurgicale topographique,** pouvant servir de complément à tous les ouvrages d'anatomie chirurgicale, composé de 109 planches représentant plus de 200 figures gravées sur acier, avec texte explicatif. 1 fort vol. in-4.
Prix : Fig. noires, relié, 60 fr. — Fig. coloriées, relié, 120 fr.

CORNIL, RANVIER, BRAULT ET LETULLE. **Manuel d'histologie pathologique.** 3e édition entièrement remaniée.

Tome I, par MM. Ranvier, Cornil, Brault, F. Bezançon et M. Cazin. — *Histologie normale. — Cellules et tissus normaux. — Généralités sur l'histologie pathologique. — Altération des cellules et des tissus. — Inflammations. — Tumeurs. — Notions sur les bactéries. — Maladies des systèmes et des tissus. — Altérations du tissu conjonctif.* 1 vol. in-8, avec 387 gravures en noir et en couleurs. 25 fr.

Tome II, par MM. Durante, Jolly, Dominici, Gombault et Phillipe. — *Muscles. — Sang et hématopoïèse. — Généralités sur le système nerveux.* 1 vol. in-8, avec 278 grav. en noir et en couleurs. 25 fr.

Tome III, par MM. Gombault, Nageotte, Riche, Marie, Durante, Legry, Milian, Bezançon. — *Cerveau.* — *Moelle.* — *Nerfs.* — *Cœur.* — *Poumon.* — *Larynx.* — *Ganglion lymphatique.* — *Rate.* 1 vol. in-8, avec grav. en noir et en coul. (*Paraîtra en Octobre 1906.*)

L'ouvrage complet comprendra 4 volumes.

CYON (E. de). **Les nerfs du cœur.** 1 vol. gr. in-8 avec fig. 6 fr.

DEBIERRE. **Traité élémentaire d'anatomie de l'homme.** Anatomie descriptive et dissection, avec notions d'organogénie et d'embryologie générales. Ouvrage complet en 2 volumes. 40 fr.

Tome I. *Manuel de l'amphithéâtre.* 1 vol. in-8 de 950 pages, avec 450 figures en noir et en couleurs dans le texte. 20 fr.

Tome II et dernier. 1 vol. in-8, avec 515 figures en noir et en couleurs dans le texte. 20 fr.

(*Couronné par l'Académie des Sciences.*)

DEBIERRE. **Les centres nerveux** (Moelle épinière et encéphale), avec applications physiologiques et médico-chirurgicales. 1 vol. in-8, avec grav. en noir et en couleurs. 12 fr.

— **Atlas d'ostéologie,** comprenant les articulations des os et les insertions musculaires. 1 vol. in-4, avec 253 grav. en noir et en couleurs, cart. toile dorée. 12 fr.

— **Leçons sur le péritoine.** 1 vol. in-8, avec 58 figures. 4 fr.

— **L'embryologie en quelques leçons.** 1 vol. in-8, avec 144 fig. 4 fr.

G. DEMENY. **Mécanisme et éducation des mouvements.** 2e éd. 1 vol. in-8, avec 565 figures. 9 fr.

DUVAL (Mathias). **Le placenta des rongeurs.** 1 vol. in-4, avec 106 fig. dans le texte et un atlas de 22 planches en taille-douce hors texte. 40 fr.

— **Le placenta des carnassiers.** 1 beau vol. in-4, avec 46 figures dans le texte et un atlas de 13 planches en taille-douce. 25 fr.

— **Études sur l'embryologie des chéiroptères.** *L'ovule, la gastrula, le blastoderme et l'origine des annexes chez le murin.* 1 fort vol., avec 29 fig. dans le texte et 5 planches en taille-douce. 15 fr.

FAU. **Anatomie des formes du corps humain,** à l'usage des peintres et des sculpteurs. 1 atlas in-folio de 25 planches. Prix : Figures noires, 15 fr. — Figures coloriées. 30 fr.

FÉRÉ. **Travail et plaisir.** *Études de psycho-mécanique.* 1 vol. gr. in-8, avec 200 fig. 12 fr.

— **Sensation et mouvement.** 2e éd. 1 vol. in-16, avec grav. 2 fr. 50

GLEY (E.). **Études de psychologie physiologique et pathologique.** 1 vol. in-8 avec gravures. 5 fr.

GRASSET (J.). **Les limites de la biologie.** 4e édit. Préface de Paul Bourget. 1 vol. in-16. 2 fr. 50

LE DANTEC. **Traité de biologie.** 1 vol. grand in-8, avec fig., 2e éd. 15 fr.

— **Lamarckiens et Darwiniens.** 2e édit. 1 vol. in-16. 2 fr. 50

— **L'Unité dans l'être vivant.** *Essai d'une biologie chimique.* 1 vol. in-8. 7 fr. 50

— **Les limites du connaissable.** *La vie et les phénomènes naturels.* 2e édit. 1 vol. in-8. 3 fr. 75

PREYER. **Éléments de physiologie générale.** Traduit de l'allemand par M. J. Soury. 1 vol. in-8. 5 fr.

— **Physiologie spéciale de l'embryon.** 1 vol. in-8, avec figures et 9 planches hors texte. 7 fr. 50

SPENCER (Herbert). **Principes de biologie,** traduit par M. Cazelles. 4e édit. 2 forts vol. in-8. 20 fr.

BIBLIOTHÈQUE GÉNÉRALE DES SCIENCES SOCIALES

Secrétaire de la rédaction: DICK MAY, Secrét. gén. de l'Éc. des Hautes Études sociales.

Volumes in-8 carré de 300 pages environ, cart. à l'anglaise.
Chaque volume, 6 fr.

L'individualisation de la peine, par R. SALEILLES, professeur à la Faculté de droit de l'Université de Paris.

L'idéalisme social, par EUGÈNE FOURNIÈRE.

Ouvriers du temps passé (XVe et XVIe siècles), par H. HAUSER, professeur à l'Université de Dijon, 2e édition.

Les transformations du pouvoir, par G. TARDE, de l'Institut, professeur au Collège de France.

Morale sociale, par MM. G. BELOT, MARCEL BERNÈS, BRUNSCHVICG, F. BUISSON, DARLU, DAURIAC, DELBET, CH. GIDE, M. KOVALEVSKY, MALAPERT, le R. P. MAUMUS, DE ROBERTY, G. SOREL, le PASTEUR WAGNER. Préface de M. ÉMILE BOUTROUX, de l'Institut.

Les enquêtes, *pratique et théorie*, par P. DU MAROUSSEM. (*Ouvrage couronné par l'Institut.*)

Questions de morale, par MM. BELOT, BERNÈS, F. BUISSON, A. CROISET, DARLU, DELBOS, FOURNIÈRE, MALAPERT, MOCH, D. PARODI, G. SOREL.

Le développement du catholicisme social, depuis l'encyclique *Rerum Novarum*, par MAX TURMANN.

Le socialisme sans doctrines, par A. MÉTIN.

L'éducation morale dans l'Université (*Enseignement secondaire*). Conférences et discussions, sous la présidence de M. A. CROISET, doyen de la Faculté des lettres de l'Université de Paris.

La méthode historique appliquée aux sciences sociales, par CH. SEIGNOBOS, maître de conf. à l'Univ. de Paris.

Assistance sociale. *Pauvres et mendiants*, par PAUL STRAUSS, sénateur.

L'hygiène sociale, par E. DUCLAUX, de l'Institut, directeur de l'Institut Pasteur.

Le contrat de travail. *Le rôle des syndicats professionnels*, par P. BUREAU, professeur à la Faculté libre de droit de Paris.

Essai d'une philosophie de la solidarité. Conférences et discussions, sous la présidence de MM. LÉON BOURGEOIS, sénateur, ancien président du Conseil des ministres, et A. CROISET, de l'Institut, doyen de la Faculté des lettres de Paris.

L'éducation de la démocratie. Leçons professées à l'École des Hautes Études sociales, par MM. E. LAVISSE, A. CROISET, SEIGNOBOS, MALAPERT, LANSON, HADAMARD.

L'exode rural et le retour aux champs, par E. VANDERVELDE, professeur à l'Université nouvelle de Bruxelles.

La lutte pour l'existence et l'évolution des sociétés, par J.-L. DE LANESSAN, député, ancien ministre de la Marine.

La concurrence sociale et les devoirs sociaux, par LE MÊME.

La démocratie devant la science, par C. BOUGLÉ, professeur à l'Université de Toulouse.

L'individualisme anarchiste. *Max Stirner*, par V. BASCH, professeur à l'Université de Rennes.

Les applications sociales de la solidarité, par MM. P. BUDIN, CH. GIDE, H. MONOD, PAULET, ROBIN, SIEGFRIED, BROUARDEL. Préface de M. LÉON BOURGEOIS.

La paix et l'enseignement pacifiste, par MM. FR. PASSY, CH. RICHET, D'ESTOURNELLES DE CONSTANT, E. BOURGEOIS, A. WEISS, H. LA FONTAINE, G. LYON.

Études sur la philosophie morale au XIXe siècle, par MM. BELOT, A. DARLU, M. BERNÈS, A. LANDRY, CH. GIDE, E. ROBERTY, R. ALLIER, H. LICHTENBERGER, L. BRUNSCHVICG.

Enseignement et démocratie, par MM. CROISET, DEVINAT, BOITEL, MILLERAND, APPELL, SEIGNOBOS, LANSON, CH.-V. LANGLOIS.

Religions et sociétés, par MM. TH. REINACH, A. PUECH, R. ALLIER, A. LEROY-BEAULIEU, le Bon CARRA DE VAUX, H. DREYFUS.

Essais socialistes, *La religion, L'alcoolisme, L'art*, par E. VANDERVELDE, professeur à l'Université nouvelle de Bruxelles.

MINISTRES ET HOMMES D'ÉTAT

Chaque volume in-16, 2 fr. 50

Bismarck, par H. WELSCHINGER.
Prim, par H. LÉONARDON.
Disraeli, par M. COURCELLE.
Ôkoubo, ministre japonais, par M. COURANT.
Chamberlain, par A. VIALLATE.

LES MAITRES DE LA MUSIQUE

ÉTUDES D'HISTOIRE ET D'ESTHÉTIQUE

Publiées sous la direction de M. JEAN CHANTAVOINE

Chaque volume in-8 de 250 pages environ, 3 fr. 50

Palestina, par M. BRENET.
J.-S. Bach, par ANDRÉ PIRRO.
César Franck, par VINCENT D'INDY.

En préparation :

Grétry, par PIERRE AUBRY. — **Mendelssohn**, par CAMILLE BELLAIGUE. — **Beethoven**, par JEAN CHANTAVOINE. — **Orlande de Lassus**, par HENRY EXPERT. — **Wagner**, par HENRI LICHTENBERGER. — **Berlioz**, par ROMAIN ROLLAND. — **Rameau**, par L. LALOY. — **Schubert**, par A. SCHWEITZER. — **Gluck**, par JULIEN TIERSOT, etc., etc.

BIBLIOTHÈQUE
D'HISTOIRE CONTEMPORAINE

Volumes in-16 et in-8

EUROPE

HISTOIRE DE L'EUROPE PENDANT LA RÉVOLUTION FRANÇAISE, par *H. de Sybel*. Traduit de l'allemand par Mlle Dosquet. 6 vol. in-8. Chacun. 7 fr.

HISTOIRE DIPLOMATIQUE DE L'EUROPE, DE 1815 A 1878, par *Debidour*, 2 vol. in-8. . . . . 18 fr.

LA QUESTION D'ORIENT, depuis ses origines jusqu'à nos jours, par *E. Driault*; préface de *G. Monod*. 1 vol. in-8. 3e édit. . . . . 7 fr.

LA PAPAUTÉ, par *I. de Dœllenger*. Traduit de l'allemand par *A. Giraud-Teulon*. 1 vol. in-8. . . . . 7 fr.

QUESTIONS DIPLOMATIQUES DE 1904, par *A. Tardieu*. 1 vol. in-16. 3 fr. 50

FRANCE

LA RÉVOLUTION FRANÇAISE, par *H. Carnot*. 1 vol. in-16. Nouv. éd. 3 fr. 50

LA THÉOPHILANTHROPIE ET LE CULTE DÉCADAIRE (1796-1801), par *A. Mathiez*. 1 vol. in-8. . . . . 12 fr.

CONTRIBUTIONS A L'HISTOIRE RELIGIEUSE DE LA RÉVOLUTION FRANÇAISE, par *le même*. 1 vol. in-16. . . . . 3 fr. 50

CONDORCET ET LA RÉVOLUTION FRANÇAISE, par *L. Cahen*. 1 vol. in-8. 10 fr.

LE CULTE DE LA RAISON ET LE CULTE DE L'ÊTRE SUPRÊME (1793-1794). Étude historique, par *A. Aulard*. 2e éd. 1 vol. in-16. . . . . 3 fr. 50

ÉTUDES ET LEÇONS SUR LA RÉVOLUTION FRANÇAISE, par *A. Aulard*. 4 vol. in-16. Chacun . . . . 3 fr. 50

VARIÉTÉS RÉVOLUTIONNAIRES, par *M. Pellet*. 3 vol. in-16. Chacun 3 fr. 50

HOMMES ET CHOSES DE LA RÉVOLUTION, par *Eug. Spuller*. 1 vol. in-16. . . . . 3 fr. 50

LES CAMPAGNES DES ARMÉES FRANÇAISES (1792-1815), par *C. Vallaux*. 1 vol. in-16, avec 17 cartes. . . . . 3 fr. 50

LA POLITIQUE ORIENTALE DE NAPOLÉON (1806-1808), par *E. Driault*. 1 vol. in-8. . . . . 7 fr.

NAPOLÉON ET LA SOCIÉTÉ DE SON TEMPS, par *P. Bondois*. 1 vol. in-8. 7 fr.

DE WATERLOO A SAINTE-HÉLÈNE (20 juin-16 oct. 1815), par *J. Silvestre*. 1 vol. in-16. . . . . 3 fr. 50

HISTOIRE DE DIX ANS (1830-1840), par *Louis Blanc*. 5 vol. in-8. Chacun. 5 fr.

ASSOCIATIONS ET SOCIÉTÉS SECRÈTES SOUS LA DEUXIÈME RÉPUBLIQUE (1848-1851), par *J. Tchernoff*. 1 vol. in-8. . . . . 7 fr.

HISTOIRE DU SECOND EMPIRE (1848-1870), par *Taxile Delord*. 6 vol. in-8. Chacun . . . . 7 fr.

HISTOIRE DU PARTI RÉPUBLICAIN (1814-1870), par *G. Weill*. 1 v. in-8. 10 fr.

HISTOIRE DU MOUVEMENT SOCIAL (1852-1902), par *le même*. 1 v. in-8. 7 fr.

LA CAMPAGNE DE L'EST (1870-71), par *Poullet*. 1 vol. in-8 avec cartes. 7 fr.

HISTOIRE DE LA TROISIÈME RÉPUBLIQUE, par *E. Zevort* :

- I. *Présidence de M. Thiers*. 1 vol. in-8. 2e édit. . . . . . 7 fr.
- II. *Présidence du Maréchal*. 1 vol. in-8. 2e édit. . . . . . 7 fr.
- III. *Présidence de Jules Grévy*. 1 vol. in-8. 2e édit. . . . 7 fr.
- IV. *Présidence de Sadi-Carnot*. 1 vol. in-8. . . . . 7 fr.

HISTOIRE DES RAPPORTS DE L'ÉGLISE ET DE L'ÉTAT EN FRANCE (1789-1870), par *A. Debidour*. 1 vol. in-8 (*Couronné par l'Institut*). . . . 12 fr.

L'ÉGLISE CATHOLIQUE ET L'ÉTAT EN FRANCE (1870-1906), par *le même*. Tome I, 1870-1889, 1 vol. in-8. . . . . 7 fr.

L'ÉTAT ET LES ÉGLISES EN FRANCE, Des origines à la loi de séparation, par *J.-L. de Lanessan*, 1 vol. in-16. . . . . 3 fr. 50

LA SOCIÉTÉ FRANÇAISE SOUS LA TROISIÈME RÉPUBLIQUE, par *Marius-Ary Leblond*. 1 vol. in-8. . . . . 5 fr.

HISTOIRE DE LA LIBERTÉ DE CONSCIENCE EN FRANCE (1595-1870), par *G. Bonet-Maury*. 1 vol. in-8. . . . . 5 fr.

LES CIVILISATIONS TUNISIENNES (Musulmans, Israélites, Européens), par *Paul Lapie*. 1 vol. in-16. . . . . 3 fr. 50

La France politique et sociale, par *Aug. Laugel*. 1 vol. in-8. 5 fr.
Les colonies françaises, par *P. Gaffarel*. 1 vol. in-8. 6e éd. . . 5 fr.
La France hors de France. *Notre émigration, sa nécessité, ses conditions*, par *J.-B. Piolet*. 1 vol. in-8 . . . . 10 fr.
L'Indo-Chine française, étude économique, politique et administrative sur *la Cochinchine, le Cambodge, l'Annam* et *le Tonkin* (Médaille Dupleix de la Société de Géographie commerciale), par *J.-L. de Lanessan*. 1 vol. in-8, avec 5 cartes en couleurs. . . . . 15 fr.
L'Algérie, par *M. Wahl*. 1 vol. in-8. 4e édition, revue par *A. Bernard*. (Ouvrage couronné par l'Institut). . . . . 5 fr.

ANGLETERRE

Histoire contemporaine de l'Angleterre, depuis la mort de la reine Anne jusqu'à nos jours, par *H. Reynald*. 1 vol. in-16. 2e éd. 3 fr. 50
Lord Palmerston et lord Russell, par *Aug. Laugel*. 1 vol. in-16. 3 fr. 50
Le socialisme en Angleterre, par *Albert Métin*. 1 vol. in-16. 3 fr. 50
Histoire gouvernementale de l'Angleterre (1770-1830), par *Cornewal Lewis*. 1 vol. in-8 . . . . 7 fr.

ALLEMAGNE

Le grand-duché de Berg (1806-1813), par *Ch. Schmidt*. 1 vol. in-8. 10 fr.
Histoire de la Prusse, depuis la mort de Frédéric II jusqu'à la bataille de Sadowa, par *Eug. Véron*. 1 vol. in-18. 6e éd., revue par *Paul Bondois* . . . . 3 fr. 50
Histoire de l'Allemagne, depuis la bataille de Sadowa jusqu'à nos jours, par *Eug. Véron*. 1 vol. in-18. 3e éd., continuée jusqu'en 1892, par *Paul Bondois* . . . . 3 fr. 50
Le socialisme allemand et le nihilisme russe, par *J. Bourdeau*. 1 vol. in-16. 2e édition. . . . . 3 fr. 50
Les origines du socialisme d'État en Allemagne, par *Ch. Andler*. 1 vol. in-8. . . . . 7 fr.
L'Allemagne nouvelle et ses historiens (*Niebuhr, Ranke, Mommsen, Sybel, Treitschke*), par *A. Guilland*. 1 vol. in-8 . . . . 5 fr.
La démocratie socialiste allemande, par *Edg. Milhaud*. 1 vol. in-8 . . . . 10 fr.
La Prusse et la Révolution de 1848, par *P. Matter*. 1 vol. in-16 . . . . 3 fr. 50
Bismarck et son temps, par *le même*. I. *La préparation* (1815-1862), 1 vol. in-8, 10 fr. — II. *L'action* (1863-1870), 1 vol. in-8 . . . . 10 fr.

AUTRICHE-HONGRIE

Les Tchèques et la Bohême contemporaine, par *J. Bourlier*. 1 vol. in-16. . . . . 3 fr. 50
Les races et les nationalités en Autriche-Hongrie, par *B. Auerbach*, 1 vol. in-8 . . . . 5 fr.
Le pays magyar, par *R. Recouly*. 1 vol. in-16. . . . . 3 fr. 50

ESPAGNE

Histoire de l'Espagne, depuis la mort de Charles III jusqu'à nos jours, par *H. Reynald*. 1 vol. in-16 . . . . 3 fr. 50

SUISSE

Histoire du peuple suisse, par *Daendliker*; précédée d'une Introduction par *Jules Favre*. 1 vol. in-8. . . . . 5 fr.

AMÉRIQUE

Histoire de l'Amérique du Sud, par *Alf. Deberle*. 1 vol. in-16. 3e éd., revue par *A. Milhaud*. 3 fr. 50

ITALIE

Histoire de l'unité italienne (1814-1871), par *Bolton King*. Traduit de l'anglais par *Macquart*; introduction de *Yves Guyot*. 2 vol. in-8. 15 fr.
Histoire de l'Italie, depuis 1815 jusqu'à la mort de Victor-Emmanuel, par *E. Sorin*. 1 vol. in-16 . . . . 3 fr. 50

Bonaparte et les républiques italiennes (1796-1799), par *P. Gaffarel*. 1 vol. in-8 . . . . 5 fr.

Napoléon en Italie (1800-1812), par *J.-E. Driault*. 1 vol. in-8. . 10 fr.

ROUMANIE

Histoire de la Roumanie contemporaine (1822-1900), par *Fr. Damé*. 1 vol. in-8. . . . . 7 fr.

GRÈCE et TURQUIE

La Turquie et l'hellénisme contemporain, par *V. Bérard*. 1 vol. in-16. 4e éd. (*Ouvrage couronné par l'Académie française*) . . . . 3 fr. 50

Bonaparte et les îles Ioniennes (1797-1816), par *E. Rodocanachi*. 1 vol. in-8. . . . . 5 fr.

INDE

L'Inde contemporaine et le mouvement national, par *E. Piriou*. 1 vol. in-16. . . . . 3 fr. 50

CHINE

Histoire des relations de la Chine avec les puissances occidentales (1861-1902), par *H. Cordier*. 3 vol. in-8, avec cartes. . . . . . 30 fr.

L'expédition de Chine de 1857-58, par *le même*. 1 vol. in-8. . . 7 fr.

L'expédition de Chine de 1860, par *le même*. 1 vol. in-8. . . . . 7 fr.

En Chine. *Mœurs et institutions. Hommes et faits*, par *Maurice Courant*. 1 vol. in-16 . . . . 3 fr. 50

Le drame chinois (Juillet-Août 1900), par *Marcel Monnier*. 1 vol. in-16. . . . . 2 fr. 50

ÉGYPTE

La transformation de l'Égypte, par *Alb. Métin*. 1 vol. in-16. 3 fr. 50

Paul Louis. L'ouvrier devant l'état. 1 vol. in-8. . . . . . 7 fr.

E. Driault. Les problèmes politiques et sociaux a la fin du xixe siècle. 1 vol. in-8. . . . . 7 fr.

Louis Blanc. Discours politiques (1848-1881). 1 vol. in-8. 7 fr. 50

Jules Barni. Les moralistes français au xviiie siècle. 1 vol. in-16 . . . . 3 fr. 50

Deschanel (E.). Le peuple et la bourgeoisie. 1 vol. in-8. 2e éd. 5 fr.

E. de Laveleye. Le socialisme contemporain. 1 volume in-16. 11e édition, augmentée. . . . . 3 fr. 50

E. Despois. Le vandalisme révolutionnaire. 1 vol. in-16. 4e éd. 3 fr. 50

Du Casse. Les rois frères de Napoléon Ier. 1 vol. in-8. . 10 fr.

Eug. Spuller. Figures disparues, portraits contemporains, littéraires et politiques. 3 vol. in-16, chaque volume. . . . . 3 fr. 50

J. Reinach. La France et l'Italie devant l'histoire. 1 vol. in-8. 5 fr.

Eug. Spuller. L'éducation de la démocratie. 1 vol. in-16. 3 fr. 50

Eug. Spuller. L'évolution politique et sociale de l'église. 1 vol. in-16. . . . . 3 fr. 50

G. Schefer. Bernadotte roi (1810-1818-1844). 1 vol. in-8. . 5 fr.

Hector Depasse. Transformations sociales. 1 vol. in-16. 3 fr. 50

Hector Depasse. Du travail et de ses conditions. 1 vol. in-16. . . . . 3 fr. 50

Eug. d'Eichthal. Souveraineté du peuple et gouvernement. 1 vol. in-16. . . . . 3 fr. 50

G. Isambert. La vie a Paris pendant une année de la révolution (1791-1792). 1 vol. in-16. . . . . 3 fr. 50

Novicow. La politique internationale. 1 vol. in-8. . . . . 7 fr.

G. Weill. L'école saint-simonienne. 1 vol. in-16 . . 3 fr. 50

A. Lichtenberger. Le socialisme utopique. 1 vol. in-16. 3 fr. 50

— Le socialisme et la révolution française. 1 v. in-8. 5 fr.

Paul Matter. La dissolution des assemblées parlementaires. 1 vol. in-8. . . . . 5 fr.

J. Bourdeau. L'évolution du socialisme. 1 vol. in-16. . . 3 fr. 50

BIBLIOTHÈQUE UTILE

Élégants volumes in-32, de 192 pages chacun.

Chaque volume broché, 60 cent.; cartonné, 1 franc. Franco par poste.

1. **Morand.** Introduction à l'étude des sciences physiques. 6e éd.
2. **Cruveilhier.** Hygiène générale. 9e édit.
3. **Corbon.** De l'enseignement professionnel. 4e édit.
4. **L. Pichat.** L'art et les artistes en France. 5e édit.
5. **Buchez.** Les Mérovingiens. 6e éd.
6. **Buchez.** Les Carlovingiens. 2e éd.
7. (*Épuisé.*)
8. **Bastide.** Luttes religieuses des premiers siècles. 5e édit.
9. **Bastide.** Les guerres de la Réforme. 5e édit.
10. (*Épuisé.*)
11. **Brothier.** Histoire de la terre. 9e éd.
12. **Bouant.** Les principaux faits de la chimie (avec fig.).
13. **Turck.** Médecine populaire. 6e édit.
14. **Morin.** La loi civile en France. 5e édit.
15. **Paul Louis.** Les lois ouvrières.
16. **Ott.** L'Inde et la Chine.
17. **Catalan.** Notions d'astronomie. 6e édit.
18. (*Épuisé.*)
19. **V. Meunier.** Philosophie zoologique. 3e édit.
20. **J. Jourdan.** La justice criminelle en France. 4e édit.
21. **Ch. Rolland.** Histoire de la maison d'Autriche. 4e édit.
22. **Eug. Despois.** Révolution d'Angleterre. 4e édit.
23. **B. Gastineau.** Les génies de la science et de l'industrie. 2e éd.
24. **Leneveux.** Le budget du foyer.
25. **L. Combes.** La Grèce ancienne. 4e édit.
26. **F. Lock.** Histoire de la Restauration. 5e édit.
27. (*Épuisé.*)
28. (*Épuisé.*)
29. **L. Collas.** Histoire de l'empire ottoman. 3e édit.
30. **F. Zurcher.** Les phénomènes de l'atmosphère. 7e édit.
31. **E. Raymond.** L'Espagne et le Portugal. 3e édit.
32. **Eugène Noël.** Voltaire et Rousseau. 4e édit.
33. **A. Ott.** L'Asie occidentale et l'Égypte. 3e édit.
34. (*Épuisé.*)
35. **Enfantin.** La vie éternelle. 6e éd.
36. **Brothier.** Causeries sur la mécanique. 5e édit.
37. **Alfred Doneaud.** Histoire de la marine française. 4e édit.
38. **F. Lock.** Jeanne d'Arc. 3e édit.
39-40. **Carnot.** Révolution française, 2 vol. 7e édit.
41. **Zurcher et Margollé.** Télescope et microscope. 2e édit.
42. **Blerzy.** Torrents, fleuves et canaux de la France. 3e édit.
43. **Secchi, Wolf, Briot et Delaunay.** Le soleil et les étoiles. 5e édit.
44. **Stanley Jevons.** L'économie politique. 9e édit.
45. **Ferrière.** Le darwinisme. 8e éd.
46. **Leneveux.** Paris municipal. 2e éd.
47. **Boillot.** Les entretiens de Fontenelle sur la pluralité des mondes.
48. **Zevort (Edg.).** Histoire de Louis-Philippe. 4e édit.
49. (*Épuisé.*)
50. **Zaborowski.** L'origine du langage. 5e édit.
51. **H. Blerzy.** Les colonies anglaises.
52. **Albert Lévy.** Histoire de l'air (avec fig.). 4e édit.
53. **Geikie.** La géologie (avec fig.). 4e édit.
54. **Zaborowski.** Les migrations des animaux. 3e édit.
55. **F. Paulhan.** La physiologie de l'esprit. 5e édit. refondue.
56. **Zurcher et Margollé.** Les phénomènes célestes. 3e édit.
57. **Girard de Rialle.** Les peuples de l'Afrique et de l'Amérique. 2e éd.
58. **Jacques Bertillon.** La statistique humaine de la France.
59. **Paul Gaffarel.** La défense nationale en 1792. 2e édit.
60. **Herbert Spencer.** De l'éducation. 11e édit.

61. **Jules Barni**. Napoléon Ier. 3e édit.
62. (*Épuisé.*)
63. **P. Bondois**. L'Europe contemporaine (1789-1879). 2e édit.
64. **Grove**. Continents et océans. 3e éd.
65. **Jouan**. Les îles du Pacifique.
66. **Robinet**. La philosophie positive. 6e édit.
67. **Renard**. L'homme est-il libre? 5e édit.
68. **Zaborowski**. Les grands singes.
69. **Hatin**. Le Journal.
70. **Girard de Rialle**. Les peuples de l'Asie et de l'Europe.
71. **Doneaud**. Histoire contemporaine de la Prusse. 2e édit.
72. **Dufour**. Petit dictionnaire des falsifications. 4e édit.
73. **Henneguy**. Histoire de l'Italie depuis 1815.
74. **Leneveux**. Le travail manuel en France. 2e édit.
75. **Jouan**. La chasse et la pêche des animaux marins.
76. **Regnard**. Histoire contemporaine de l'Angleterre.
77. **Bouant**. Hist. de l'eau (avec fig.).
78. **Jourdy**. Le patriotisme à l'école.
79. **Mongredien**. Le libre-échange en Angleterre.
80. **Creighton**. Histoire romaine (avec fig.).
81-82. **P. Bondois**. Mœurs et institutions de la France. 2 vol. 2e éd.
83. **Zaborowski**. Les mondes disparus (avec fig.). 3e édit.
84. **Debidour**. Histoire des rapports de l'Eglise et de l'Etat en France (1789-1871). Abrégé par Dubois et Sarthou.
85. **H. Beauregard**. Zoologie générale (avec fig.).
86. **Wilkins**. L'antiquité romaine (avec fig.). 2e édit.
87. **Maigne**. Les mines de la France et de ses colonies.
88. (*Épuisé.*)
89. **E. Amigues**. A travers le ciel.
90. **H. Gossin**. La machine à vapeur (avec fig.).
91. **Gaffarel**. Les frontières françaises. 2e édit.
92. **Dallet**. La navigation aérienne (avec fig.).
93. **Collier**. Premiers principes des beaux-arts (avec fig.).
94. **A. Larbalétrier**. L'agriculture française (avec fig.).
95. **Gossin**. La photographie (fig.).
96. **F. Genevoix**. Les matières premières.
97. **Faque**. L'Indo-Chine française.
98. **Monin**. Les maladies épidémiques (avec fig.).
99. **Petit**. Économie rurale et agricole.
100. **Mahaffy**. L'antiquité grecque (avec fig.).
101. **Bère**. Hist. de l'armée française.
102. **F. Genevoix**. Les procédés industriels.
103. **Quesnel**. Histoire de la conquête de l'Algérie.
104. **A. Coste**. Richesse et bonheur.
105. **Joyeux**. L'Afrique française (avec fig.).
106. **G. Mayer**. Les chemins de fer (avec fig.).
107. **Ad. Coste**. Alcoolisme ou épargne. 4e édit.
108. **Ch. de Larivière**. Les origines de la guerre de 1870.
109. **Gérardin**. Botanique générale (avec fig.).
110. **D. Bellet**. Les grands ports maritimes de commerce (avec fig.).
111. **H. Coupin**. La vie dans les mers (avec fig.).
112. **A. Larbalétrier**. Les plantes d'appartement (avec fig.).
113. **A. Milhaud**. Madagascar. 2e éd.
114. **Sérieux et Mathieu**. L'Alcool et l'alcoolisme. 2e édit.
115. **Dr J. Laumonier**. L'hygiène de la cuisine.
116. **Adrien Berget**. La viticulture nouvelle. 3e éd.
117. **A. Acloque**. Les insectes nuisibles (avec fig.).
118. **G. Meunier**. Histoire de la littérature française. 2e éd.
119. **P. Merklen**. La Tuberculose; son traitement hygiénique.
120. **G. Meunier**. Histoire de l'art (avec fig.).
121. **Larrivé**. L'assistance publique.
122. **Adrien Berget**. La pratique des vins.
123. **A. Berget**. Les vins de France. (*Guide du consommateur.*)
124. **Vaillant**. Petite chimie de l'agriculteur.
125. **S. Zaborowski**. L'homme préhistorique. 7e édit.

BIBLIOTHÈQUE DE PHILOSOPHIE CONTEMPORAINE

VOLUMES IN-16.

Br., 2 fr. 50; cart. à l'angl., 3 fr.; reliés, 4 fr.

Alaux.
Philosophie de Victor Cousin.

R. Allier.
Philosophie d'Ernest Renan. 3e éd.

L. Arréat.
La morale dans le drame. 2e édit.
Mémoire et imagination.
Les croyances de demain.
Dix ans de philosophie (1890-1900).
Le sentiment religieux en France.

G. Ballet.
Langage intérieur et aphasie. 2e éd.

A. Bayet.
La morale scientifique.

Bergson.
Le rire. 4e édit.

Ernest Bersot.
Libre philosophie.

Binet.
Psychologie du raisonnement. 3e éd.

Hervé Blondel.
Les approximations de la vérité.

C. Bos.
Psychologie de la croyance. 2e éd.

M. Boucher.
Essai sur l'hyperespace. 2e éd.

C. Bouglé.
Les sciences sociales en Allemagne.

J. Bourdeau.
Les maîtres de la pensée contemporaine. 4e éd.
Socialistes et sociologues.

E. Boutroux.
Conting. des lois de la nature. 5e éd.

Brunschvicg.
Introduction à la vie de l'esprit. 2e éd.

Carus.
La conscience du moi.

Coste.
Dieu et l'âme. 2e édit.

A. Cresson.
Le malaise de la pensée philosophique.
La morale de Kant. 2e éd.

G. Danville.
Psychologie de l'amour. 3e édit.

L. Dauriac.
La psychol. dans l'Opéra français.

Delbœuf.
Matière brute et matière vivante.

L. Dugas.
Psittacisme et pensée symbolique.
La timidité. 3e édit.
Psychologie du rire.
L'absolu.

Dunan.
Théorie psychologique de l'espace.

Duprat.
Les causes sociales de la folie.
Le mensonge.

Durand (de Gros).
Philosophie morale et sociale.

E. Durkheim.
Les règles de la méthode sociologique. 3e édit.

E. d'Eichthal.
Correspondance inédite de J. Stuart Mill avec G. d'Eichthal.
Les probl. sociaux et le socialisme.

Encausse (Papus).
L'occultisme et le spiritualisme. 2e édit.

A. Espinas.
La philosophie expérimentale en Italie.

E. Faivre.
De la variabilité des espèces.

Ch. Féré.
Sensation et mouvement. 2e édit.
Dégénérescence et criminalité. 3e éd.

E. Ferri.
Les criminels dans l'art et la littérature. 2e édit.

Fierens-Gevaert.
Essai sur l'art contemporain. 2e éd.
La tristesse contemporaine. 4e éd.
Psychologie d'une ville. Essai sur Bruges. 2e édit.
Nouveaux essais sur l'art contemp.

M. de Fleury.
L'âme du criminel.

Fonsegrive.
La causalité efficiente.

A. Fouillée.
La propriété sociale et la démocratie. Nouv. éd.
E. Fournière.
Essai sur l'individualisme.
Ad. Franck.
Philosophie du droit pénal. 5e édit.
Des rapports de la religion et de l'État. 2e édit.
La philosophie mystique en France au XVIIIe siècle.
Gauckler.
Le beau et son histoire.
E. Goblot.
Justice et liberté.
J. Grasset.
Les limites de la biologie. 3e édit.
G. de Greef.
Les lois sociologiques. 3e édit.
Guyau.
La genèse de l'idée de temps. 2e éd.
E. de Hartmann.
La religion de l'avenir. 5e édition.
Le Darwinisme. 7e édition.
R. C. Herckenrath.
Probl. d'esthétique et de morale.
Marie Jaëll.
L'intelligence et le rythme dans les mouvements artistiques.
W. James.
La théorie de l'émotion. 2e édit.
Paul Janet.
La philosophie de Lamennais.
J. Lachelier.
Du fondement de l'induction. 4e éd.
Mme Lampérière.
Le rôle social de la femme.
A. Landry.
La responsabilité pénale.
J.-L. de Lanessan.
Morale des philosophes chinois.
Lange.
Les émotions. 2e édit.
Lapie.
La justice par l'État.
Gustave Le Bon.
Lois psychologiques de l'évolution des peuples. 7e éd.
Psychologie des foules. 11e éd.
Lechalas.
Étude sur l'espace et le temps.
F. Le Dantec.
Le déterminisme biologique. 2e éd.
L'individualité et l'erreur individualiste.
Lamarckiens et darwiniens. 2e éd.
G. Lefèvre.
Obligation morale et idéalisme.

Liard.
Les logiciens anglais contemporains. 4e édition.
Définitions géométriques. 3e édit.
H. Lichtenberger.
La philosophie de Nietzsche. 9e éd.
Aphorismes et fragments choisis de Nietzsche. 2e édit.
Lombroso.
L'anthropologie criminelle. 5e éd.
Nouvelles recherches de psychiatrie et d'anthropologie criminelle.
Les applications de l'anthropologie criminelle.
John Lubbock.
Le bonheur de vivre. 2 vol. 8e éd.
L'emploi de la vie. 5e édit.
G. Lyon.
La philosophie de Hobbes.
E. Marguery.
L'œuvre d'art et l'évolution.
Mariano.
La Philosophie contemp. en Italie.
Marion.
J. Locke, sa vie, son œuvre. 2e édit.
Maus.
La justice pénale.
Mauxion.
L'éducation par l'instruction. 2e éd.
Nature et éléments de la moralité.
G. Milhaud.
Essai sur les conditions et les limites de la certitude logique. 2e édit.
Le rationnel.
Mosso.
La peur. 3e éd.
La fatigue intellect. et phys. 4e éd.
E. Murisier.
Les maladies du sentiment religieux. 2e édit.
A. Naville.
Nouvelle classification des sciences. 2e édit.
Max Nordau.
Paradoxes psychologiques. 5e éd.
Paradoxes sociologiques. 4e édit.
Psycho-physiologie du génie et du talent. 4e édit.
Novicow.
L'avenir de la race blanche. 2e édit.
Ossip-Lourié.
Pensées de Tolstoï. 2e édit.
Philosophie de Tolstoï. 2e édit.
La philos. soc. dans le théât. d'Ibsen.
Nouvelles pensées de Tolstoï.
Le bonheur et l'intelligence.
G. Palante.
Précis de sociologie. 3e édit.

W.-R. Paterson (Swift).
L'éternel conflit.
Paulhan.
Les phénomènes affectifs. 2e édit.
J. de Maistre, sa philosophie.
Psychologie de l'invention.
Analystes et esprits synthétiques.
La fonction de la mémoire.
J. Philippe.
L'image mentale.
F. Pillon.
La philosophie de Charles Secrétan.
Mario Pilo.
La psychologie du beau et de l'art.
Pioger.
Le monde physique.
Queyrat.
L'imagination chez l'enfant. 3e édit.
L'abstraction, son rôle dans l'éducation intellectuelle.
Les caractères et l'éducation morale.
La logique chez l'enfant et sa culture. 2e éd.
Les jeux des enfants.
P. Regnaud.
Précis de logique évolutionniste.
Comment naissent les mythes.
G. Renard.
Le régime socialiste. 4e édit.
A. Réville
Dogme de la divinité de Jésus-Christ. 3e éd.
Th. Ribot.
La philos. de Schopenhauer. 10e éd.
Les maladies de la mémoire. 18e éd.
Les maladies de la volonté. 21e éd.
Les maladies de la personnalité. 11e édit.
La psychologie de l'attention. 7e éd.
G. Richard.
Socialisme et science sociale. 2e éd.
Ch. Richet.
Psychologie générale. 6e éd.
De Roberty.
L'inconnaissable.
L'agnosticisme. 2e édit.
La recherche de l'Unité.
Auguste Comte et H. Spencer. 2e éd.
Le bien et le mal.
Psychisme social.
Fondements de l'éthique.
Constitution de l'éthique.
Frédéric Nietzsche.
Roisel.
De la substance.
L'idée spiritualiste. 2e édit.
Roussel-Despierres.
L'idéal esthétique.
Schopenhauer.
Le libre arbitre. 9e édition.
Le fondement de la morale. 8e édit.
Pensées et fragments. 21e édition.
P. Sollier.
Les phénomènes d'autoscopie.
Herbert Spencer.
Classification des sciences. 8e édit.
L'individu contre l'État. 6e éd.
Stuart Mill.
Auguste Comte et la philosophie positive. 6e édition.
L'Utilitarisme. 4e édition.
Sully Prudhomme et Ch. Richet.
Le probl. des causes finales. 2e éd.
Tanon.
L'évol. du droit et la conscience soc.
Tarde.
La criminalité comparée. 5e éd.
Les transformations du droit. 2e éd.
Les lois sociales. 2e édit.
Thamin.
Éducation et positivisme. 2e éd.
P.-F. Thomas.
La suggestion, son rôle dans l'éducation intellectuelle. 2e édit.
Morale et éducation.
Tissié.
Les rêves. 2e édit.
Wundt.
Hypnotisme et suggestion.
Zeller.
Christ. Baur et l'école de Tubingue.
Th. Ziegler.
La question sociale est une question morale. 3e éd.
Charles de Rémusat.
Philosophie religieuse.

Derniers volumes publiés :

Arréat.
Art et psychologie individuelle.
L. Brunschvicg.
L'idéalisme contemporain.
G. Dumas.
Le sourire.
G. Geley.
L'être subconscient. 2e édit.
A. Godfernaux
Le sentiment et la pensée. 2e éd.
Jankelevitch.
Nature et société.
J. Philippe et G. Paul-Boncour.
Les anomalies mentales chez les écoliers.
Schopenhauer.
Écrivains et style.
Sur la religion.

VOLUMES IN-8.

Brochés, à 5, 7 50 et 10 fr.; cart. angl., 1 fr. de plus par vol.; reliure, 2 fr.

Ch. Adam.
La philosophie en France (première moitié du XIXe siècle). 7 fr. 50

Agassiz.
De l'espèce et des classifications. 5 fr.

Arnold (M.).
La crise religieuse. 7 fr. 50

Arréat.
Psychologie du peintre. 5 fr.

P. Aubry.
La contag. du meurtre. 3e éd. 5 fr.

Alex. Bain.
La logique inductive et déductive. 3e édit. 2 vol. 20 fr.
Les sens et l'intell. 3e édit. 10 fr.

J.-M. Baldwin.
Le développement mental chez l'enfant et dans la race. 7 fr. 50

Barthélemy Saint-Hilaire.
La philosophie dans ses rapports avec les sciences et la religion. 5 fr.

Barzelotti.
La philosophie de H. Taine. 7 fr. 50

Bazaillas.
La vie personnelle.

Bergson.
Essai sur les données immédiates de la conscience. 3e édit. 3 fr. 75
Matière et mémoire. 4e édit. 5 fr.

A. Bertrand.
L'enseignement intégral. 5 fr.
Les études dans la démocratie. 5 fr.

Em. Boirac.
L'idée du phénomène. 5 fr.

Bouglé.
Les idées égalitaires. 3 fr. 75

L. Bourdeau.
Le problème de la mort. 4e éd. 5 fr.
Le problème de la vie. 7 fr. 50

Bourdon.
L'expression des émotions et des tendances dans le langage. 7 fr. 50

Em. Boutroux.
Études d'histoire de la philosophie. 2e édit. 7 fr. 50

L. Bray.
Du beau. 5 fr.

Brochard.
De l'erreur. 2e éd. 5 fr.

Brunschvicg.
Spinoza. 2e édit. 3 fr. 75
La modalité du jugement 5 fr.

Ludovic Carrau.
La philosophie religieuse en Angleterre depuis Locke. 5 fr.

Ch. Chabot.
Nature et moralité. 5 fr.

Clay.
L'alternative. 2e éd. 10 fr.

Collins.
Résumé de la phil. de H. Spencer. 4e éd. 10 fr.

Aug. Comte.
La sociologie. 7 fr. 50

Cosentini.
La sociologie génétique. 3 fr. 75

A. Coste.
Principes d'une sociol. obj. 3 fr. 75
L'expérience des peuples. 10 fr.

Crépieux-Jamin.
L'écriture et le caractère. 4e éd. 7.50

A. Cresson.
Morale de la raison théorique. 5 fr.

Dauriac.
Essai sur l'esprit musical. 5 fr.

Delbos.
Philos. pratique de Kant. 7 fr. 50

Devaule.
Condillac et la psychologie anglaise contemporaine. 5 fr.

Draghicesco
Rôle de l'individu dans le déterminisme social. 7 fr. 50

G. Dumas.
La tristesse et la joie. 7 fr. 50
Deux messies positivistes. St-Simon et Auguste Comte. 5 fr.

G.-L. Duprat.
L'instabilité mentale. 5 fr.

Duproix.
Kant et Fichte et le problème de l'éducation. 2e édit. 5 fr.

Durand (DE GROS).
Taxinomie générale. 5 fr.
Esthétique et morale. 5 fr.
Variétés philosophiques. 2e éd. 5 fr.

E. Durkheim.
De la div. du trav. soc. 2e éd. 7 fr. 50
Le suicide, étude sociolog. 7 fr. 50

L'année sociologique. 7 volumes : 1re à 5e années. Chacune. 10 fr. 6e à 9e. Chacune. 12 fr. 50

V. Egger.

La parole intérieure. 2e éd. 5 fr.

A. Espinas.

La philosophie sociale au XVIIIe siècle et la Révolution. 7 fr. 50

G. Ferrero.

Les lois psychologiques du symbolisme. 5 fr.

Enrico Ferri.

La sociologie criminelle. 10 fr.

Louis Ferri.

La psychologie de l'association, depuis Hobbes. 7 fr. 50

J. Finot.

Le préjugé des races, 2e éd. 7 fr. 50

Flint.

La philosophie de l'histoire en Allemagne. 7 fr. 50

Fonsegrive.

Le libre arbitre. 2e éd. 10 fr.

M. Foucault.

La psychophysique. 7 fr. 50

Alf. Fouillée.

Le rêve. 5 fr.
Liberté et déterminisme. 4e éd. 7 fr. 50
Critique des systèmes de morale contemporains. 4e éd. 7 fr. 50
La morale, l'art et la religion, d'après Guyau. 5e éd. 3 fr. 75
L'avenir de la métaphysique fondée sur l'expérience. 2e éd. 5 fr.
L'évolutionnisme des idées-forces. 4e éd. 7 fr. 50
La psychologie des idées-forces. 2 vol. 15 fr.
Tempérament et caractère. 3e édit. 7 fr. 50
Le mouvement idéaliste. 2e éd. 7 fr. 50
Le mouvement positiviste. 2e éd. 7.50
Psych. du peuple français. 3e éd. 7.50
La France au point de vue moral. 2e édit. 7 fr. 50
Esquisse psychologique des peuples européens. 3e édit. 10 fr.
Nietzsche et l'immoralisme. 2e éd. 5 fr.
Le moralisme de Kant et l'amoralisme contemporain. 2e éd. 7 fr. 50
Les éléments sociologiques de la morale. 7 fr. 50

E. Fournière.

Théories social. au XIXe siècle. 7 fr. 50

G. Fulliquet.

Sur l'obligation morale. 7 fr. 50

Garofalo.

La criminologie. 5e édit. 7 fr. 50
La superstition socialiste. 5 fr.

L. Gérard-Varet.

L'ignorance et l'irréflexion. 5 fr.

E. Gley.

Études de psycho-physiologie. 5 fr.

E. Goblot.

La classification des sciences. 5 fr.

G. Gory.

L'immanence de la raison dans la connaissance sensible. 5 fr.

R. de la Grasserie.

De la psychologie des religions. 5 fr.

G. de Greef.

Le transformisme social. 2e éd. 7 fr. 50
La sociologie économique. 3 fr. 75

K. Groos.

Les jeux des animaux. 7 fr. 50

Gurney, Myers et Podmore

Les halluein. télépath. 4e éd. 7 fr. 50

Guyau.

La morale angl. cont. 5e éd. 7 fr. 50
Les problèmes de l'esthétique contemporaine. 6e éd. 5 fr.
Esquisse d'une morale sans obligation ni sanction. 7e éd. 5 fr.
L'irréligion de l'avenir. 10e éd. 7 fr. 50
L'art au point de vue sociologique. 7e éd. 7 fr. 50
Hérédité et éducation. 8e éd. 5 fr.

E. Halévy.

La form. du radicalisme philos.
I. *La jeunesse de Bentham.* 7 fr. 50
II. *Évol. de la doctr. utilitaire,* 1789-1815. 7 fr. 50
III. *Le radicalisme philos.* 3 fr. 50

Hannequin.

L'hypoth. des atomes. 2e éd. 7 fr. 50

P. Hartenberg.

Les timides et la timidité. 2e éd. 5 fr.

Hébert.

Evolut. de la foi catholique. 5 fr.

G. Hirth.

Physiologie de l'art. 5 fr.

H. Hoffding.

Esquisse d'une psychologie fondée sur l'expérience. 2e édit. 7 fr. 50

Isambert.

Les idées socialistes en France. (1815-1848). 7 fr. 50

Jacoby.

La sélect. chez l'homme. 2e éd. 10 fr.

Paul Janet.
Les causes finales. 4e édit. 10 fr.
OEuvres phil. de Leibniz. 2e édition. 2 vol. 20 fr.

Pierre Janet.
L'automatisme psychol. 4e éd. 7 fr. 50

J. Jaurès.
Réalité du monde sensible. 2e édit. 7 fr. 50

Karppe.
Études d'histoire de philosophie. 3 fr. 75

A. Lalande.
La dissolution opposée à l'évolution. 7 fr. 50

A. Landry.
Principes de morale rationnelle. 5 fr.

De Lanessan.
La morale des religions. 10 fr.

Lang.
Mythes, cultes et religions. 10 fr.

P. Lapie.
Logique de la volonté. 7 fr. 50

Lauvrière.
Edgar Poë. Sa vie. Son œuvre. 10 fr.

E. de Laveleye.
De la propriété et de ses formes primitives. 5e édit. 10 fr.
Le gouvernement dans la démocratie. 3e éd. 2 vol. 15 fr.

Gustave Le Bon.
Psych. du socialisme. 4e éd. 7 fr. 50

G. Lechalas.
Études esthétiques. 5 fr.

Lechartier.
David Hume, moraliste et sociologue. 5 fr.

Leclère.
Le droit d'affirmer. 5 fr.

F. Le Dantec.
L'unité dans l'être vivant. 7 fr. 50
Les limites du connaissable. 2e éd. 3 fr. 75

X. Léon.
La philosophie de Fichte. 10 fr.

Leroy (E.-B.)
Le langage. 5 fr.

A. Lévy.
La philosophie de Feuerbach. 10 fr.

L. Lévy-Bruhl.
La philosophie de Jacobi. 5 fr.
Lettres inédites de J. Stuart Mill à Auguste Comte. 10 fr.
La philos. d'Aug. Comte. 2e éd. 7 fr. 50
La morale et la science des mœurs. 2e éd. 5 fr.

Liard.
La science positive et la métaphysique. 4e édit. 7 fr. 50
Descartes. 2e édit. 5 fr.

H. Lichtenberger.
Richard Wagner, poète et penseur. 3e édit. 10 fr.
Henri Heine penseur. 3 fr. 75

Lombroso.
La femme criminelle et la prostituée (en collab. avec M. Ferrero). 1 vol. avec planches. 15 fr.
Le crime polit. et les révol. (en collab. avec M. Laschi). 2 vol. 15 fr.
L'homme criminel. 3e édit. 2 vol., avec atlas. 36 fr.

É. Lubac.
Esquisse d'un système de psychol. rationnelle. 3 fr. 75

G. Lyon.
L'idéalisme en Angleterre au XVIIIe siècle. 7 fr. 50

P. Malapert.
Les éléments du caractère. 2e éd. 5 fr.

Marion.
La solidarité morale. 6e édit. 5 fr.

Fr. Martin.
La perception extérieure et la science positive. 5 fr.

J. Maxwell.
Les phénomènes psych. 3e éd. 5 fr.

Max Muller.
Nouv. études de mythol. 12 fr. 50

Myers.
La personnalité humaine. 2e éd. 7.50

E. Naville.
La logique de l'hypothèse. 2e éd. 5 fr.
La définition de la philosophie. 5 fr.
Les philosophies négatives. 5 fr.
Le libre arbitre. 2e édition. 5 fr.

Max Nordau.
Dégénérescence. 2 v. 6e éd. 17 fr. 50
Les mensonges conventionnels de notre civilisation. 9e éd. 5 fr.
Vus du dehors. 5 fr.

Novicow.
Les luttes entre sociétés humaines. 2e édit. 10 fr.
Les gaspillages des sociétés modernes. 2e édit. 5 fr.
La justice et l'extension de la vie. 7 fr. 50

H. Oldenberg.
Le Bouddha, 2e éd. 7 fr. 50
La religion du Véda. 10 fr.

Ossip-Lourié.
La philosophie russe contemp. 5 fr.
Psychol. des romanciers russes au XIXe siècle. 7 fr. 50

Ouvré.
Form.littér.de la pensée grecq. 10 fr.

G. Palante.
Combat pour l'individu. 3 fr. 75

Fr. Paulhan.
L'activité mentale et les éléments de l'esprit. 10 fr.
Les caractères. 2e édition. 5 fr.
Les mensonges du caractère. 5 fr.

Payot.
L'éducation de la volonté.24e éd. 5 fr.
La croyance. 2e éd. 5 fr.

Jean Pérès.
L'art et le réel. 3 fr. 75

Bernard Perez.
Les trois premières années de l'enfant. 5e édit. 5 fr.
L'éd. mor. dès le berceau. 4e éd. 5 fr.
L'éd. intell. dès le berceau. 2e éd. 5 fr.

C. Piat.
La personne humaine. 7 fr. 50
Destinée de l'homme. 5 fr.

Picavet.
Les idéologues. 10 fr.

Piderit.
La mimique et la physiognomonie, avec 95 fig. 5 fr.

Pillon.
L'année philosophique. 15 vol. chacun. 5 fr.

J. Pioger.
La vie et la pensée. 5 fr.
La vie sociale, la morale et le progrès. 5 fr.

Preyer.
Éléments de physiologie. 5 fr.

L. Proal.
Le crime et la peine. 3e éd. 10 fr.
La criminalité politique. 5 fr.
Le crime et le suicide passionnels. 10 fr.

F. Rauh.
De la méthode dans la psychologie des sentiments. 5 fr.
L'expérience morale. 3 fr. 75

Récéjac.
La connaissance mystique. 5 fr.

Renard.
La méthode scientifique de l'histoire littéraire. 10 fr.

Renouvier.
Les dilem. de la métaph. pure. 5 fr.
Hist. et solut. des problèmes métaphysiques. 7 fr. 50
Le personnalisme. 10 fr.

Th. Ribot.
L'hérédité psycholog. 5e éd. 7 fr. 50
La psychologie anglaise contemporaine. 3e éd. 7 fr. 50
La psychologie allemande contemporaine. 4e éd. 7 fr. 50
La psych. des sentim. 5e éd. 7 fr. 50
L'évol. des idées générales. 2e éd. 5 fr.
L'imagination créatrice. 2e éd. 5 fr.
La logique des sentiments. 3 fr. 75

Ricardou.
De l'idéal. 5 fr.

G. Richard.
L'idée d'évolution dans la nature et dans l'histoire. 7 fr. 50

E. de Roberty.
Ancienne et nouvelle philos. 7 fr. 50
La philosophie du siècle. 5 fr.
Nouveau programme de sociol. 5 fr.

Romanes.
L'évol. ment. chez l'homme. 7 fr. 50

Ruyssen.
Évolut. psychol. du jugement. 5 fr.

A. Sabatier.
Philosophie de l'effort. 7 fr. 50

Emile Saigey.
Les sciences au XVIIIe siècle. La physique de Voltaire. 5 fr.

G. Saint-Paul.
Le langage intérieur et les paraphasies. 5 fr.

E. Sanz y Escartin.
L'individu et la réforme sociale. 7 fr. 50

Schopenhauer.
Aphorisme sur la sagesse dans la vie. 7e éd. 5 fr.
Le monde comme volonté et représentation. 3e éd. 3 vol. 22 fr. 50

Séailles.
Ess. sur le génie dans l'art. 2e éd. 5 fr.
Philosoph. de Renouvier. 7 fr. 50

Sighele.
La foule criminelle. 2e édit. 5 fr.

Sollier.

Psychologie de l'idiot et de l'imbécile. 2e éd. 5 fr.
Le problème de la mémoire. 3 fr. 75
Le mécanisme des émotions. 5 fr.

Souriau.

L'esthétique du mouvement. 5 fr.
La suggestion dans l'art. 5 fr.
La beauté rationnelle. 10 fr.

Spencer (Herbert).

Les premiers principes. 9e éd. 10 fr.
Principes de psychologie. 2 vol. 20 fr.
Princip. de biologie. 5e éd. 2 v. 20 fr.
Princip. de sociol. 5 vol. 43 fr. 75
I. *Données de la sociologie*, 10 fr. — II. *Inductions de la sociologie. Relations domestiques*, 7 fr. 50. — III. *Institutions cérémonielles et politiques*, 15 fr. — IV. *Institutions ecclésiastiques*, 3 fr. 75. — V. *Institutions professionnelles*, 7 fr. 50.
Justice. 7 fr. 50
Le rôle moral de la bienfaisance. 7 fr. 50
La morale des différents peuples. 7 fr. 50
Essais sur le progrès. 5e éd. 7 fr. 50
Essais de politique. 4e éd. 7 fr. 50
Essais scientifiques. 3e éd. 7 fr. 50
De l'éducation physique, intellectuelle et morale. 11e édit. 5 fr.

Stein.

La question sociale au point de vue philosophique. 10 fr.

Stuart Mill.

Mes mémoires. 3e éd. 5 fr.
Système de logique déductive et inductive. 4e édit. 2 vol. 20 fr.
Essais sur la religion. 4e édit. 5 fr.

James Sully.

Le pessimisme. 2e éd. 7 fr. 50
Etudes sur l'enfance. 10 fr.
Essai sur le rire. 7 fr. 50

Sully Prudhomme.

La vraie religion selon Pascal. 7 fr. 50

G. Tarde.

La logique sociale. 2e édit. 7 fr. 50
Les lois de l'imitation. 4e éd. 7 fr. 50
L'opposition universelle. 7 fr. 50
L'opinion et la foule. 2e édit. 5 fr.
Psychologie économique. 2 vol. 15 fr.

Em. Tardieu.

L'ennui. 5 fr.

P.-Félix Thomas.

L'éduc. des sentiments. 2e éd. 5 fr.
Pierre Leroux. Sa philosophie. 5 fr.

Thouverez.

Réalisme métaphysique. 5 fr.

Et. Vacherot.

Essais de philosophie critique. 7 fr. 50
La religion. 7 fr. 50

L. Weber.

Vers le positivisme absolu par l'idéalisme. 7 fr. 50

Derniers volumes publiés :

J. Bardoux.

Psychol. de l'Angleterre contemp. 7 fr. 50

A. Binet.

Les révélations de l'écriture. 5 fr.

J. Finot

Philosophie de la longévité 11e éd. 5 fr.

H. Hoffding.

Hist. de la philos. moderne. 2 v. 20 fr.

P. Lacombe.

Individus et sociétés selon Taine. 7 fr. 50

G. Luquet.

Idées générales de psychol. 5 fr.

J.-P. Nayrac.

L'attention. 3 fr. 75

L. Prat.

Le caractère empirique et la personne. 7 fr. 50

G. Rageot.

Le succès. 3 fr. 75

Ch. Renouvier.

Doctrine de Kant. 7 fr. 50

H. Riemann.

Elém. de l'esthétiq. musicale. 5 fr.

E. Rignano

Transmissibilité des caractères acquis. 5 fr.

Rivaud.

Essence et existence chez Spinoza. 7 fr. 50

P. Stapfer.

Questions esthétiques et religieuses. 3 fr. 75

ÉCONOMIE POLITIQUE — SCIENCE FINANCIÈRE

JOURNAL DES ÉCONOMISTES

REVUE MENSUELLE DE LA SCIENCE ÉCONOMIQUE ET DE LA STATISTIQUE

Fondé en 1841, par G. GUILLAUMIN

Paraît le 15 de chaque mois

par fascicules grand in-8 de 10 à 12 feuilles (180 à 192 pages).

RÉDACTEUR EN CHEF : M. G. DE MOLINARI
Correspondant de l'Institut.

CONDITIONS DE L'ABONNEMENT :

France et Algérie : UN AN........ **36** fr.; SIX MOIS....... **19** fr.;
Union postale : UN AN............ **38** fr.; SIX MOIS....... **20** fr.
LE NUMÉRO................ **3** fr. **50**

Les abonnements partent de Janvier ou de Juillet.

NOUVEAU DICTIONNAIRE

D'ÉCONOMIE POLITIQUE

PUBLIÉ SOUS LA DIRECTION DE

M. LÉON SAY et de **M. JOSEPH CHAILLEY-BERT**

Deuxième édition.

2 vol. grand in-8 raisin et un Supplément : prix, brochés...... **60** fr.
— — demi-reliure veau ou chagrin........... **69** fr.

COMPLÉTÉ PAR 3 TABLES : **Tables des auteurs, table méthodique et table analytique.**

Cet important ouvrage peut s'acquérir en envoyant un mandat-poste de 20 fr., au reçu duquel est faite l'expédition du livre, et en payant le reste, soit 40 fr., en quatre traites de 10 fr. chacune, de deux mois en deux mois.

DICTIONNAIRE DU COMMERCE
DE L'INDUSTRIE ET DE LA BANQUE

DIRECTEURS :

MM. Yves GUYOT et Arthur RAFFALOVICH

2 volumes grand in-8. Prix, brochés............................ 50 fr.
— — reliés.............................. 58 fr.

Cet important ouvrage peut s'acquérir en envoyant un mandat-poste de 10 fr., au reçu duquel est faite l'expédition du livre, et en payant le reste, soit 40 fr., en quatre traites de 10 fr. chacune, de deux mois en deux mois.

COLLECTION DES PRINCIPAUX ÉCONOMISTES

Enrichie de commentaires, de notes explicatives et de notices historiques

ÉCONOMISTES FINANCIERS DU XVIIIe SIÈCLE

Vauban, *Projet d'une dîme royale.* — **Boisguillebert**, *Détail de la France, Factum de la France*, opuscules divers. — **J. Law**, *Œuvres complètes.* — **Melon**, *Essai sur le commerce.* — **Dutot**, *Réflexions politiques sur les finances et le commerce.* — 2e *édition*. 1 vol. grand in-8 . 15 fr.

MALTHUS

Essai sur le principe de population. *Introduction*, par Rossi, de l'Institut. 3e *édition*. 1 vol. grand in-8. . . . . 10 fr.

MÉLANGES (1re PARTIE)

David Hume. *Essai sur le commerce, le luxe, l'argent, les impôts, le crédit public, sur la balance du commerce, la jalousie commerciale, la population des nations anciennes.* — **V. de Forbonnais.** *Principes économiques.* — **Condillac.** *Le commerce et le gouvernement.* — **Condorcet.** *Lettres d'un laboureur de Picardie à M. N**** (Necker). — *Réflexions sur l'esclavage des nègres.* — *Réflexions sur la justice criminelle.* — *De l'influence de la révolution d'Amérique sur l'Europe.* — *De l'impôt progressif.* — **Lavoisier.** *De la richesse territoriale du royaume de France.* — **Franklin.** *La science du bonhomme Richard* et ses autres opuscules. 1 vol. grand in-8. . . . . 10 fr.

MÉLANGES (2e PARTIE)

Necker. *Sur la législation et le commerce des grains.* — **L'abbé Galiani.** *Dialogues sur le commerce des blés* avec la *Réfutation* de l'abbé **Morellet.** — **Montyon.** *Quelle influence ont les diverses espèces d'impôts sur la moralité, l'activité et l'industrie des peuples?* — **Bentham.** *Défense de l'usure.* 1 vol. gr. in-8. . . . . 10 fr.

RICARDO

Œuvres complètes. Les œuvres de Ricardo se composent : 1° des **Principes de l'économie politique et de l'impôt.** — 2° Des ouvrages ci-après : *De la protection accordée à l'agriculture.* — *Plan pour l'établissement d'une banque nationale.* — *Essai sur l'influence du bas prix des blés sur les profits du capital.* — *Proposition pour l'établissement d'une circulation monétaire économique et sûre.* — *Le haut prix des lingots est une preuve de la dépréciation des billets de banque.* — *Essai sur les emprunts publics*, avec des *notes*. 1 vol. in-8. . . . . 10 fr.

J.-B. SAY

Cours complet d'économie politique pratique. 2 vol. grand in-8. 20 fr.

J.-B. SAY

Œuvres diverses : *Catéchisme d'économie politique.* — *Lettres à Malthus et correspondance générale.* — *Olbie.* — *Petit volume.* — *Fragments et opuscules inédits.* 1 vol. grand in-8. . . . . 10 fr.

ADAM SMITH

Recherches sur la nature et les causes de la richesse des nations, traduction de G. Garnier. 5e édition, augmentée. 2 vol. in-8. . . 16 fr.

COLLECTION DES ÉCONOMISTES ET PUBLICISTES CONTEMPORAINS

FORMAT IN-8.

BANFIELD, Professeur à l'Université de Cambridge. **Organisation de l'industrie**, traduit sur la 2e édition, et annoté par M. EMILE THOMAS. 1 vol. in-8. . . . . 6 fr.

BASTIAT. **Œuvres complètes** en 7 volumes in-8 (vélin). . . . . 35 fr.
(Voir détails page 30, édition in-18).

BAUDRILLART (H.), de l'Institut. **Philosophie de l'économie politique. Des rapports de l'économie politique et de la morale.** Deuxième édition, revue et augmentée. 1 vol. in-8. . . . . 9 fr.

BLANQUI, de l'Institut. **Histoire de l'économie politique en Europe,** *depuis les anciens jusqu'à nos jours*, 5e édition. 1 vol. in-8. . . 8 fr.

BLOCK (Maurice), de l'Institut. **Les progrès de la science économique** depuis ADAM SMITH. **Revision des doctrines économiques.** 2e édition augmentée. 2 vol. in-8. . . . . 16 fr.

— **Statistique de la France, comparée avec les divers pays de l'Europe,** *couronné par l'Institut* (Prix de statistique). 2e édition refondue. 2 vol. in-8. . . . . 12 fr.

BLUNTSCHLI. **Le droit international codifié.** Traduit de l'allemand par M. C. LARDY. 5e édition, revue et augmentée. 1 vol. in-8. . . . 10 fr.

— **Théorie générale de l'État,** traduit de l'allemand par M. DE RIEDMATTEN. 3e édition. 1 vol. in-8. . . . . 9 fr.

— **Le droit public général**, traduit de l'allemand par M. DE RIEDMATTEN, 2e édition. 1 vol. in-8. . . . . 8 fr.

— **La politique**, traduit de l'allemand et précédé d'une préface de M. DE RIEDMATTEN. 2e édition. 1 vol. in-8. . . . . 8 fr.

BOISSONADE (G.), Professeur agrégé à la Faculté de droit de Paris. **Histoire de la réserve héréditaire et de son influence morale et économique** (*Couronné par l'Académie des sciences morales et politiques*). 1 vol. in-8. . . . . 10 fr.

CIBRARIO, correspondant de l'Institut. **Économie du moyen âge.** Traduit de l'italien sur la 4e édition, par M. A. BARNEAUD. 2 vol. in-8. 6 fr.

COURTOIS (A.). **Histoire des banques de France.** 2e édition. 1 vol. in-8. . . . . 8 fr. 50

DUNOYER (Ch.), de l'Institut. **De la liberté du travail.** 2e édition. 2 vol. in-8. . . . . 20 fr.

— **Notice d'économie sociale**, revues sur les manuscrits de l'auteur. 1 vol. in-8. . . . . 10 fr.

EICHTHAL (Eugène d'), de l'Institut. **La formation des richesses et ses conditions sociales actuelles,** *notes d'économie politique*. . . 7 fr. 50

FAUCHER (L.), de l'Institut. **Études sur l'Angleterre.** 2e édition augmentée. 2 forts volumes in-8. . . . . 6 fr.

— **Mélanges d'économie politique et de finances.** 2 forts vol. in-8. 6 fr.

FIX (Th.). **Observations sur l'état des classes ouvrières.** Nouvelle édition. 1 vol. in-8. . . . . 5 fr,

GARNIER (J.), de l'Institut. **Du principe de population.** 2e édition. 1 vol. in-8 avec portrait. . . . . 10 fr.

GROTIUS. **Le droit de la guerre et de la paix.** Nouvelle traduction. 3 vol. in-8. . . . . 12 fr. 50

HAUTEFEUILLE. **Des droits et des devoirs des nations neutres en temps de guerre maritime.** 3e édit. refondue. 3 forts vol. in-8. 22 fr. 50

— **Histoire des origines, des progrès et des variations du droit maritime international.** 2e édition. 1 vol. in-8. . . . . 7 fr. 50

KLUBER (J.-H.). **Droit des gens moderne de l'Europe.** 2e édition, revue. 1 vol. in-8. . . . . 4 fr.

LAFERRIÈRE (F.), de l'Institut. **Essai sur l'histoire du droit français depuis les temps anciens jusqu'à nos jours, y compris le Droit public et privé de la Révolution française.** Nouvelle édit. 2 vol. in-8. 14 fr.

LAVERGNE (L. de), de l'Institut. **Les économistes français du dix-huitième siècle.** 1 vol. in-8. . . . . 7 fr. 50

— **Essai sur l'économie rurale de l'Angleterre, de l'Écosse et de l'Irlande.** 5e édition. 1 vol. in-8 avec portrait. . . . . 8 fr. 50

LEROY-BEAULIEU (P.), de l'Institut. **Traité théorique et pratique d'économie politique.** 3e édition. 4 vol. in-8. . . . . 36 fr.

— **Traité de la science des finances.** 7e édition, revue, corrigée et augmentée. 2 forts vol. in-8. . . . . 25 fr.

— **Essai sur la répartition des richesses** et sur la tendance à une moindre inégalité des conditions. 3e édit., revue et corrigée. 1 vol. in-8. 9 fr.

— **Le collectivisme,** *examen critique du nouveau socialisme.* 4e édition, revue et augmentée d'une préface. 1 vol. in-8. . . . . 9 fr.

MAC CULLOCH, correspondant de l'Institut. **Principes d'économie politique,** *suivis de quelques recherches relatives à leur application, et d'un tableau de l'origine et des progrès de la science,* traduit sur la 4e édition anglaise, par A. Planche. 2e édition. 2 vol. in-8. . . 6 fr.

MARTENS (G.-F. de). **Précis du droit des gens moderne de l'Europe.** Nouvelle édition, revue. 2 forts vol. in-8. . . . . 7 fr.

MINGHETTI, de l'Institut. **Des rapports de l'économie publique avec la morale et le droit.** Traduit par M. Saint-Germain Leduc. 1 fort. vol in-8. . . . . 7 fr. 50

MIRABEAU. **L'ami des hommes ou traité de la population,** avec une préface et une notice biographique, par M. Rouxel. 1 vol. in-8. 5 fr.

MORLEY (John). **La vie de Richard Cobden,** traduit par Sophie Raffalovich. 1 vol. in-8. . . . . 8 fr.

PASSY (H.), de l'Institut. **Des formes de gouvernement et des lois qui les régissent.** 2e édition. 1 vol. in-8. . . . . 7 fr. 50

PRADIER-FODERÉ. **Précis de droit administratif.** 7e édition, tenue au courant de la législation. 1 fort vol. in-8. . . . . 10 fr.

ROSCHER (G.). **Traité d'économie politique rurale.** Traduit sur la dernière édition par C. Vogel. 1 fort vol. in-8. . . . . 18 fr.

— **Recherches sur divers sujets d'économie politique.** Traduit de l'allemand. 1 vol. in-8. . . . . 8 fr.

ROSSI (P.), de l'Institut. **Cours d'économie politique,** revu et augmenté de leçons inédites. 5e édition. 4 vol. in-8. . . . . 15 fr.

— **Cours de droit constitutionnel,** *professé à la Faculté de droit de Paris,* recueilli par M. A. Porée. 2e édition. 4 vol. in-8. . . . . . . 15 fr.

— **Traité de droit pénal.** 4e édition. 2 vol. in-8. . . . . 7 fr. 50

STUART MILL (J.). **Le gouvernement représentatif,** traduit et précédé d'une *Introduction,* par Dupont-White. 2e édition. 1 vol. in-8. 5 fr.

VIGNES (Édouard). **Traité des impôts en France.** 4e édition, mise au courant de la législation, par M. Vergniaud. 2 vol. in-8. . . . 16 fr.

YOUNG (Arthur). **Voyages en France (1787, 1788, 1789).** Traduits et annotés par M. Lesage. 2e édition. 2 vol. in-8. . . . . 15 fr.

BIBLIOTHÈQUE DES SCIENCES MORALES ET POLITIQUES

FORMAT IN-18 JÉSUS.

BASTIAT (Frédéric). **Œuvres complètes**, précédées d'une *Notice* sur sa vie et ses écrits. 7 vol. in-18. . . . . 24 fr. 50

I. *Correspondance.* — *Premiers écrits.* 3ᵉ édition, 3 fr. 50 ; — II. *Le Libre-Echange.* 3ᵉ édition, 3 fr. 50 ; — III. *Cobden et la Ligue.* 4ᵉ édition, 2 fr. 50 ; — IV et V. *Sophismes économiques. — Petits pamphlets.* 5ᵉ édit. 2 vol., 7 fr. ; — VI. *Harmonies économiques.* 9ᵉ édition, 3 fr. 50 ; VII. *Essais.* — *Ébauches.* — *Correspondance.* . . . . 3 fr. 50

Les tomes IV et V seuls ne se vendent pas séparés.

BAUDRILLART (H.). **Etudes de philosophie morale et d'économie politique.** 2 vol. in-18. . . . . 7 fr.

BECCARIA. **Des délits et des peines.** 2ᵉ édition. 1 vol. in-18. . 3 fr. 50

BLANQUI, de l'Institut. **Précis élémentaire de l'économie politique.** 3ᵉ édition, suivie du *Résumé de l'histoire du commerce*, in-18. 2 fr. 50

CIESZKOWSKI (A.). **Du crédit et de la circulation.** 3ᵉ édit. in-18. 3 fr. 50

COQUELIN (Charles). **Du crédit et des banques.** 3ᵉ édition, in-18. 4 fr.

COURCELLE-SENEUIL (J.-G.). **Traité théorique et pratique d'économie politique.** 3ᵉ édit. 2 vol. in-18. . . . . 7 fr.

— **La société moderne.** 1 vol. in-18. . . . . 5 fr.

FAUCHER (L.), de l'Institut. **Mélanges d'économie politique et de finances.** 2 forts volumes in-18. . . . . 3 fr. 50

FREEMAN (E.-A.). **Le développement de la constitution anglaise**, depuis les temps les plus reculés jusqu'à nos jours. 1 vol. in-18. . . 3 fr. 50

GROTIUS. **Le droit de la guerre et de la paix.** 3 vol. in-18. . . 7 fr. 50

KLUBER (J.-H.). **Droit des gens moderne de l'Europe.** In-18. 2 fr. 50

LAVERGNE (L. de), de l'Institut. **Économie rurale de la France depuis 1789.** 4ᵉ édition, revue et augmentée. 1 vol. in-18. . . . . . . 3 fr. 50

— **L'agriculture et la population.** 2ᵉ édition. 1 vol. in-18. . . . 3 fr. 50

LEYMARIE (A.). **Tout par le travail.** 2ᵉ édition. 1 vol. in-18. . . 3 fr.

MARTENS (G.-F. de). **Précis du droit des gens moderne de l'Europe.** 2ᵉ édition. 2 vol. in-18. 4 fr.

MINGHETTI, de l'Institut. **Des rapports de l'économie publique avec la morale et le droit**, par M. SAINT-GERMAIN LEDUC. 1 vol. in-18. 4 fr. 50

MOREAU DE JONNÈS, de l'Institut. **Statistique de l'industrie de la France.** 1 vol. in-18. . . . . 3 fr. 50

— **La France avant ses premiers habitants.** 1 vol. in-18. . . . 3 fr. 50

RAPET (J.-J.). **Manuel populaire de morale et d'économie politique.** 4ᵉ édition. 1 fort vol. in-18. . . . . 3 fr. 50

REYBAUD (L.). **Etudes sur les réformateurs, ou socialistes modernes.** 7ᵉ édition. 2 vol. in-18. 7 fr.

SAINT-PIERRE (Abbé de). **Sa vie et ses œuvres.** 1 vol. in-18. 3 fr. 50

SAINT-SIMON. **Sa vie et ses travaux**, par M. G. HUBBARD, suivis de fragments des plus célèbres écrits de Saint-Simon. 1 vol. in-18. 3 fr.

SAY (J.-B.). **Catéchisme d'économie politique.** 1 vol. in-18. . . 1 fr. 50

SCHULLER (R.). **Les économistes classiques et leurs adversaires.** *L'économie polit. et la polit. sociale, depuis Adam Smith.* 1 vol. in-18. 2 fr. 50

SMITH (A.). **Théorie des sentiments moraux**, traduits par la marquise de CONDORCET, suivi d'une *Dissertation sur l'origine des langues*, par la même. Introd. de H. BAUDRILLART, de l'Institut. 1 fort vol. in-18. 3 fr. 50

STIRLING. **Philosophie du commerce.** Traduit de l'anglais par M. SAINT-GERMAIN LEDUC. 1 vol. in-18. . . . . 3 fr.

STUART MILL (J.). **La liberté.** Traduction et *Introduction*, par M. DUPONT-WHITE. 3ᵉ édition, revue. 1 vol. in-18. . . . . 3 fr. 50

— **Le gouvernement représentatif.** Traduction et *Introduction*, par M. DUPONT-WHITE. 3ᵉ édition. 1 vol. in-18 . . . . 4 fr.

SUDRE (Alfred). **Histoire du communisme.** 5ᵉ édition, in-18. . . 3 fr. 50

YOUNG (A.). **Voyages en Italie et en Espagne** (1787, 1788 et 1789). Traduction LESAGE. 1 vol. in-18. . . . . 3 fr. 50

COLLECTION
D'AUTEURS ÉTRANGERS CONTEMPORAINS

Histoire — Morale — Économie politique — Sociologie

Format in-8. (Pour le cartonnage, **1** fr. **50** en plus.)

BAMBERGER. — **Le Métal argent au XIXe siècle.** Traduction par M. RAPHAEL-GEORGES LÉVY. 1 vol. Prix, broché . . . . . . 6 fr. 50

C. ELLIS STEVENS. — **Les Sources de la Constitution des États-Unis** *étudiées dans leurs rapports avec l'histoire de l'Angleterre et de ses Colonies.* Traduit par LOUIS VOSSION. 1 vol. in-8. Prix, broché. 7 fr. 50

GOSCHEN. — **Théorie des Changes étrangers.** Traduction et préface de M. LÉON SAY. *Quatrième édition française* suivie du *Rapport de 1875 sur le paiement de l'indemnité de guerre*, par le même. 1 vol. Prix, broché . . . . 7 fr. 50

HERBERT SPENCER. — **Justice.** *3e édition.* Trad. de M. E. CASTELOT. 1 vol. Prix, broché . . . . 7 fr. 50

HERBERT SPENCER. — **La Morale des différents Peuples et la Morale personnelle.** Traduction de MM. CASTELOT et E. MARTIN SAINT-LÉON. 1 vol. Prix, broché . . . . 7 fr. 50

HERBERT SPENCER. — **Les institutions professionnelles et industrielles.** Traduit par HENRI DE VARIGNY. 1 vol. in-8. Prix, br. 7 fr. 50

HERBERT SPENCER. — **Problèmes de Morale et de Sociologie.** Traduction de M. H. DE VARIGNY. 2e édit. 1 vol. Prix, broché. . 7 fr. 50

HERBERT SPENCER. — **Du Rôle moral de la Bienfaisance.** (*Dernière partie des principes de l'éthique*). Traduction de MM. E. CASTELOT et E. MARTIN SAINT-LÉON. 1 vol. Prix, broché . . . . 7 fr. 50

HOWELL. — **Le Passé et l'Avenir des Trade Unions.** *Questions sociales d'aujourd'hui.* Traduction et préface de M. LE COUR GRANDMAISON. 1 vol. Prix, broché . . . . 5 fr. 50

KIDD. — **L'évolution sociale.** Traduit par M. P. LE MONNIER. 1 vol. in-8. Prix, broché. 7 fr. 50

NITTI. — **Le Socialisme catholique.** Traduit avec l'autorisation de l'auteur. 1 vol. Prix, broché . . . . 7 fr. 50

RUMELIN. — **Problèmes d'Économie politique et de Statistique.** Traduit par AR. DE RIEDMATTEN. 1 vol. Prix, broché. . . . . . 7 fr. 50

SCHULZE GAVERNITZ. — **La grande Industrie.** Traduit de l'allemand. Préface par M. G. GUÉROULT. 1 vol. Prix, broché. . . . . . 7 fr. 50

W.-A. SHAW. — **Histoire de la Monnaie (1252-1894).** Traduit par M. AR. RAFFALOVICH. 1 vol. Prix, broché . . . . 7 fr. 50

THOROLD ROGERS. — **Histoire du Travail et des Salaires en Angleterre depuis la fin du XIIIe siècle.** Traduction avec notes par E. CASTELOT. 1 vol. in-8. Prix, broché . . . . 7 fr. 50

WESTERMARCK. — **Origine du Mariage dans l'espèce humaine.** Traduction de M. H. DE VARIGNY. 1 vol. Prix broché. . . . . . . 11 fr.

A.-D. WHITE. — **Histoire de la Lutte entre la Science et la Théologie.** Traduit et adapté par MM. H. DE VARIGNY et G. ADAM. 1 vol. in-8. Prix, broché . . . . 7 fr. 50

PETITE BIBLIOTHÈQUE ÉCONOMIQUE FRANÇAISE ET ÉTRANGÈRE

PUBLIÉE SOUS LA DIRECTION DE M. J. CHAILLEY-BERT

PRIX DE CHAQUE VOLUME IN-32, ORNÉ D'UN PORTRAIT
Cartonné toile. . . . . 2 fr. 50

XVIII VOLUMES PUBLIÉS

I. — VAUBAN. — **Dîme royale**, par G. Michel.
II. — BENTHAM. — **Principes de Législation**, par Mlle Raffalovich.
III. — HUME. — **Œuvre économique**, par Léon Say.
IV. — J.-B. SAY. — **Économie politique**, par H. Baudrillart, de l'Institut.
V. — ADAM SMITH. — **Richesse des Nations**, par Courcelle-Seneuil, de l'Institut.
VI. — SULLY. — **Économies royales**, par M. J. Chailley-Bert.
VII. — RICARDO. — **Rentes, Salaires et Profits**, par M. P. Beauregard, de l'Institut.
VIII. — TURGOT. — **Administration et Œuvres économiques**, par M. L. Robineau.
IX. — JOHN-STUART MILL. — **Principes d'économie politique**, par M. L. Roquet.
X. — MALTHUS. — **Essai sur le principe de population**, par M. G. de Molinari.
XI. — BASTIAT. — **Œuvres choisies**, par M. de Foville, de l'Institut.
XII. — FOURIER. — **Œuvres choisies**, par M. Ch. Gide.
XIII. — F. LE PLAY. — **Économie sociale**, par M. F. Auburtin.
XIV. — COBDEN. — **Ligue contre les lois, Céréales et Discours politiques**, par Léon Say, de l'Académie française.
XV. — KARL MARX. — **Le Capital**, par M. Vilfredo Pareto.
XVI. — LAVOISIER. — **Statistique agricole et projets de réformes**, par MM. Schelle et Ed. Grimaux, de l'Institut.
XVII. — LÉON SAY. — **Liberté du Commerce, finances publiques**, par M. J. Chailley-Bert.
XVIII. — QUESNAY. — **La Physiocratie**, par M. Yves Guyot.

Chaque volume est précédé d'une introduction et d'une étude biographique, bibliographique et critique sur chaque auteur.

691-06. — Coulommiers. Imp. Paul BRODARD. — 6-06.

HISTOIRE GÉNÉRALE

HISTOIRE DIPLOMATIQUE DE L'EUROPE (1814-1878), par *A. Debidour*. 2 vol. in-8. 18 fr. »

LA QUESTION D'ORIENT, par *Ed. Driault*, préf. de *G. Monod*. 1 v. in-8. 3e éd. 7 fr. »

LES PROBLÈMES POLITIQUES ET SOCIAUX A LA FIN DU XIXe SIÈCLE, par *Ed. Driault*. 1 vol. in-8. . . . . 7 fr. »

HISTOIRE DE L'EUROPE PENDANT LA RÉVOLUTION FRANÇAISE, par *H. de Sybel*. Trad. par Mlle Dosquet. 6 v. in-8. Chac. 7 fr. »

LA PAPAUTÉ, par *I. Dœllinger*. 1 vol. in-8. 7 fr.

QUESTIONS DIPLOMATIQUES DE 1904, par *A. Tardieu*. In-16. . . . . 3 fr. 50

FRANCE

LA RÉVOLUTION FRANÇAISE, résumé historique, par *H. Carnot*. In-12. . . 3 fr. 50

ÉTUDES ET LEÇONS SUR LA RÉVOLUTION, par *A. Aulard*. 4 vol. in-12. Ch. 3 fr. 50

LE CULTE DE LA RAISON ET LE CULTE DE L'ÊTRE SUPRÊME, par *A. Aulard*. 2e éd. In-12. . . . . 3 fr. 50

LA THÉOPHILANTHROPIE ET LE CULTE DÉCADAIRE (1796-1801), p. *A. Mathiez*. In-8. 12 fr.

CONDORCET ET LA RÉVOLUTION FRANÇAISE, par *L. Cahen*. 1 vol. in-8. . . . 10 fr.

LES CAMPAGNES DES ARMÉES FRANÇAISES (1792-1815), par *C. Vallaux*. In-12. 3 fr. 50

NAPOLÉON ET LA SOCIÉTÉ DE SON TEMPS, par *P. Bondois*. 1 vol. in-8. . . 7 fr. »

LA POLITIQUE ORIENTALE DE NAPOLÉON (1806-1808), par *Ed. Driault*. 1 v. in-8. 7 fr.

NAPOLÉON EN ITALIE (1800-1812), par *le même*. 1 vol. in-8. . . . . 10 fr.

DE WATERLOO A SAINTE-HÉLÈNE (20 juin-16 oct. 1815), par *J. Silvestre*. 1 v. in-16. 3 fr. 50

HISTOIRE DE DIX ANS (1830-1840), par *Louis Blanc*. 5 vol. in-8 . . . . 25 fr. »

HISTOIRE DU PARTI RÉPUBLICAIN EN FRANCE (1814-1870), par *G. Weill*. 1 vol. in-8. 10 fr.

ASSOCIATIONS ET SOCIÉTÉS SECRÈTES SOUS LA DEUXIÈME RÉPUBLIQUE (1848-1851), par *J. Tchernoff*. 1 vol. in-8 . . . . . . 7 fr.

HISTOIRE DU MOUVEMENT SOCIAL EN FRANCE (1852-1902), par *le même*. 1 vol. in-8. 7 fr.

HISTOIRE DU SECOND EMPIRE (1848-1870), par *Taxile Delord*. 6 v. in-8. Chac. 7 fr. »

HISTOIRE DE LA TROISIÈME RÉPUBLIQUE, par *Edg. Zevort*. 4 vol. in-8 à 7 fr. :

I. La présidence de M. Thiers. 2e éd.
II. La présidence du Maréchal. 2e éd.
III. La présidence de Jules Grévy. 2e éd.
IV. La présidence de Sadi Carnot.

LES COLONIES FRANÇAISES, par *Paul Gaffarel*. 1 vol. in-8. 6e édition. . . 5 fr. »

LA FRANCE HORS DE FRANCE, par *J.-B. Piolet*. 1 vol. in-8. . . . . 10 fr. »

L'ŒUVRE DE LA FRANCE AU TONKIN, par *A. Gaisman*. In-16. . . . . . . 3 fr. 50

L'ALGÉRIE, par *M. Wahl* et *A. Bernard*. 4e édition, 1 vol. in-8. . . . . 5 fr. »

LES CIVILISATIONS TUNISIENNES, par *P. Lapie*. 1 vol. in-12. . . . . 3 fr. 50

L'INDO-CHINE FRANÇAISE, par *J.-L. de Lanessan*. In-8 avec 5 cartes. . 15 fr. »

LES RAPPORTS DE L'EGLISE ET DE L'ETAT EN FRANCE (1789-1870), par *A. Debidour*. 1 v. in-8. . . . . 12 fr.

L'EGLISE CATHOLIQUE ET L'ETAT EN FRANCE (1870-1906), par *A. Debidour*. Tome I. (1870-1889). 1 vol. in-8. . . . . 7 fr.

L'ETAT ET LES EGLISES EN FRANCE, des origines à la séparation, par *J.-L. de Lanessan*. In-16. . . . . 3 fr. 50

LA LIBERTÉ DE CONSCIENCE EN FRANCE

CONTRIBUTIONS A L'HISTOIRE RELIGIEUSE DE LA RÉVOLUTION, par *A. Mathiez*. 1 vol. in-16 . . . . 3 fr. 50

LA FRANCE MODERNE ET LE PROBLÈME COLONIAL, par *Chr. Schefer*. I. 1815-1830. 1 vol. in-8 . . . . 7 fr.

ANGLETERRE

HISTOIRE DE L'ANGLETERRE, depuis la reine Anne, par *H. Reynald*. In-12. 3 fr. 50

LE SOCIALISME EN ANGLETERRE, par *A. Métin*. 1 vol. in-12. . . . . 3 fr. 50

ALLEMAGNE

LE GRAND-DUCHÉ DE BERG (1806-1813), par *Ch. Schmidt*. 1 vol. in-8. . . . 10 fr.

HISTOIRE DE LA PRUSSE, de la mort de Frédéric II à la bataille de Sadowa. par *E. Véron* et *P. Bondois*. In-12. 6e éd. 3 fr. 50

HISTOIRE DE L'ALLEMAGNE, dep. la bataille de Sadowa, p. *Eug. Véron*. In-12. 3e éd. 3 fr. 50

ORIGINES DU SOCIALISME D'ETAT EN ALLEMAGNE, par *Ch. Andler*. 1 vol. in-8. 7 fr.

LA DÉMOCRATIE SOCIALISTE ALLEMANDE, par *Edg. Milhaud*. 1 vol. in-8. 10 fr. »

LA PRUSSE ET LA RÉVOLUTION DE 1848, par *P. Matter*. 1 vol. in 12. . . 3 fr. 50

BISMARCK ET SON TEMPS, par *le même*. I. *La préparation (1815-1862)*, 1 v. in-8. 10 fr.
II. *L'action (1862-1870)*. 1 v. in-8. 10 fr.

AUTRICHE-HONGRIE

HISTOIRE DE L'AUTRICHE, depuis la mort de Marie-Thérèse jusqu'à nos jours, par *L. Asseline*. 1 vol. in-12. 3e édition. . 3 fr. 50

RACES ET NATIONALITÉS EN AUTRICHE-HONGRIE. par *B. Auerbach*. 1 vol. in-8. 5 fr.

LES TCHÈQUES ET LA BOHÊME CONTEMPORAINE, par *J. Bourlier*. 1 vol. in-12. 3 fr. 50

LE PAYS MAGYAR, p. *R. Escouly*. In-12. 3 fr. 50

ESPAGNE

HISTOIRE DE L'ESPAGNE, depuis la mort de Charles III jusqu'à nos jours, par *H. Reynald*. 1 vol. in 12. . . . . 3 fr. 50

SUISSE

HISTOIRE DU PEUPLE SUISSE, par *Daendliker*. 1 vol. in-8 . . . . 5 fr. »

ITALIE

HISTOIRE DE L'ITALIE, depuis 1815 jusqu'à la mort de Victor-Emmanuel, par *E. Sorin*. 1 vol. in-12 . . . . 3 fr. 50

HISTOIRE DE L'UNITÉ ITALIENNE (1814-1871), par *Bolton King*. 2 vol. in-8. . 15 fr.

TURQUIE

LA TURQUIE ET L'HELLÉNISME CONTEMPORAIN, par *V. Bérard*. In-12 5e éd. 3 fr. 50

ÉGYPTE

LA TRANSFORMATION DE L'ÉGYPTE, par *Alb. Métin*. 1 vol. in-12. . . . 3 fr. 50

ROUMANIE

HISTOIRE DE LA ROUMANIE CONTEMPORAINE (1822-1900), par *Fr. Damé*. 1 v. in-8. 7 fr.

INDE

L'INDE CONTEMPORAINE ET LE MOUVEMENT NATIONAL, par *E. Piriou*. In-12. 3 fr. 50

CHINE

RELATIONS DE LA CHINE AVEC LES PUISSANCES OCCIDENTALES (1860-1902), par *H. Cordier*. 3 vol. in-8. . . . . 30 fr.

L'EXPÉDITION DE CHINE DE 1857-58, par *le même*. 1 vol. in-8. . . . . 7 fr.

L'EXPÉDITION DE CHINE DE 1860, par *le même*. 1 vol. in-8. . . . . 7 fr.

AMÉRIQUE

HISTOIRE DE L'AMÉRIQUE DU SUD, depuis sa conquête jusqu'à nos jours, par *Deberle*.

Coulommiers. — Imp. PAUL BRODARD. — 898-06.

www.ingramcontent.com/pod-product-compliance
Ingram Content Group UK Ltd.
Pitfield, Milton Keynes, MK11 3LW, UK
UKHW020435200726
13857UKWH00002B/437